Alicia Padrós und Markus Biechele

Didaktik der Landeskunde

Fernstudieneinheit 31

Fernstudienprojekt
zur Fort- und Weiterbildung
im Bereich Germanistik
und Deutsch als Fremdsprache

Teilbereich Deutsch als Fremdsprache

Kassel · München · Tübingen

Langenscheidt

Berlin · München · Wien · Zürich · New York

Fernstudienprojekt des DIFF, der Universität Kassel und des GI
allgemeiner Herausgeber: Prof. Dr. Gerhard Neuner

Herausgeber dieser Fernstudieneinheit:
Uwe Lehners und Christa Merkes-Frei, Goethe-Institut Inter Nationes, München

Redaktion: Herrad Meese

Im Fernstudienprojekt „Deutsch als Fremdsprache und Germanistik“ arbeiten das Deutsche Institut für Fernstudienforschung an der Universität Tübingen (DIFF), die Universität Kassel und das Goethe-Institut, München (GI) unter Beteiligung des Deutschen Akademischen Austauschdienstes (DAAD) und der Zentralstelle für das Auslandsschulwesen (ZfA) zusammen.

Das Projekt wurde vom Bundesminister für Bildung und Wissenschaft (BMBW), dem Auswärtigen Amt (AA) und der Europäischen Kommission (LINGUA/SOKRATES) gefördert.

⟸ Dieses Symbol bedeutet „Verweis auf andere Fernstudieneinheiten“

* Mit diesem Zeichen versehene Begriffe werden im Glossar erklärt

In der neuen Rechtschreibung auf der Grundlage des überarbeiteten Regelwerks. Ausnahmen bilden Texte und Realien, bei denen historische, künstlerische, philologische oder lizenzrechtliche Gründe einer Änderung entgegenstehen.

Verlagsredaktion: Manuela Beisswenger, Mechthild Gerdes

Titelzeichnung: Uli Olschewski
Gestaltung (DTP): Uli Olschewski
Druck: Stürtz GmbH, Würzburg
Printed in Germany

ISBN 978-3-468-**49643**-1

10052

Inhalt

Einleitung 5

1 Einführung in das Thema 7
1.1 Was ist eigentlich Landeskunde? 7
1.2 Kultur und Sprache – Landeskunde und Sprachunterricht 11

2 Landeskundliche Ansätze im Fremdsprachenunterricht 15
2. 1 Faktische Landeskunde – Landeskunde als Tatsachenvermittlung 15
2.1.1 Zum Thema *Sitten und Bräuche* 19
2.1.2 Der Kulturbegriff in der faktischen Landeskunde 21
2.1.3 Auswahl landeskundlicher Themen 22
2.1.4 Geschichte des faktischen Landeskundansatzes 26
2.2 Kommunikative Landeskunde – Landeskunde als sprachliches Handeln 27
2.2.1 Neuorientierung der Fremdsprachendidaktik 28
- Exkurs: Pragmalinguistik und Sprechakttheorie 33

2.2.2 Auswahl landeskundlicher Themen 34
- *Das Zertifikat Deutsch als Fremdsprache* und *Kontaktschwelle Deutsch als Fremdsprache* 35

2.2.3 Authentische Texte 41
- Exkurs: *Kommunikative Kompetenz* 42

2.3 Interkulturelle Landeskunde – Landeskunde als Verstehen 44
2.3.1 Wahrnehmung 44
2.3.2 Kulturelle Missverständnisse (*critical incidents*) 47
2.3.3 *Kommunikative Kompetenz* – nicht überall zentral 52
2.3.4 Fremdperspektive 52
2.3.5 *Kommunikative Kompetenz* in interkulturellen Situationen 55

3 Umgang mit landeskundliche Lehrmaterialien 58
3.1 Landeskundliche Implikationen 58
3.2 Sprachliche Differenzierungen 60
3.3 Informationen vermitteln 63
3.4 Bilder *lesen* 68
3.5 Literarische Texte interkulturell aufbereiten 70

4 Interkulturelles Lernen 75
4.1 Wahrnehmungsschulung 75
- Beschreiben – interpretieren – bewerten 77
- Stereotype 78

4.2 Erwerb von Strategien zur Bedeutungserschließung 81
4.3 Befähigung zum Kulturvergleich 84
- Funktionale Äquivalenzen 86
- Barrieren in der interkulturellen Kommunikation 87

4.4 Kommunikationsfähigkeit in interkulturellen Situationen 88

5 Entwicklungstendenzen und Perspektiven 92
5.1 Der Kulturbegriff in der Landeskunde 92
5.2 Landeskundliche Konzepte in Lehrmaterialien 94
5.3 Konzeptionelle Überlegungen 100
5.3.1 *Die Deutschen in ihrer Welt* – das Tübinger Modell einer integrativen Landeskunde 100
5.3.2 Die ABCD-Thesen 103
5.3.3 Das *D-A-CH*-Konzept 104
5.3.4 *Erlebte Landeskunde* 108
5.4 Methodisch-didaktische Tendenzen 111
5.4.1 Literatur und Landeskunde 113
5.4.2 Netzwerk und Themennetz 117
- Themenauswahl 117
- Veränderung der Unterrichtsmethodik 119

5.4.3 Landeskunde und neue Medien 120
- Zur Rolle der neuen Medien in der Landeskunde 120
- Landeskundliche Informationen: Internet-Portale 122
- Interkulturelle Kommunikation: das Beispiel *Odyssee* 125
- Didaktisierte authentische Materialien: *jetzt online* 127

5.5 Landeskunde – „eine unendliche Geschichte“ 131

6 Lösungsschlüssel 132

7 Glossar 145

8 Literaturhinweise 148

9 Quellenangaben 151
9.1 Texte und Bilder 151
9.2 Texte aus dem Internet 152
9.3 Abbildungen aus dem Internet 153

Anhang
A *25 Thesen zur Sprach- und Kulturvermittlung im Ausland* 154
B *ABCD-Thesen zur Rolle der Landeskunde im Deutschunterricht* 156

Angaben zur Autorin und zum Autor 159

Einleitung

Sie haben sich für die Fernstudieneinheit *Didaktik der Landeskunde* entschieden. Darüber freuen wir uns als Autoren dieser Einheit, denn wir finden, Sie haben damit ein Thema mit vielen und interessanten Facetten gewählt. Gerade im Bereich Deutsch als Fremdsprache hat man in den letzten Jahrzehnten nie aufgehört, sich mit der Frage zu beschäftigen, wie Landeskunde im Deutschunterricht durchgeführt werden soll – ein Thema, das kontrovers diskutiert wurde und wird und immer wieder Anlass zu fachlichen Auseinandersetzungen gibt.

Bevor Sie mit der Lektüre der Fernstudieneinheit beginnen, möchten wir Ihnen einige Hinweise und Erläuterungen geben.

Alle Lehrwerke und Lehrmaterialien, aus denen wir Beispiele in diese Fernstudieneinheit aufgenommen haben, wurden im deutschsprachigen Raum oder im Zusammenhang mit deutschen Institutionen hergestellt. Bewusst haben wir darauf verzichtet, auf Materialien aus anderen Ländern zurückzugreifen. Dafür gibt es einen einfachen Grund: Wir wollten, dass alle landeskundlichen Beispiele von den gleichen Voraussetzungen ausgehen sollten, nämlich der Entstehung vor dem gleichen kulturellen Hintergrund. Die Perspektive der jeweiligen Autoren und Verlage war immer die gleiche: Wie stellen diese sich die Lernenden in aller Welt vor? Wie – glauben die Lernenden – bringt man ihnen die deutsche Sprache und Kultur nahe? Diese Fragestellung, diese Blickrichtung richtet sich von innen nach außen. Lehrmaterialien, die in anderen Ländern oder Kulturen hergestellt werden, haben jedoch eine Perspektive von außen nach innen.

Kapitel 1 eröffnet Ihnen das Spektrum des Themas *Didaktik der Landeskunde*. Sie werden sich damit beschäftigen, was Landeskunde umfasst und was sich alles hinter dem Begriff *Kultur* verbergen kann.

Es gibt verschiedene landeskundliche Ansätze, die sich parallel zur Veränderung fremdsprachenmethodischer Konzepte entwickelt und nach den jeweiligen gesellschaftspolitischen Zusammenhängen differenziert haben. Darauf gehen wir in **Kapitel 2** ein.

Mit der Widerspiegelung dieser Ansätze in landeskundlichen Lehrmaterialien befassen wir uns in **Kapitel 3**. Sie können dazu Beispiele aus verschiedenen Unterrichtsmaterialien im Hinblick auf landeskundliche Ziele, Methoden und Aufgabenstellungen analysieren. Außerdem erhalten Sie die Gelegenheit, literarische Texte interkulturell aufzubereiten.

Kapitel 4 konzentriert sich auf den interkulturellen Landeskundeansatz, in dem Sprach- und Kulturlernen besonders eng verknüpft sind. Dabei geht es um die Schulung unserer eigenen Wahrnehmung und des Fremdverstehens*, d. h. um die kulturell geprägte Bedeutung von Wörtern, Begriffen und Redewendungen: Welche Verhaltensweisen werden in den deutschsprachigen Ländern z. B. mit *höflich* verknüpft? Was bedeutet *Heimat*? Wie ist die Verabschiedung *bis bald* zu verstehen? usw.
Darüber hinaus werden mögliche kulturelle und sprachliche Barrieren in der Kommunikation angesprochen.

Der Überblick über Tendenzen und Perspektiven **(Kapitel 5)** in der Landeskunde betrifft sowohl konzeptionelle Entwicklungen wie die Realisierung dieser Ansätze in Lehrmaterialien für Deutsch als Fremdsprache. Im Zentrum unserer Überlegungen steht die Frage, wie die beiden Pole der Vermittlung landeskundlichen Wissens mit lernerzentrierten Ansätzen verbunden werden.

Darüber hinaus wird die Rolle der neuen Medien in der Landeskunde thematisiert: Es werden drei Projekte aus dem Internet vorgestellt, Möglichkeiten der landeskundlichen Information und der interkulturellen Kommunikation aufgezeigt und es wird ein Beispiel zur Didaktisierung authentischer Materialien vorgestellt.

Wie immer in den Fernstudieneinheiten finden Sie einen **Lösungsschlüssel**, in dem Sie sowohl Lösungen als auch Lösungsvorschläge zu den Aufgaben finden, in denen Sie direkt angesprochen werden.

Das **Glossar** erläutert zentrale Begriffe, die das Thema *Landeskunde* betreffen.

Im **Anhang** finden Sie die *Thesen* des Beirats des Goethe-Instituts *zur Sprach- und Kulturvermittlung im Ausland* von 1992 und die *ABCD-Thesen* von 1990, die sich mit der Rolle der Landeskunde im Deutschunterricht befassen. Beide Beiträge sind auch heute noch aktuell.

Zum Schluss noch eine Anmerkung:
Wir sprechen in dieser Fernstudieneinheit in der Regel von *Lehrenden*, wenn wir Sie, die Unterrichtenden, meinen. Im Singular verwenden wir die weibliche Form, weil die Mehrzahl der Personen, die Deutsch als Fremdsprache unterrichten, Frauen sind. Männliche Lehrkräfte sind dann natürlich immer mitgemeint. Außerdem verwenden wir die Bezeichnung *Lernende* und meinen damit Personen aller Altersstufen und Zielgruppen (Schülerinnen und Schüler, Studierende, erwachsene Lerner, Berufstätige, Seniorinnen und Senioren usw.), die Deutsch lernen.

Nun wünschen wir Ihnen viel Spaß und Erfolg bei der Arbeit mit dieser Fernstudieneinheit.

1 Einführung in das Thema

Überblick

In diesem ersten Kapitel möchten wir Ihnen einen Überblick über all die Aspekte geben, die mit dem Thema *Didaktik der Landeskunde* zusammenhängen. Viele der angesprochenen Aspekte werden in den folgenden Kapiteln dann vertieft und anhand von Beispielen konkretisiert.

Zunächst aber möchten wir Ihnen in diesem Einführungsteil die Möglichkeit geben, sich Ihre eigenen Vorstellungen von Landeskunde bewusst zu machen; danach werden wir Ihnen verschiedene Auffassungen zu der Thematik vorstellen. Wir werden uns auch einige Gedanken über zwei grundlegende Begriffe in der Landeskundediskussion machen: *Kultur* und *Sprache*.

1.1 Was ist eigentlich Landeskunde?

Wenn Sie Lehrende für Deutsch als Fremdsprache sind, verbinden Sie sicherlich mit Landeskunde bestimmte Erfahrungen in Ihrem Unterrichtsalltag. Vielleicht befinden Sie sich noch in der Ausbildung, dann haben Sie sich wahrscheinlich in Ihrem Studium schon mit Landekunde befasst und haben bestimmte Vorstellungen über die Rolle der Landeskunde in Ihrem eigenen zukünftigen Unterricht.

Aufgabe 1

1. *Bitte überlegen Sie, was für Sie „Landeskunde“ ist. Lassen Sie Ihren Gedanken dabei freien Lauf. Notieren Sie einige Stichwörter.*

2. *Überlegen Sie nun, was für Sie zur gelungenen Vermittlung von Landeskunde im Unterricht Deutsch als Fremdsprache gehört. Schreiben Sie in Stichworten in die linke Spalte, was für Sie zur optimalen Vermittlung von Landeskunde gehört. Notieren Sie in die rechte Spalte, welche Faktoren die Realisierung Ihrer Ideen beeinträchtigen oder unmöglich machen.*

Zur optimalen Vermittlung von Landeskunde gehören	***Faktoren, die die optimale Vermittlung von Landeskunde beeinträchtigen***
interessante, anregende Materialien	veraltete Deutschbücher

Mit der ersten Aufgabe haben Sie sich Ihre eigenen Erwartungen und Vorstellungen, aber auch möglicherweise bestehende Einschränkungen und Schwierigkeiten bei der Durchführung von Landeskunde im Unterricht vergegenwärtigt. Vielleicht hatten Sie auch Gelegenheit, im Kollegenkreis darüber zu diskutieren. Nun gehen wir einen Schritt weiter und schauen uns verschiedene Aussagen an, die unterschiedliche Standpunkte zur Rolle der Landeskunde im Fremdsprachenunterricht verdeutlichen.

Aufgabe 2

Bitte lesen Sie die folgenden Aussagen zur Landeskunde und kreuzen Sie dann an, welchen Aussagen Sie zustimmen.

1. Landeskunde liefert das notwendige Wissen für Verstehen und angemessenes sprachliches Verhalten in Alltagssituationen im anderen Land. □
2. Landeskunde soll ein möglichst umfassendes Sachwissen über Wirtschaft, Geographie, Politik, Geschichte, Kultur usw. liefern. □
3. Landeskunde spielt vor allem im Unterricht für Fortgeschrittene eine Rolle. □
4. Landeskunde sollte in den Fremdsprachenunterricht integriert sein. □
5. Landeskunde sollte ein eigenes Fach sein, das den Fremdsprachenunterricht ergänzt und das von spezialisierten Lehrkräften unterrichtet wird. □
6. Sprache und Landeskunde sind unauflösbar miteinander verbunden. Deshalb enthält sprachliches Lernen immer eine landeskundliche Komponente und umgekehrt. □
7. Es kommt nicht so sehr darauf an, ein umfassendes Faktenwissen zu vermitteln. Hinzu kommt, dass in keinem Unterricht alles relevante Wissen aktuell bereitgehalten werden kann. Es kommt vielmehr darauf an, Strategien und Fertigkeiten im Umgang mit der fremden Kultur zu vermitteln. Landeskunde soll also darauf vorbereiten, Erfahrungen in der anderen Kultur zu machen. □
8. Wenn man lernt, eine fremde Wirklichkeit zu verstehen, so heißt das immer, auch die eigene Wirklichkeit verstehen zu lernen. □
9. Im landeskundlichen Fremdsprachenunterricht geht es um die Kultur war Zielsprache. Die neue Kultur wird immer auf dem Hintergrund der Kultur der Lernenden aufgenommen, d. h., es werden Vergleiche gezogen. □
10. Fremdsprachenunterricht soll dazu beitragen, Vorurteile abzubauen und die Verständigung zwischen Menschen verschiedener Kulturen zu unterstützen. □
11. Landeskunde kann immer nur Ausschnitte aus der Kultur des Zielsprachenlandes vermitteln. Den Lernenden soll deutlich werden, wie komplex und auch widersprüchlich die Zielkultur ist. □
12. Bei der Auseinandersetzung mit einer fremden Kultur sollte besonders auch die subjektive Seite der Lernenden – ihre Emotionen und persönlichen Sichtweisen – berücksichtigt werden. □
13. Im Mittelpunkt landeskundlichen Lernens stehen immer die Menschen des Zielsprachenlandes. Landeskunde soll vor allem ihren Alltag zeigen. □

Reflexion

Sie sehen, es gibt sehr unterschiedliche Auffassungen davon, was Landeskunde eigentlich ist, was man im Unterricht vermitteln und wie man Landeskunde unterrichten soll. Die Aussagen, die Sie in Aufgabe 2 gelesen haben, spiegeln bestimmte konzeptionelle Phasen der Landeskundeansätze wider, auf die wir in Kapitel 2 und 5 näher eingehen.

Festgehalten sei hier zunächst nur, dass die Meinungen und Thesen, die Sie soeben in Aufgabe 2 gelesen haben, etwas darüber aussagen, was Landeskunde sein soll. Uns interessiert aber natürlich auch, wie Landeskunde in Lehrmaterialien vermittelt wird. Schlagen wir also zunächst einige Lehrmaterialien für Deutsch als Fremdsprache auf und studieren wir deren Einleitungen – wir bleiben also noch auf der Ebene der idealen Vorstellungen: Sie wissen ja vermutlich auch, dass zwischen Vorstellungen und der Konkretisierung dieser Vorstellungen in Unterrichtsmaterialien eine ziemliche Diskrepanz bestehen kann. Aber wir möchten Ihnen hier einen ersten Einblick in die Diskussion um Landeskunde geben, wie sie in den Köpfen derjenigen stattgefunden hat, die Lehrmaterialien erstellen.

Aufgabe 3

1. *Sie finden hier Ausschnitte aus Einleitungen zu verschiedenen (landeskundlichen) Unterrichtsmaterialien. Lesen Sie sie bitte aufmerksam durch.*
2. *Welche der Auffassungen zu Landeskunde aus Aufgabe 2 passt zu den folgenden Textausschnitten? Ordnen Sie bitte zu.*

① „Informationen für Deutschlehrer und -lerner mit guten Sprachkenntnissen zu liefern, ist der Hauptzweck dieses landeskundlichen Lesebuchs."

Luscher (1994), 3

Die Aussage passt zu Meinung Nr. 3

② „Ein anderes Land kennenlernen heißt vor allem, seine Menschen kennenzulernen. Das ist in diesem Lesebuch zweifach möglich: einmal enthält das Buch eine Sammlung, [...], Beobachtungen über alltägliche Dinge des Lebens für sich selbst und andere aufzuschreiben. Zum anderen sind diese Texte authentische Portraits, die den Alltag, [...] aus unterschiedlichen Alters- und Lebensbereichen schildern."

Borbein (1995), 3

Die Aussage passt zu Meinung Nr. ___

③ „Unsere Muttersprache formt das Modell, mit dem wir die Welt wahrnehmen, ordnen, erleben und verstehen lernen und mit dessen Hilfe wir uns mitteilen. Das Erlernen einer Fremdsprache bietet uns dementsprechend eine Erweiterung unseres Modells im Hinblick auf das Wahrnehmen und Verstehen von Fremdem. Das Erlernen einer Fremdsprache ist mehr als das Erlernen eines Systems fremder Zeichen und Laute; es ermöglicht die Kommunikation mit einer anderen Kultur. Deshalb sollte das Kennenlernen und Verstehen einer anderen Kultur auch ein wesentlicher Bestandteil des Spracherwerbprozesses sein."

Hansen/Zuber (1996), 3

Die Aussage passt zu Meinung Nr. ___

④ „Das Arbeitsbuch zielt auf die Eigenaktivität der Lerner, ihre Gefühle, ihre Assoziationen und die Bilder ihrer Vorstellungswelt. Es vertraut auf ihre Neugier, Phantasie und Spielfreude, jenseits der Fixierung auf das Richtige oder die Angst vor dem Falschen."

Behal-Thomsen u. a. (1993), 7

Die Aussage passt zu Meinung Nr. ___

⑤ „Mit den Folien und dem jeweiligen Textteil sollen wichtige Informationen zur Landeskunde gegeben werden. [...] Primäres Ziel der Landeskunde ist es, Informationen über Land und Leute zu liefern."

Bubner (1991), Vorwort

Die Aussage passt zu Meinung Nr. ___

⑥ „Landeskunde [...] verstehen wir [...] als Vermittlung desjenigen landeskundlichen Wissens, das für Produktion und Verstehen von Sprache im Unterricht [...] notwendig ist und nicht zum allgemeinen Wissensbestand über elementare Lebensformen in industrialisierten Ländern gehört."

Gerdes u. a. (1984), 13

Die Aussage passt zu Meinung Nr. ___

⑦ „Durch Bewußtmachen und Sensibilisierung für das Andersartige der fremden Kultur wird auch die Wahrnehmung des Eigenen differenzierter. Damit bewirkt Fremdsprachenunterricht, daß man nicht nur das Fremde, sondern auch das Eigene besser kennen- und einschätzen lernt."

Rall (1994), 16

Die Aussage passt zu Meinung Nr. ___

⑧ „Zielsetzungen im landeskundlichen Bereich
Vermittlung eines offenen, deutlich als fragmentarisch und in seinen Ausschnitten als zufällig erscheinenden Bildes der zielsprachlichen Realität. Angestrebt wird der Eindruck eines unvollständigen Mosaiks, nicht der einer repräsentativen Auswahl. Vorstellungen und Eindrücke, die über Bild und Text vermittelt werden, sollen für den Lernenden provisorisch, veränderbar, ‚fragwürdig', d. h. befragenswert bleiben. Die zielsprachliche Kultur soll nicht als einheitlich, monolithisch, sondern als vielschichtig und widersprüchlich sichtbar werden."

Eismann u. a. (1995), 39

Die Aussage passt zu Meinung Nr. ___

⑨ „Im Unterricht kann immer nur exemplarisch gearbeitet, können nur schlaglichtartig Aspekte der fremden Wirklichkeit beleuchtet werden. Dabei erworbenes kulturspezifisches Wissen führt zu mehr oder weniger dicht liegenden ‚Verstehensinseln', [...].
Wichtiger als die Anhäufung von Kultur-Wissen, das ja immer nur lückenhaft bleiben kann, sind daher die bei der Erarbeitung dieses Wissens erworbenen Einstellungen, Fähigkeiten und Strategien, sich Fremdes immer weiter zu erschließen."

Bachmann u. a. (1995b), 8

Die Aussage passt zu Meinung Nr. ___

Vielleicht haben Sie bei der Lösung von Aufgabe 3 ein bisschen gestöhnt, weil sie nicht ganz leicht war. Falls Sie nicht alles passend zugeordnet haben sollten, machen Sie sich keine Sorgen. Wir wollten Sie mit dieser Aufgabe zunächst einmal zum Nachdenken über unser Thema anregen und Ihnen einen ersten Eindruck von dem verschaffen, was wir im zweiten Kapitel dieser Studieneinheit vertiefen werden.

1.2 Kultur und Sprache – Landeskunde und Sprachunterricht

„Fremdsprachenlernen heißt: Zugang zu einer anderen Kultur suchen."

Krumm (1994), 28

In den Zitaten über Landeskunde, mit denen Sie sich in Kapitel 1.1 befasst haben, wurden immer wieder die Begriffe Kultur und Sprache verwendet. Deshalb wollen wir überlegen, was sich dahinter verbirgt.

Aufgabe 4

Bitte entscheiden Sie, welche Elemente der folgenden Liste für Sie zum Bereich der „Kultur" gehören.

		Kultur – ja	*oder* **nein?**
1.	die Orgelwerke von J. S. Bach	☐	☐
2.	ein Konzert der Rolling Stones	☐	☐
3.	ein Buch mit dem Titel „Authentische Biografie einer unterdrückten Hausfrau"	☐	☐
4.	die Werke des Malers Albrecht Dürer	☐	☐
5.	Umweltprobleme durch den automobilen Tourismus in den österreichischen Alpen	☐	☐
6.	die Gedichte von Ingeborg Bachmann (1926 – 1973)		
7.	ein Kochrezept für Schweizer Käsefondue	☐	☐
8.	Graffiti von der Berliner Mauer	☐	☐
9.	politische Karikaturen	☐	☐
10.	Fernsehwerbung für Autos	☐	☐
11.	eine Statistik über das Freizeitverhalten in Deutschland	☐	☐
12.	Gedichte von Lernenden im Internet	☐	☐
13.	ein Bericht über die Arbeitsatmosphäre in einem Großkonzern	☐	☐
14.	der Roman „Wilhelm Meisters Lehr- und Wanderjahre" von J. W. Goethe	☐	☐
15.	die Zahl der Kindergartenplätze in einer Großstadt	☐	☐
16.	ein Jazzkonzert in einem Lokal	☐	☐
17.	das Rokokoschloss Sanssouci in Potsdam	☐	☐

Nachdem Sie sich nun vergegenwärtigt haben, was für Sie zum Bereich *Kultur* gehört, werfen wir einen kurzen Blick darauf, wie sich dieser Begriff in den deutschsprachigen Ländern entwickelt hat.

traditioneller Kulturbegriff*

Im deutschen Sprachgebrauch wurde *Kultur* lange Zeit mit dem „Wahren, Schönen und Guten" gleichgesetzt, d. h., zur Kultur gehörten nur Bereiche wie belletristische Literatur, Malerei, die so genannte klassische oder ernste Musik (im Unterschied zur Unterhaltungsmusik), Gebäude der repräsentativen Architektur, klassisches Ballett u. Ä. Nicht zur Kultur wurden Bereiche des Alltags gezählt – wie etwa Arbeit und Technik, Ökonomie, Gesellschaft oder Politik.

erweiterter Kulturbegriff*

Etwa seit Beginn der Siebzigerjahre des 20. Jahrhunderts (vgl. Kretzenbacher 1992; Fraunberger/Sommer 1993) begann sich jedoch der so genannte *erweiterte Kulturbegriff* durchzusetzen. Er stammt ursprünglich aus der Ethnologie und umfasst nicht mehr nur die Werke der „hohen" Kunst, sondern auch beispielsweise Arbeiterlieder und Comicliteratur, Mode und Werbung, Rock- und Popmusik, aber ebenso sozialpolitische Themen – etwa die Art und Weise, wie Arbeitnehmerinteressen z. B. durch Gewerkschaften vertreten werden oder den Umgang mit dem Problem der Umweltzerstörung.

Aufgabe 5

Ordnen Sie bitte die in Aufgabe 4 genannten Elemente den beiden Kulturbegriffen zu. (Natürlich sind dabei alle Elemente des traditionellen Kulturbegriffs auch gleichzeitig Teil des erweiterten Kulturbegriffs.)

traditioneller Kulturbegriff	***erweiterter Kulturbegriff***
die Orgelwerke von J. S. Bach	

Kultur – wie sie in den Geistes- und Sozialwissenschaften seit etwa Mitte der Achtzigerjahre des 20. Jahrhunderts beschrieben wird – umfasst also die gesamte Lebenswirklichkeit der in einem bestimmten Sprach- und Kulturraum lebenden Menschen, d. h. alle Produkte und Tätigkeiten ihres Denkens und Handelns. Dazu gehören ebenso Erfahrungen und Regeln, die das menschliche Zusammenleben bestimmen, wie die Haltung von Menschen gegenüber Neuem und Fremdem sowie gegenüber Ideen, Wertsystemen und Lebensformen.

offener Kulturbegriff*

Ausgehend von den *25 Thesen zur Sprach- und Kulturvermittlung im Ausland* (Beirat Deutsch als Fremdsprache des Goethe-Instituts 1992, s. Anhang A, S. 154ff.) spricht man heute auch in der Landeskundedidaktik von einem *offenen Kulturbegriff.* Damit wird der traditionelle Kulturbegriff einerseits geöffnet, gleichzeitig wird aber eine Abgrenzung von einer gewissen thematischen Beliebigkeit des *erweiterten Kulturbegriffs* vorgenommen.

Dieser Wandel im Verständnis von Kultur spielt eine wichtige Rolle für die Entwicklung der Landeskundedidaktik in den vergangenen Jahrzehnten. Deshalb werden uns die unterschiedlichen Definitionen von Kultur durch diese ganze Fernstudieneinheit begleiten.

Hinweis

In Kapitel 5.1 (S. 92ff.) gehen wir näher auf die unterschiedlichen Kulturbegriffe ein.

In welchem Zusammenhang stehen nun aber Kultur und Sprache? Auch hierzu möchten wir Ihnen einige erste Anregungen geben.

Unter den verschiedenen von uns in Aufgabe 3 zitierten Auffassungen zur Landeskunde heißt es in These 3: „Das Erlernen einer Fremdsprache ist mehr als das Erlernen eines Systems fremder Zeichen und Laute." Wir möchten das an einem sehr einfachen Beispiel erläutern.

Aufgabe 6

Was verbinden Sie mit dem deutschen Wort „Kaffee"?

Natürlich kennen wir Ihre Anwort nicht, wir vermuten aber, dass Sie die Bedeutung, die das Wort in Ihrer Sprache hat, auf die deutsche Bezeichnung übertragen haben:

- Entweder haben Sie bereits Erfahrungen mit dem deutschen Kaffee gemacht und wissen, dass er gleich oder anders als bei Ihnen zubereitet wird – dann wissen Sie, dass Kaffee in Deutschland normalerweise ein nicht sehr starker Filterkaffee ist, der in größeren Mengen serviert wird. Ein italienischer *caffè* – ein sehr konzentrierter, in der Espressomaschine hergestellter und in sehr kleinen Portionen gereichter Kaffee – unterscheidet sich beispielsweise vom deutschen Kaffee beträchtlich: Die Konsistenz ist anders, ebenso die Menge, die getrunken wird, und vor allem ist anzunehmen, dass die Trinkgewohnheiten (an welchen Orten wird Kaffee getrunken? zu welchen Tageszeiten? mit wem?) usw. unterschiedlich sein werden.
- Oder Sie haben diese Erfahrung noch nicht gemacht (vor allem vielleicht Ihre Lernenden nicht), dann werden Sie (oder Ihre Lernenden) sich den Kaffee so vorstellen, wie er in Ihrem Land getrunken wird.

Die Bedeutung, die ein Wort in der Muttersprache hat, weisen wir automatisch auch den fremdsprachlichen Entsprechungen zu – und das schon bei einzelnen Wörtern. Interessanter (und folgenreicher) wird dieser Automatismus bei komplexeren Situationen.

Mehr über den kulturellen Aspekt von Wörtern und Äußerungen erfahren Sie in den Fernstudieneinheiten *Wortschatzarbeit und Bedeutungsvermittlung* und *Routinen und Rituale in der Alltagskommunikation*. ⟹

Unsere Muttersprache ist, wie Sie gesehen haben, für uns zunächst immer das Maß aller (sprachlichen) Dinge. Das (und mehr) zeigt uns der Text in der nächsten Aufgabe.

Aufgabe 7

Den folgenden kurzen Text könnte man als „Fabel" bezeichnen, denn Tiere sind darin die Protagonisten. Bitte lesen Sie die Fabel und übertragen Sie sie auf eine konkrete Situation unter Menschen.

Der Löwe

Als die Mücke zum ersten Mal den Löwen brüllen hörte, da sprach sie zur Henne: „Der summt aber komisch."
„Summen ist gut", fand die Henne.
„Sondern?" fragte die Mücke.
„Er gackert", antwortete die Henne. „Aber *das* tut er allerdings komisch."

Anders (1968), 8

Reflexion

Sprache ist auch ein Spiegel der kulturellen Prägung: Wenn wir eine neue Sprache lernen, weisen wir Bedeutungen immer auf dem Hintergrund unserer bisherigen sprachlichen und kulturellen Kenntnis zu. Kann man sich nichts anderes als das in der eigenen Kultur Gültige vorstellen, so wird das Neue schnell als komisch interpretiert – wie uns die Fabel zeigt.

Wie stark die Interpretation von etwas Neuem auf dem Hintergrund der eigenen Kultur ist, zeigt sich auch in sprachlichen Implikationen*: Man äußert etwas und vergleicht unbewusst mit der eigenen Kultur: Wenn jemand z. B. sagt: „Deutsche Kinder ziehen schon zwischen 16 und 18 von zu Hause aus", so weist das Wort schon auf den Vergleich hin – der Sprecher ist erstaunt, dass deutsche Kinder so früh (also früher als in der eigenen Kultur) ausziehen.

Hinweis

Mit den angesprochenen Aspekten befassen wir uns in Kapitel 2.3 (S. 44ff.) ausführlicher und erweitern sie um Situationen, die zu Fehlinterpretationen und Missverständnissen führen können. Daraus ergeben sich Konsequenzen für den Sprachunterricht, die Sie im Verlauf dieser Studieneinheit kennen lernen werden.

Unsere Ausgangsfrage war, wie Sprache und Kultur zusammenhängen. Inzwischen wird der Begriff *Kultur* auf viele Bereiche angewendet – man spricht z. B. von der

Jugendkultur. Eng damit verbunden ist eine eigene *Jugendsprache*. In dem Jugendmagazin *jetzt* sind dazu viele Beispiele zu finden – wir greifen eins heraus: Dabei geht es um ein Tagebuch eines Reporterteams, das sich auf die Suche nach den historischen Spuren der Märchenfiguren *Hänsel und Gretel* macht.

Aufgabe 8

Die folgenden Sätze sind aus dem Tagebuch eines jungen Reporterteams. Verstehen Sie die Sätze?

Was meinen Sie: Kann man überhaupt von „Jugendkultur" sprechen und ist die Sprache Bestandteil davon?

„Schwer genervt vom Wochenende.
Hexen, das ist das Trendding.
Im Grunde ist das Märchen eine Mega-Chauvi-Legende.
Total Bock plötzlich auf genaue Story.
Findet man die ganzen Spuren auch? Ich denk mal ja,
und wenn, ist es der Hammer.
Sauspät schon wieder.
Findet die Story auch supergeil."

Yolder/Spiegl (1999)

Wir wissen nicht, wie Ihre Meinung ist. Fest steht, dass Jugendliche eine Sprache sprechen, die von Erwachsenen oft nur schwer verstanden wird, weil sich Jugendliche von Erwachsenen absetzen möchten. Diese Sprache der Jugendlichen verändert sich ständig und ist auch nicht einheitlich, d. h., verschiedene Gruppen benutzen unterschiedliche Ausdrücke (vgl. Ehmann 2001).

Wir möchten die Einführung in die Didaktik der Landeskunde in diesem ersten Kapitel mit einem Ausblick auf das zweite Kapitel beenden:

Natürlich lernen Menschen schon seit Jahrhunderten oder gar Jahrtausenden Fremdsprachen, doch in den letzten hundert Jahren ist der Bedarf an Fremdsprachenkenntnissen so stark und schnell gestiegen wie nie zuvor. Im gleichen Maß wie Schulen und Universitäten immer mehr Menschen Sprachen beibringen, haben auch Diskussion und Forschung über das Lehren und Lernen von Sprachen zugenommen.

Etwa seit dem Ende des 19. Jahrhunderts können wir in der wissenschaftlichen Literatur so etwas wie landeskundliche Konzeptionen für den Fremdsprachenunterricht finden.

In dieser Fernstudieneinheit beginnen wir unsere Betrachtung der Landeskunde allerdings erst mit der Entwicklung nach 1945. Im zweiten Kapitel werden wir uns mit der historischen Entwicklung verschiedener Landeskundeansätze seit diesem Jahr beschäftigen.

2 Landeskundliche Ansätze im Fremdsprachenunterricht

Überblick

Nachdem Sie in Kapitel 1 das breite Spektrum dessen, was im Kontext der Didaktik der Landeskunde interessant ist, kennen gelernt haben, wollen wir uns in diesem zweiten Kapitel mit drei grundlegenden landeskundlichen Ansätzen beschäftigen. Dabei geht es sowohl um die landeskundlichen Inhalte als auch darum, wie sie für den Fremdsprachenunterricht aufbereitet werden.

2.1 Faktische* Landeskunde – Landeskunde als Tatsachenvermittlung

Zur Verdeutlichung dieses landeskundlichen Ansatzes wählen wir ein Beispiel aus dem Jahr 1978, das bedeutet, dass der Inhalt des Textes natürlich veraltet ist. Uns interessiert an dem Beispiel vor allem die Wahl des Themas und die Art der Aufgabenstellung – beides ist repräsentativ für Lehrwerke, die dem faktischen Landeskundeansatz zuzuordnen sind.

Aufgabe 9

Sehen Sie sich bitte das folgende Beispiel an: Welches Thema wird gewählt? Wie würden Sie die Aufgabenstellung charakterisieren?

Beispiel 1

Der Bundestag in Bonn

Die Bundesrepublik Deutschland

Die Bundesrepublik ist eine Föderation von Ländern, die sich 1949 zusammengeschlossen haben. Die Länder heißen (von Nord nach Süd): Schleswig-Holstein, Niedersachsen, Hessen, Nordrhein-Westfalen, Rheinland-Pfalz, Bayern, Baden-Württemberg; Hamburg und Bremen sind Stadtstaaten, Berlin (West) hat einen Sonderstatus.
Alle 4 Jahre finden Wahlen zum Bundestag und zu den Länderparlamenten statt. Wahlberechtigt ist (wählen darf) jeder, der am Wahltag 18 Jahre alt ist, die deutsche Staatsangehörigkeit besitzt und in der Bundesrepublik wohnt. Die Wahlen sind allgemein, gleich, unmittelbar, frei und geheim. „Allgemein" heißt, jeder Bürger hat das Recht, unabhängig von der Konfession, von seiner Rasse, seiner Bildung und von seinem Geschlecht zu wählen. Die Abgeordneten werden „unmittelbar", d. h. direkt vom Volk gewählt.

Aufgaben:

1. Wie heißt die Hauptstadt der Bundesrepublik Deutschland?
2. Wie heißen die Hauptstädte der Bundesländer?
3. Wie heißen die Parteien, die im Bundestag vertreten sind?
4. Wie heißt der Bundespräsident? Wie heißt der Bundeskanzler?
5. Kennen Sie noch andere deutsche Politiker? Welche?

Braun u. a. (1978), 139

In der folgenden Aufgabe finden Sie einen Stundenplan, wie er in einer deutschen Schule üblich ist.

Aufgabe 10

1. *Bitte überlegen Sie, zu welchen Schulfächern die Lehrbuchseite in Beispiel 1 (S. 15) passt. (Sie können den folgenden Stundenplan auch um weitere Fächer ergänzen, die in Ihrem Land üblich sind.)*
2. *Welche Folgerungen ziehen Sie daraus?*

Uhrzeit	Montag	Dienstag	Mittwoch	Donnerstag	Freitag
1. Stunde	Geschichte	Gesellschafts-kunde	Latein	Englisch	Geschichte
2. Stunde	Deutsch	Deutsch	Latein	Mathematik	Englisch
3. Stunde	Englisch	Latein	Physik	Deutsch	Französisch
4. Stunde	Mathematik	Mathematik	Kunst	Deutsch	Biologie
5. Stunde	Französisch	Geographie	Kunst	Chemie	Religion
6. Stunde	Religion	Englisch	Deutsch		Gesellschafts-kunde

Die nächsten beiden Beispiele sind dem gleichen Lehrwerk wie Beispiel 1 entnommen.

Aufgabe 11

1. *Sehen Sie sich bitte die Beispiele 2 und 3 (S. 17 und S. 18) an. Notieren Sie zunächst in Stichwörtern, was die Lernenden hier über Deutschland erfahren.*

   Beispiel 2:

   ____

   ____

   ____

   Beispiel 3:

   ____

   ____

   ____

2. *Sehen Sie sich nun bitte die Aufgabenstellungen in den Beispielen 1 – 3 genauer an: Wodurch unterscheiden Sie sich?*

   ____

   ____

   ____

Den Rhein entlang

Der Rhein kommt aus der Schweiz.
Er fließt durch den Bodensee
und dann von Basel nach Norden.
Zur Schweiz und zu Frankreich
bildet er die Grenze. Er fließt
an Straßburg, Mainz, Bonn, Köln
und Düsseldorf vorbei und durch
Holland zur Nordsee.
Bei Mannheim fließt der Neckar
in den Rhein, bei Wiesbaden
der Main, bei Koblenz die Mosel
und bei Duisburg die Ruhr.
Die Landschaft und der Wein sind
für die Touristen interessant.
Für Europas Wirtschaft ist der
Rhein als Verkehrsader von
Bedeutung.
Und für Millionen Menschen kommt
das Trinkwasser aus dem Rhein.
Leider ist der Rhein durch die
Industrie auch sehr verschmutzt.

Aufgaben:

1. Durch welche Länder fließt der Rhein?
2. Zu welchen Ländern bildet der Rhein die Grenze?
3. Planen Sie eine Rheinreise. Wie wollen Sie reisen? Mit dem Schiff, mit der Bahn, mit dem Auto?
4. Wo wollen Sie Halt machen?
5. Was wollen Sie sehen? Wofür interessieren Sie sich?

Atomkraftwerk Weingegend

6–5544/1

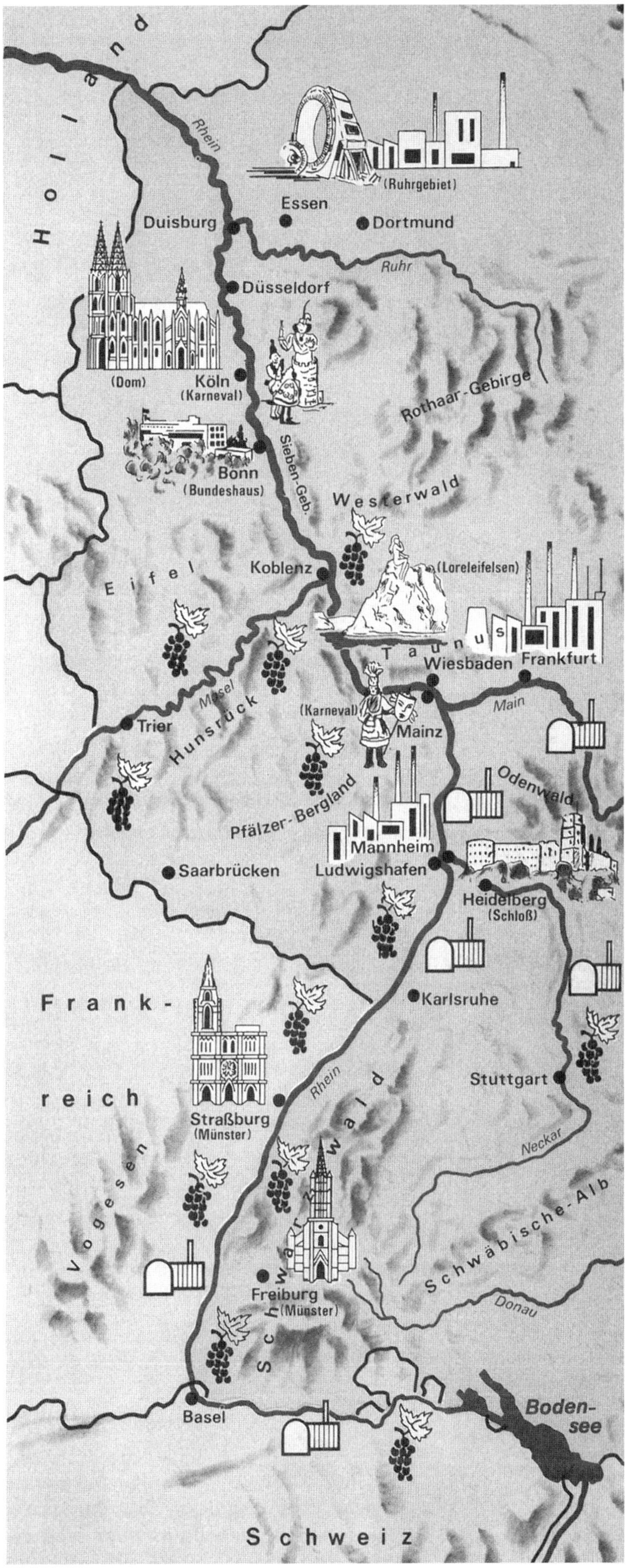

Braun u. a. (1978), 81

Beispiel 3

Stauung auf der Autobahn

Warum ist die Bundesrepublik Deutschland ein Autoland?

Die Bundesrepublik produziert, exportiert und importiert viele Waren. Der Verkehr verbindet Norden und Süden, Osten und Westen. Lastkraftwagen (LKWs) transportieren die Produkte nach Nord-, Ost-, Süd- und Westeuropa und bringen die Importe in die Bundesrepublik. Im Sommer fahren Millionen Urlauber von Holland, Belgien und Skandinavien durch die Bundesrepublik nach Österreich, Italien, Jugoslawien und Griechenland. Und vor allem: jeder vierte Bundesdeutsche hat ein Auto, und jeder siebte lebt vom Auto.

Warum ist die Bundesrepublik ein Autoland?

1. Weil ....

2. Weil ....

3. Weil ....

Straßennetz: 166670 km	PKWs und LKWs insgesamt: 19300000
Autobahnen: 5260 km	1 km Autobahn kostet: 7500000 DM
Verletzte pro Jahr: 500000	Verkehrstote pro Jahr: 15000

Aufgabe: Welche Rolle spielt das Auto in Ihrem Land? Vergleichen Sie auch die Zahlen.

Braun u. a. (1978), 63

Reflexion

In unseren drei Beispielen steht die Vermittlung von „Informationen“ im Mittelpunkt. Wir haben diese Beispiele ausgewählt, um zu zeigen, dass im faktischen Landeskundeansatz Information hauptsächlich gleichzusetzen ist mit: Fakten, Zahlen- und Datenmaterial zur politischen Struktur, Geographie oder Wirtschaft. In dem Lehrbuch, dem die Beispiele entnommen sind, finden sich die Texte jeweils am Ende einer Lektion und sind extra als „LT“, also als landeskundliche Texte gekennzeichnet.

2.1.1 Zum Thema *Sitten* und *Bräuche*

Zu der Vermittlung von Tatsachen gehören nicht nur Informationen über Politik, Wirtschaft, Geographie usw., sondern auch die Beschreibung bestimmter kultureller Phänomene. Dazu gehört z. B. das Thema *Sitten und Bräuche*, das sich in vielen Lehrmaterialien findet und das in Ihrem Landeskundeunterricht vielleicht auch eine Rolle spielt.

Aufgabe 12

1. Lesen Sie bitte zunächst den folgenden Textausschnitt „Deutsche Feste" und die zugeordneten Fragen und Worterklärungen.

Beispiel 4

— 23 —

DRITTER ABSCHNITT

Deutsche Feste

Das große Fest in Deutschland ist Weihnachten. Man feiert es, wie in fast allen europäischen Ländern, am 25. und 26. Dezember. Aber schon der 24. Dezember, der Heilige Abend, ist ein halber Feiertag. Die Geschäfte sind nur bis mittags geöffnet, und am Abend dieses Tages versammelt sich die Familie unter dem Weihnachtsbaum. Feierliche Gottesdienste finden schon am späten Nachmittag oder um Mitternacht statt. Am Heiligabend sind Kinos, Cafés und Tanzlokale geschlossen, denn alle verbringen den Abend mit Verwandten und Freunden. Man macht seinen Angehörigen Geschenke, besonders viele Geschenke bekommen natürlich die Kinder, die schon wochenlang ungeduldig auf Weihnachten gewartet haben.

Weihnachten ist ein stilles Fest, aber am Silvesterabend, dem letzten Abend im alten Jahr, hört man auf den Straßen viel Lärm. Man feiert den Beginn des neuen Jahres mit Rufen, Schießen und Raketen; man ist fröhlich und lustig.

Was sagt und schreibt man in Deutschland seinen Verwandten und Bekannten zu den hohen Feiertagen?

Ich wünsche Dir (Ihnen)

frohe Weihnachten
ein frohes Fest
ein schönes Weihnachtsfest
schöne Feiertage
ein glückliches und gesundes neues Jahr
viel Glück im neuen Jahr
viel Glück zum Jahreswechsel (nur schriftlich!)

Erklärungen und Wortschatz:

der Weihnachtsbaum, ⸗e: ein Nadelbaum (Tanne oder Fichte), den man zu Weihnachten in die Wohnung stellt und den man mit bunten Kugeln und Kerzen usw. schmückt
der Heilige Abend, Heiligabend: der Vorabend des Weihnachtsfestes
der Angehörige, -n: eine Person, die zur Familie gehört: *der Verwandte, -n*

Griesbach/Schulz (1962), 23/24

2. Beantworten Sie nun die Fragen zum Text, die wir uns ausgedacht haben.

Steht das im Text?	richtig	falsch
1. Weihnachten feiert man in Deutschland am 24. Dezember.		
2. Man verbringt Heiligabend mit der Familie und den Verwandten.		
3. Die Geschäfte sind nur bis mittags geöffnet.		
4. Geschenke erhalten nur die Kinder.		
5. Auch Silvester ist ein stilles Fest.		

Reflexion

Sicher war es für Sie nicht schwer, die Aussagen zum Lesetext richtig zuzuordnen. Wir wollten ja auch nicht Ihr Textverständnis überprüfen, sondern Ihnen noch einmal anhand des Themas *Sitten und Bräuche* verdeutlichen, welcher Art das Wissen ist, das faktische Landeskunde vermittelt: Es handelt sich dabei um verallgemeinerte, objektivierte Fakten. Man kann sich unsere Fragen zum Leseverständnis auch gut als Test vorstellen, mit dem die Lehrenden Sachwissen bei ihren Lernenden abfragen.
Sehr viel schwerer wäre es, Fragen zu beantworten, die nicht verallgemeinern und objektivieren.

Aufgabe 13

1. Notieren Sie nun Fragen, die sich für Sie stellen, nachdem Sie den Anfang des Textes „Deutsche Feste" gelesen haben.

2. Vergleichen Sie Ihre Fragen mit den folgenden, die wir stellen würden.

Vielleicht verbringen manche Leute Weihnachten nur deshalb zu Hause, weil die meisten Cafés geschlossen sind?

Was machen die Leute, die keine Familie haben, zu Weihnachten?

Haben auch Leute, die keine Familie haben, einen Weihnachtsbaum?

Feiern wirklich alle Leute dieses Fest und feiern sie es gern?

Weihnachtsgeschenke für die Kinder – das ist doch sehr teuer. Können sich alle Eltern das leisten?

Das ist doch ein kirchliches Fest – was denken die nichtreligiösen Leute über dieses Fest?

Was machen die Leute, die ihre Familie nicht gern sehen?

3. Welche Schlussfolgerungen ziehen Sie, wenn Sie den Lehrbuchtext mit Ihren und unseren Fragen vergleichen?

Wir haben das Thema *Sitten und Bräuche* hier an einem Lehrbuchbeispiel dargestellt, weil wir Ihnen dreierlei zeigen wollten: Reflexion

1. Im Rahmen der faktischen Landeskunde wird auch bei kulturellen Themen die Form der sachlichen Beschreibung gewählt.
2. Solche informativen Sachtexte erwecken den Eindruck der Objektivität und Allgemeingültigkeit („So feiern alle Deutschen Weihnachten.").
3. Die Fragen, die sich bei genauerem Überlegen stellen, weisen jedoch darauf hin, welche interessanten Möglichkeiten die faktische Landeskunde ungenutzt lässt – nämlich zu versuchen, die Vielfalt der Lebensformen und Werte, den Pluralismus der Gesellschaft in Deutschland zu erfassen.

2.1.2 Der Kulturbegriff in der faktischen Landeskunde

Natürlich gehört zur faktischen Landeskunde auch die Kultur.

> „Im ganzen deutschen Sprachgebiet ist mit der deutschen Sprache auch die deutsche Kultur, das heißt die deutsche Literatur, die deutsche Kunst, die deutsche Musik, die deutsche Wissenschaft zu Hause."
> Kessler (1975), 5

Hinter der Äußerung von Kessler steht – wie Sie vermutlich selbst gesehen haben – ein traditioneller Kulturbegriff (s. Kapitel 1.2, S. 11f.), der unter Kultur vor allem die Hochkultur versteht. Das kann z. B. in einem Lehrbuch zu folgenden Informationen führen:

Beispiel 5

Von Bonn und Beethoven

Am Weg nach Bonn steht auf dem Effelsberg eines der größten Radio-Teleskope der Welt. Sein beweglicher Hohlspiegel hat 100 m Durchmesser und nimmt wie ein riesiges Himmelsohr Signale aus dem fernen Weltraum auf (s Signal = *ein Zeichen).*

Die Bundeshauptstadt Bonn nennt sich die Beethovenstadt. Wir sind durch das Beethovenhaus gegangen, etwas schnell und neugierig zuerst, dann langsam und nachdenklich. Das schöne Haus in der Bonngasse 20 ist das Beethovenmuseum, aber nur das bescheidene Hinterhaus (bescheiden = *ärmlich)* haben Beethoven und seine Eltern bewohnt. Dort wurde ihnen am 16. Dezember 1770 der Sohn geboren, dessen Musik heute der ganzen Welt gehört.

Die Ausstellungsstücke des Museums folgen dem Lebensweg Beethovens. Da wird das erste Konzert angezeigt, das der sechsjährige Knabe in Bonn gab. Der Dreizehnjährige spielte als Musiker im Orchester des Kurfürsten. Mit fünfzehn Jahren war Beethoven schon zweiter Organist in Bonn. Die Kirchenorgel, die er spielte, steht im Museum. Da steht auch der Flügel, an dem Beethoven seine großen Werke komponiert hat. Die anderen Musikinstrumente des Meisters hängen in Glaskästen. Daneben liegen die Handschriften seiner Werke.

Die vielen Briefe an ihn zeigen die hohen Ehren, die der Meister besonders in Wien fand, aber auch die schweren Sorgen, die er tragen mußte. Neben den Alltagssorgen steht das bitterste Leid seines Lebens: die Krankheit, die ihn taub machte. Der dreißigjährige, lebensfrohe Mann wird unheilbar krank. Er wehrt sich dagegen (sich wehren = *nicht wollen),* aber sein Gehör wird immer schlechter.

Er mag den Menschen seine Leiden nicht zeigen und läßt sich Hörinstrumente bauen. Immer größere Instrumente braucht Beethoven, um seine eigene Musik zu hören. Der Fünfzigjährige ist ganz taub. Aber Beethoven arbeitet weiter. Er schreibt seine größten Werke, ohne sie zu hören und siegt damit über das Schicksal, das ihn taub werden ließ. Mit 56 Jahren ist Beethoven gestorben. An der Wand hängt seine weiße Totenmaske.

Als wir aus dem Museum kamen, hatten wir noch Zeit für einen Rundgang durch das neue Regierungsviertel der Bundeshauptstadt. Am Abend fuhren wir über die Schnellstraße zurück nach Köln.

Kessler (1975), 57

Im faktischen Landeskundeansatz werden unter *Kultur* zumeist Zeugnisse der „hohen Kultur" verstanden. Deren Vertreter sind in der Regel männlich. Im Mittelpunkt stehen die hohen Leistungen geistiger und schöpferischer Tätigkeit aus den Bereichen Musik, Literatur, Wissenschaft usw. Dieser Kulturbegriff ist also ästhetisch-akademisch definiert.

Hinweis

Im weiteren Verlauf dieser Fernstudieneinheit, besonders in Kapitel 5.2 (S. 94ff.), werden Sie sehen, dass Hochkultur auch in anderen landeskundlichen Ansätzen zu finden ist – nur wird sie dann anders vermittelt und ist anders eingebettet.

2.1.3 Auswahl landeskundlicher Themen

Mit unseren Beispielen 1 – 5 haben Sie einige landeskundliche Themen, die beim faktischen Landeskundeansatz immer wieder behandelt werden, kennen gelernt. Sie haben gesehen, dass Fakten und Informationen aus verschiedenen (wissenschaftlichen) Disziplinen und aus dem Bereich der „hohen" Kultur zu landeskundlichen Sachtexten zusammengestellt werden. Dabei geht es den Lehrbuchautoren darum, möglichst umfassend über Politik, Geographie, Wirtschaft, Geschichte, Kultur usw. zu informieren. Das führt uns zu einem zentralen Problem dieses Verständnisses von Landeskunde:

Der faktische Landeskundeansatz schöpft aus einer unendlichen Menge an Daten, Zahlen und Fakten jeder einzelnen Disziplin. Die Autoren von Lehrwerken bzw. die

Lehrenden stehen also vor einer Vielzahl von landeskundlichen Informationen, aus denen einige wenige für den Unterricht ausgewählt werden müssen. Aber nach welchem Kriterium entscheiden die Autoren, welche Themen in ein Lehrwerk aufgenommen werden sollen?

Aufgabe 14

Bitte versuchen Sie selbst einmal zu entscheiden, welche drei Themen Sie aus der folgenden Themenliste für Ihren Unterricht auswählen würden, wenn Sie sich entscheiden müssten. Kreuzen Sie die Themen an und begründen Sie Ihre Wahl.

- ☐ die neuen Medien
- ☐ das Schulsystem
- ☐ die politischen Parteien
- ☐ Umweltprobleme und Umweltpolitik
- ☐ die Länder der BRD
- ☐ Ausbildung und Studium
- ☐ Krankenversicherung
- ☐ Städte und Gemeinden
- ☐ Festtage in Deutschland
- ☐ Freizeit und Urlaub
- ☐ Städte in Deutschland: Hamburg
- ☐ Leben und Werk von Annette von Droste-Hülshoff
- ☐ die wichtigsten Werke von Thomas Mann
- ☐ die internationalen Beziehungen der BRD
- ☐ Bildungswege: das Bildungssystem
- ☐ Lebenshaltungskosten in Deutschland
- ☐ Flüsse und Seen in Deutschland
- ☐ Leben und Werk von Eduard Mörike
- ☐ Städte in Deutschland: Heidelberg
- ☐ Städte in Deutschland: München

Ist Ihnen die Auswahl leicht gefallen? Uns fällt sie schwer, weil es in dieser Landeskundekonzeption kein eindeutiges Kriterium dafür gibt, was wichtiger als anderes ist. Lebensdaten und Werke von Annette von Droste-Hülshoff sind für die deutschsprachige Literatur ebenso bedeutend wie diejenigen von Eduard Mörike. Und ob man geographische Kenntnisse höher schätzt als literaturgeschichtliche, hängt von den individuellen Interessen ab.

In anderen Worten: Die Lehrbuchautoren wählten früher aus verschiedenen Bereichen willkürlich Ausschnitte aus. Das Kriterium für ihre Auswahl war letztlich ihre persönliche Vorliebe. Erst zu Beginn der 1970er-Jahre wurden u. a. Themen festgelegt, an denen sich Lehrbuchautoren orientierten – in einer Zusammenarbeit von verschiedenen Institutionen: einerseits Goethe-Institut und Deutscher Volkshochschul-Verband für *Das Zertifikat Deutsch als Fremdsprache* (1977) und andererseits die Universität Freiburg/Schweiz für die *Kontaktschwelle Deutsch als Fremdsprache* (1980). Wir werden in Kapitel 2.2.2 (S. 34ff.) noch einmal auf diesen Punkt zurückkommen.

Widmen wir uns nun einem Thema, das ein wichtiges landeskundliches Thema ist und in fast allen Lehrwerken für Deutsch als Fremdsprache vorkommt: das Thema *Familie*.

Aufgabe 15

Stellen Sie sich jetzt vor, dass Sie in Ihrem Unterricht das Thema „Familie" behandeln wollen. Notieren Sie bitte, was für Sie – in landeskundlicher Hinsicht – zu diesem Thema gehört. Überlegen Sie insbesondere, was Ihre Lernenden interessieren dürfte und welche Fragen sie zum Thema „Familie" in deutschsprachigen Ländern stellen würden.

____

____

____

Aufgabe 16

Lesen Sie bitte zunächst den folgenden Text „Unsere Familie" aus einem Lehrbuch.

Beispiel 6

Unsere Familie

Mein Vater und meine Mutter sind meine Eltern. Ich bin ihr Sohn. Meine Eltern haben auch eine Tochter. Sie ist meine Schwester, und ich bin ihr Bruder. Wir sind Geschwister. Unsere Familie lebt in Stuttgart.

Mein Vater hat keine Eltern mehr. Sie sind tot. Meine Mutter hat noch einen Vater und eine Mutter. Unsere Großeltern leben auch in Stuttgart. Wir lieben unseren Großvater und unsere Großmutter sehr.

Mein Vater hat einen Bruder. Er ist unser Onkel, seine Frau ist unsere Tante. Ich bin sein Neffe, und meine Schwester ist seine Nichte. Seine Kinder sind unsere Vettern und Kusinen. Meine Mutter hat eine Schwester. Sie ist auch meine Tante.

Großvater	–	Großmutter	Bruder	–	Schwester
Vater	–	Mutter	Onkel	–	Tante
Sohn	–	Tochter	Vetter	–	Kusine

Griesbach/Schulz (1967), 30

1. *Was erfahren Sie über diese Familie? Finden Sie die Themenaspekte wieder, die Sie in Aufgabe 15 notiert haben? Wenn ja, welche?*

2. *Wie wird die Familie dargestellt?*

3. *Finden Sie im Text auch landeskundliche Hinweise? Explizit ausgesprochen? Versteckt?*

Natürlich haben Sie gemerkt, dass man in diesem Text keine Hinweise findet, etwa zu Lebensbedingungen von Familien in Deutschland, zu Berufen der Mitglieder der Familie oder darüber, wie und wovon die Familie lebt, ob man sich mit den Verwandten gut oder schlecht versteht usw. Neben den Familienbezeichnungen und einigen versteckten landeskundlichen Hinweisen findet man aber noch etwas anderes.

Aufgabe 17

1. *Lesen Sie den Text „Unsere Familie" jetzt nochmals aufmerksam durch und stellen Sie fest, was dort eigentlich gelernt werden soll.*

____

2. *Vergleichen Sie nun den Text mit der Neubearbeitung von 1996 (Beispiel 7). Was ist geändert worden?*

____

____

Beispiel 7

Familienbeziehungen

Mein Vater und **mein**e Mutter sind **mein**e Eltern. Ich bin **ihr** Sohn.
Meine Eltern haben auch eine Tochter. Sie ist **mein**e Schwester, und ich bin **ihr** Bruder.
Wir sind Geschwister. **Unser**e Familie wohnt in Schwerin.
Mein Vater hat keine Eltern mehr. Sie sind tot. **Mein**e Mutter hat noch **ihr**en Vater und **ihr**e Mutter.
Das sind **unser**e Großeltern. Sie leben in Brandenburg. Wir besuchen **unser**e Großeltern oft.
Mein Vater hat einen Bruder. Er ist **mein** Onkel, seine Frau ist **mein**e Tante.
Ich bin **sein** Neffe, und **mein**e Schwester ist **sein**e Nichte.
Seine Kinder sind **unser**e Vettern und Kusinen.
Meine Mutter hat eine Schwester. Sie ist auch **mein**e Tante.
Meine Schwester hat einen Bruder. Das bin ich.

Griesbach u. a. (1996), 37

Aufgabe 18

Schauen Sie sich jetzt bitte das Bild zu dem Text „Unsere Familie" in Beispiel 6 (S. 24) an. Welche Funktionen erfüllt es? Bitte kreuzen Sie an.

	ja	*nein*
1. Das Bild illustriert das Dargestellte.		
2. Das Bild regt zum Sprechen an (Sprechanlass).		
3. Das Bild lockert den Text auf (Dekoration, Motivation).		
4. Das Bild unterstützt das Gedächtnis, damit die Lernenden sich besser erinnern können.		
5. Das Bild veranschaulicht (semantisiert) Wortschatz aus dem Text.		
6. Das Bild gibt einen authentischen Eindruck von einer Familie in Deutschland.		
7. Das Bild lenkt vom Text ab.		
8. Das Bild sensibilisiert die Lernenden für die andere Kultur.		

Vielleicht sind Sie mit uns der Ansicht, dass es ganz amüsant ist, wie der Zeichner diese Familie in Beispiel 6 dargestellt hat: Die Familienmitglieder drängeln sich wie zu einem Familienfoto zusammen, damit alle noch gerade so auf das Bild passen. Für uns heutige Betrachter hat das Bild sogar einen gewissen historischen Charme, weil man sich in den deutschsprachigen Ländern nicht mehr in diesem Stil kleidet – soweit man das überhaupt erkennen kann.
Ungünstiger aber ist, dass das Bild nicht zu der beschriebenen Familie passt. Oder können Sie die im Text erwähnten Großeltern auf dem Bild erkennen?

Reflexion

Blicken wir nochmals auf die Beispiele 1 – 7 zurück, um festzuhalten, *wie* landeskundliche Inhalte hier vermittelt werden:

➤ In den Beispielen 1 – 3 ist Landeskunde als ein unabhängiger Teil der jeweiligen Lektion konzipiert. Landeskundliche Texte stehen am Ende der Lektion, zu der sie nur einen thematischen Bezug haben. Es gibt keine Einbettung in sprachliche Lernziele und darauf aufbauende Übungen. Die Übungen beziehen sich auf Fragen zum Text oder initiieren einen Vergleich zum eigenen Land. Diese Landeskundetexte könnten auch in muttersprachlichen Schulbüchern für andere Fächer als den Fremdsprachenunterricht zu finden sein.

➤ Die Inhalte, die in den Beispielen 1 – 3 und 5 vermittelt werden, sind nicht spezifisch im Hinblick auf Lernende von Deutsch als Fremdsprache ausgewählt. Sie entsprechen vielmehr den Vorstellungen einer Bildung, die systematisches Wissen in bestimmten Bereichen aufbauen möchte.

➤ In den Beispielen 4, 6 und 7 werden – unter dem Aspekt eines erweiterten Kulturbegriffs – Themen gewählt, die aus heutiger Sicht landeskundliche Themen sind. In Beispiel 4 wird, wie Sie gesehen haben, das kulturelle Phänomen (Weihnachten) als ein Sachthema beschrieben. In den Beispielen 6 und 7 ist das landeskundliche Thema nur eine beliebige Hülse, in die die Vermittlung sprachlicher Formen gesteckt wird: Im Mittelpunkt stehen die grammatischen Strukturen und die Lexik. Die landeskundlichen Potenziale des Themas werden nicht genutzt – was sich historisch erklären lässt und im folgenden Kapitel erläutert werden soll.

2.1.4 Geschichte des faktischen Landeskundeansatzes

Wir wollen Ihnen einige Gründe und Rahmenbedingungen für die Entstehung des faktischen Landeskundeansatzes in Deutschland nennen und damit den geschichtlichen Kontext verdeutlichen, in dem er gewachsen ist.

In den Fünfzigerjahren des 20. Jahrhunderts lautete das übergeordnete pädagogische Lernziel für den Fremdsprachenunterricht, zur Verständigung zwischen den Völkern durch das Vermitteln der **Sprache** beizutragen. Sprache wurde verstanden als zusammenhängendes System von Strukturen. Wichtigstes Lernziel des Fremdsprachenunterrichts war die Kenntnis des Sprach**systems**, möglichst in seiner Gesamtheit. Man orientierte sich dabei am klassischen Lateinunterricht. In der Pädagogik dominierte zu dieser Zeit ein Bildungsbegriff, der insbesondere auf den geistig-moralischen Reifeprozess der Lernenden ausgerichtet war. Hierzu leisteten in erster Linie die Zeugnisse der „hohen" Kultur einen wichtigen Beitrag. Das galt auch für den Fremdsprachenunterricht.

Wie Sie an den Beispielen gesehen haben, wurden auch später noch landeskundliche Inhalte aus anderen Bereichen (z. B. Politik, Wirtschaft usw.) entweder zusätzlich in eigenen, separaten Lektionsabschnitten dargeboten oder als „Aufhänger" für die gerade im Mittelpunkt stehenden grammatischen Phänomene benutzt. Auch die eingesetzten Bildelemente blieben auf eine rein illustrierende Funktion beschränkt.

Der Bezug zur Gesellschaft und zur Praxis, zum Beispiel zu einer späteren beruflichen Tätigkeit oder – auf den Fremdsprachenunterricht bezogen – auf die tatsächliche Verwendung und Anwendung der fremden Sprache, blieb weitgehend ausgeklammert.

Zusammenfassung

Wir fassen nun zusammen, was wir bisher über faktische Landeskunde herausgefunden haben.

➤ Faktische Landeskunde nimmt eine nachgeordnete oder begleitende Rolle im Fremdsprachenunterricht ein: Sie ist additiv, zusätzlich und nicht in den Sprachunterricht integriert.

  Viele Lehrmaterialien werden völlig unabhängig von einem Lehrwerk produziert. In vielen Ländern und Institutionen (besonders Universitäten) findet faktisch orientierter Landeskundeunterricht im Rahmen besonderer Unterrichtseinheiten bzw. in einem eigenen Unterrichtsfach statt.

➤ Die Lernenden sollen systematisch Kenntnisse über die Kultur und Gesellschaft der Zielsprache in Form von Fakten, Daten, Zahlen erwerben („Information"). Dahinter steht der (tatsächlich aber nie zu erfüllende) enzyklopädische Anspruch, diese Kultur in ihrer Gesamtheit zu erfassen.

➤ Die Themen werden von den Bezugswissenschaften abgeleitet (Geschichte, Soziologie, Politikwissenschaft, Literaturwissenschaft usw.).

➤ Kultur gilt in diesem faktischen Ansatz von Landeskunde in einem traditionellen Sinne und meint vor allem Zeugnisse der „hohen Kultur".

➤ Das landeskundliche Wissen wird meist in Form von Sachtexten, in Tabellen, Statistiken, Schaubildern u. Ä. präsentiert. Zeichnungen und Bilder haben eine illustrierende Funktion; Fotos sollen Objekte originalgetreu abbilden und repräsentativ für die deutschsprachigen Länder sein.

Aufgabe 19

1. *Welche Vor- und Nachteile hat faktische Landeskunde* ***Ihrer persönlichen Meinung*** *nach?*
2 *Enthält das Lehrwerk, mit dem Sie arbeiten, faktische Landeskunde? Wenn ja: Wie wird sie aufbereitet?*

2.2 Kommunikative Landeskunde* – Landeskunde als sprachliches Handeln

Aufgabe 20

Überlegen Sie bitte: Was ist für die zwei fiktiven Personen A und B wichtig beim Deutschlernen?

Person A: *Ein Mann, Mexikaner, Ingenieur bei VW in Puebla/Mexiko, 42 Jahre alt, soll für drei Monate nach Wolfsburg/Deutschland fahren und sehen, wie dort gearbeitet wird. Er hat in seiner Firma viel mit Deutschen, Österreichern und Schweizern zu tun, die untereinander Deutsch sprechen.*

Person B: *Eine Frau, Australierin, studiert Biologie und möchte eine Doktorarbeit an einer deutschen Universität schreiben. Sie hat sich deshalb für ein Promotionsstipendium beworben.*

Die zwei Personen in unserem Beispiel lernen aus ganz unterschiedlichen Gründen Deutsch und werden die deutsche Sprache in sehr unterschiedlichen Situationen und für sehr verschiedene Zwecke anwenden. Das Lernen einer Sprache für praktische Zwecke führte dazu, dass bestehende Konzepte des Fremdsprachenlernens überdacht werden mussten.

2.2.1 Neuorientierung der Fremdsprachendidaktik

Werfen wir nochmals einen Blick auf die Geschichte des Deutsch-als-Fremdsprache-Unterrichts. In den Siebzigerjahren des 20. Jahrhunderts bewirkte eine Reihe von gesellschaftlichen Veränderungen und wissenschaftlichen Neuerungen auch eine Neuorientierung der Fremdsprachendidaktik.

Beispielsweise nahm der Bedarf der Wirtschaft an fremdsprachlich qualifizierten Arbeitskräften schon seit längerem kontinuierlich zu, und diese Entwicklung setzt sich bis heute fort. Das bedeutete auch, dass sich der Personenkreis, der Fremdsprachen lernte, und die Bedürfnisse und Interessen, die dieser Personenkreis am Sprachenlernen hat, veränderten. In Deutschland kam es zur so genannten Bildungsreform, die weiten Kreisen der Bevölkerung den bisher verschlossenen Zugang zu höherer Bildung und damit auch zum schulischen Fremdsprachenlernen eröffnete.

⟸ Mehr darüber erfahren Sie in der Fernstudieneinheit *Methoden des fremdsprachlichen Deutschunterrichts*.

Es veränderte sich aber auch die Auffassung von Sprache. In der Linguistik betrachtete man sie nun nicht mehr in erster Linie als System, sondern als ein Medium, mit dem man Dinge ausdrücken und mitteilen kann, mit dessen Hilfe man *kommunizieren* kann.

Stellen Sie sich einmal unsere beiden oben beschriebenen Personen in einem Restaurant in Deutschland vor. Dort möchten sie der Kellnerin mitteilen,
- dass sie einen Kaffee trinken wollen,
- dass auf dem Tisch kein Zucker steht, und schließlich,
- dass sie bezahlen möchten.

Sprechintention und Redemittel

Wollen die beiden ihre Mitteilungsabsicht – die Sprechintention – (in unserem Beispiel *einen Kaffee bestellen*) sprachlich realisieren, so ist klar, dass sie für diese Absicht sprachliche Mittel – man spricht von *Redemitteln* – brauchen, also etwa „Ich hätte gerne eine Tasse Kaffee" oder „Bringen Sie mir bitte eine Tasse Kaffee".
Die Fähigkeit, in solchen Situationen des Alltags kommunizieren zu können, wird das neue globale Lernziel in der Fremdsprachendidaktik. Wie dieses Ziel in Lehrmaterialien umgesetzt wurde (und wird), worin sich diese Umsetzung gegenüber dem faktischen Landeskundeansatz unterscheidet und vor allem, was sich daraus für das Verständnis von Landeskunde ergibt, untersuchen wir in den folgenden beiden Beispielen 8 und 9, in denen es jeweils um eine Situation auf dem Postamt geht.

Aufgabe 21

Sehen Sie sich bitte die Beispiele 8 und 9 (Seite 30/31), die aus zwei verschiedenen Lehrwerken stammen, an. Notieren Sie dann Ihre Antworten.

1. Sie möchten ein Telegramm aufgeben. Was erfahren Sie darüber?

Beispiel 8	***Beispiel 9***

2. *Analysieren Sie die Gesamtgestaltung der Alltagshandlung „ein Telegramm aufgeben“ im Hinblick auf*
   a) *die Abbildungen,*
   b) *das Verhältnis von Text und Abbildungen,*
   c) *die Darstellung der Rollen: Postkunde – Postbeamter,*
   d) *die Art der sprachlichen Mittel, die zur Realisierung der Sprechabsicht angeboten werden.*

Beispiel 8	***Beispiel 9***
a)	
b)	
c)	
d)	

3. *Analysieren Sie die Gestaltung weiterer Handlungen wie „einen Brief aufgeben“, „Geld einzahlen“ usw.*

Beispiel 8

Auf dem Postamt

Herr Moll (M), *der Beamte* (B)

M: Kann ich hier ein Telegramm aufgeben?

B: Ja. Haben Sie das Formular schon ausgefüllt?

M: Ja, hoffentlich habe ich es richtig gemacht.

B: Sie haben aber sehr undeutlich geschrieben, und die Unterschrift kann ich nicht lesen. Die Adresse müssen Sie besonders deutlich schreiben.

M: Entschuldigen Sie bitte, ich mache es nochmal. – Ist es nun gut so?

B: Ja. Das Telegramm hat 10 Wörter. Es kostet 8,– €.

M: Wann kommt das Telegramm an?

B: Ein Telegramm von hier nach Hamburg braucht etwa zwei Stunden.

M: Danke! Kann ich bei Ihnen auch Geld einzahlen?

B: Nein, am Schalter vier bitte!

Am Schalter vier; Herr Moll (M), *der Beamte* (B)

M: Ich möchte Geld einzahlen. Wie mache ich das?

B: Hat der Empfänger ein Postscheckkonto?

M: Ich weiß es leider nicht.

B: Dann füllen Sie diese Postanweisung aus, da genügt die Adresse des Empfängers. Den Absender müssen Sie zweimal schreiben, oben in die Mitte und hier links auf diesen Abschnitt. Den Betrag und die Adresse des Empfängers schreiben Sie in die Mitte und auf den Abschnitt rechts. Den bekommen Sie, er ist Ihre Quittung.

M: Haben Sie auch Briefmarken? Ich habe hier drei Briefe.

B: Wohin?

M: Ich habe einen Brief nach Frankfurt, einen nach London und einen nach Indien.

B: Im Inland sowie innerhalb der EU* kostet ein Brief 1 Euro. Den Brief nach Indien schicken Sie mit der Luftpost, sonst dauert es zu lange. Zusammen 6,40 €.

M: Hier ist das Geld, bitte!

B: Danke! Werfen Sie die Briefe bitte dort in den Briefkasten. Hier haben Sie noch einen Zettel mit den Postgebühren.

M: Danke schön!

---

* EU = Europäische Union

der Brief	– das Briefpapier – der Briefkasten – der Briefträger – die Briefmarke der Inlandsbrief – der Auslandsbrief – der Luftpostbrief – der Eilbrief
die Post	– das Postamt – die Postanweisung – die Postkarte – die Postgebühr – das Postscheckkonto – die Luftpost
die Schrift	– die Unterschrift – die Überschrift
	es dauert lange – es geht schnell

Griesbach/Schulz (1967), 76/77

SIT **Auf der Post** **5**

a) Orientierung auf der Post

Hinweisschilder im Postamt **1**

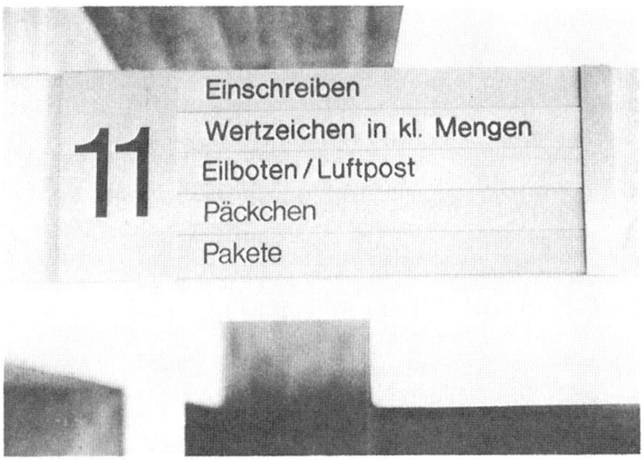

b) Einen Brief, ein Paket, ein Telegramm aufgeben; Briefmarken kaufen

○ "Was kostet bitte ..... ein *Brief* nach Irland?"
ein Brief nach Italien?"
eine *Postkarte* nach Frankreich?"

● "80 Pfennig".
● "60 Pfennig".
● "50 Pfennig".

○ "Geben Sie mir bitte ..... fünf 60er *Marken* und vier 50er Marken."

● "Das macht zusammen 5 Mark."

○ "Ich möchte ..... ein *Paket* nach England schicken."

● "Füllen Sie bitte die Paketkarte und die Zollinhaltserklärung aus."

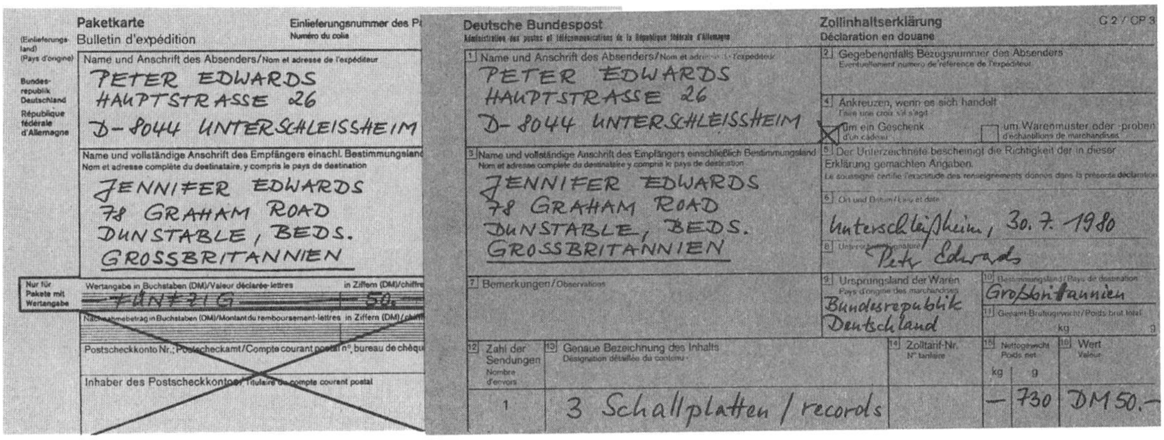

Paketkarte
Bulletin d'expédition
Name und Anschrift des Absenders
PETER EDWARDS
HAUPTSTRASSE 26
D-8044 UNTERSCHLEISSHEIM
Name und vollständige Anschrift des Empfängers
JENNIFER EDWARDS
78 GRAHAM ROAD
DUNSTABLE, BEDS.
GROSSBRITANNIEN
Wertangabe in Buchstaben (DM) / in Ziffern (DM): FÜNFZIG / 50,-
Postscheckkonto Nr.; Postscheckamt
Inhaber des Postscheckkontos

Deutsche Bundespost — Zollinhaltserklärung / Déclaration en douane — C 2 / CP 3
1 Name und Anschrift des Absenders: PETER EDWARDS, HAUPTSTRASSE 26, D-8044 UNTERSCHLEISSHEIM
3 Name und vollständige Anschrift des Empfängers einschließlich Bestimmungsland: JENNIFER EDWARDS, 78 GRAHAM ROAD, DUNSTABLE, BEDS. GROSSBRITANNIEN
2 Gegebenenfalls Bezugsnummer des Absenders
4 Ankreuzen, wenn es sich handelt: [X] um ein Geschenk / um Warenmuster oder -proben
5 Der Unterzeichnete bescheinigt die Richtigkeit der in dieser Erklärung gemachten Angaben.
6 Ort und Datum: Unterschleißheim, 30. 7. 1980
Unterschrift: Peter Edwards
7 Bemerkungen
8 Ursprungsland der Waren: Bundesrepublik Deutschland
10 Bestimmungsland: Großbritannien
12 Zahl der Sendungen: 1
13 Genaue Bezeichnung des Inhalts: 3 Schallplatten / records
14 Zolltarif-Nr.: —
15 Nettogewicht: 730 g
16 Wert: DM 50,-

○ "Ich möchte ein *Telegramm* nach Minden schicken. Wie mache ich das?"

○ "Was kostet das *Telegramm?*"

● "Füllen Sie das Formular da aus. Oben die Adresse des Empfängers, dann den Text."

● "Das macht 6 Mark."

Telegramme
Innerhalb der Bundesrepublik mit Berlin (West):
– gewöhnliche Telegramme je Wort 0,60 DM
mindestens 4,20 DM
– dringende Telegramme je Wort 1,20 DM
mindestens 8,40 DM

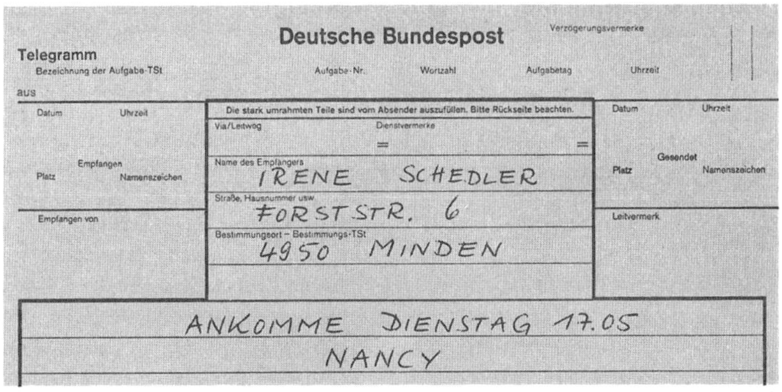

Deutsche Bundespost
Telegramm
Name des Empfängers: IRENE SCHEDLER
Straße, Hausnummer usw.: FORSTSTR. 6
Bestimmungsort: 4950 MINDEN
ANKOMME DIENSTAG 17.05
NANCY

63

Neuner u. a. (1980), 63

Reflexion

Mit dem Vergleich der beiden Beispiele 8 und 9 wollten wir Ihnen die unterschiedlichen landeskundlichen Ansätze und vor allem die jeweils dahinter stehende andere Perspektive verdeutlichen. Obwohl die Überschriften in den beiden Lehrbuchbeispielen fast gleich sind – *Auf dem Postamt* und *Auf der Post* – werden Sie festgestellt haben, dass Beispiel 9 Ihnen sowohl in landeskundlicher als auch in sprachlicher Hinsicht mehr Informationen gegeben hat und vor allem Sprache und die Rolle der Lernenden anders definiert. Sie werden vielleicht auch festgestellt haben, dass die Situation auf der Post vor allem in Beispiel 8 und die sachlichen Angaben, vor allem die Preise, nicht mehr den heutigen Gegebenheiten in deutschsprachigen Ländern entsprechen.

Die neue **kommunikative Perspektive** hat zwei Auswirkungen:

1. Ausgangspunkt ist die Auffassung, dass Lernende selbst wissen, **was** sie sagen wollen; lernen wollen sie, **wie** sie das **auf Deutsch** ausdrücken können (vgl. Barkowksi u. a. 1980, 104).
2. Die Vermittlung landeskundlichen Wissens und Verhaltens berücksichtigt, dass die Lernenden über bestimmte Handlungsabläufe bereits Erfahrungen mitbringen (Alltags- und Weltwissen).

Bezogen auf unsere beiden Beispiele bedeutet das:

➤ Die Tatsache, dass man z. B. bei einem Telegramm Absender und Empfänger angeben muss, dürfte den Lernenden ebenso bekannt sein wie die Tatsache, dass verschiedene Postsendungen unterschiedliches Porto verlangen.

➤ Es muss daher nicht (wie in Beispiel 8) über diese Tatsache informiert werden, sondern es müssen dafür Redemittel angeboten werden, wie man Informationen auf Deutsch ausdrückt. Konkret: Der Postkunde sagt nicht (wie in Beispiel 8), dass er drei Briefe in drei verschiedene Länder verschicken möchte, sondern er fragt direkt (wie in Beispiel 9), was ein Brief in ein bestimmtes Land kostet.

➤ Beispiel 8 bietet dem Lernenden die für die damalige Zeit noch relevante landeskundliche Information, dass es verschiedene Schalter gibt, an denen man z. B. ein Telegramm aufgibt oder Geld einzahlt, und dass es ein Informationsblatt mit Postgebühren gibt, was vielleicht nicht in allen Ländern üblich ist. In Beispiel 9 versuchen die Lehrwerkautoren, einen größeren Teil der Situation *Auf der Post* zu erfassen (dies wird auch an der Kennzeichnung auf der Seite oben links erkennbar: SIT steht für Situation).

➤ Auch in sprachlicher Hinsicht unterscheiden sich die beiden Beispiele. In Beispiel 8 erfahren Sie zwar, dass jemand auf der Post ein Telegramm verschicken und Geld einzahlen möchte, aber wie das genau geht, d. h., wie ein Telegramm oder eine Paketpostkarte ausgefüllt wird, wird nicht gezeigt. Sie finden in dem Dialog zwar einige nützliche Wendungen („Kann ich hier ein Telegramm aufgeben?“, „Ich möchte Geld einzahlen. Wie mache ich das?“), aber diese wirken eher zufällig in den Text eingestreut. Im Vordergrund steht die möglichst vollständige Nennung möglicher Themen auf der Post, künstlich in der Geschichte des Herrn Moll zusammengehalten.

Um sich den Unterschied zu verdeutlichen, können Sie versuchen, mit den Textvorgaben aus den beiden Beispielen ein Rollenspiel zu machen.

Aufgabe 22

Sehen Sie sich jetzt noch einmal die Sprache in Beispiel 8 und 9 (S. 30/31.) an.

1. *Welche Rollen gibt es? Welche Rollen sind vorstellbar?*
2. *Charakterisieren Sie kurz die verschiedenen Rollen und machen Sie dann ein Rollenspiel.*
3. *Wie wirkt das sprachliche Verhalten der Personen, ihre Ausdrucksweise auf Sie (z. B. natürlich, steif, ungezwungen usw.)?*

Jemand, der auf die Post geht, hat bekanntermaßen ein bestimmtes Ziel, z. B. einen Brief aufzugeben. Um dieses Ziel zu erreichen, braucht man bestimmte deutsche Redemittel zur Realisierung der entsprechenden Sprechintention. Das ist nicht neu. Neu im kommunikativen Ansatz ist jedoch die Ausgangsperspektive für die Gestaltung von Sprechakten und Situationen:

1. Redemittel werden auf ihre Verwendbarkeit in möglichst vielen Situationen hin überprüft. So kann etwa die Sprechintention *eine Bitte äußern* mit den Redemitteln *Geben Sie mir bitte* oder *Ich hätte gern* nicht nur auf der Post, sondern auch in vielen anderen Situationen realisiert werden, z. B. *Ich hätte gern eine Cola* oder *Geben Sie mir bitte die Zeitung.*
2. Redemittel werden systematisch angeboten.
3. Redemittel werden so angeboten, wie sie von den meisten Sprechern der deutschen Sprache auf der Post, im Café oder in vergleichbaren Situationen verwendet werden.
4. Kommunikative Lehrwerke gehen davon aus, dass Deutschlernende früher oder später in ein deutschsprachiges Land kommen und dann ihren Alltag in deutscher Sprache regeln müssen. Die Situationen, die sie dabei bewältigen müssen, werden möglichst realistisch illustriert (Abbildungen von Telegrammen, einer Paketkarte usw.).

Auch diese Veränderungen haben verschiedene historische Gründe – gesellschaftspolitische und linguistische. Auf die Auswirkungen auf den Fremdsprachenunterricht gehen wir in dem kleinen Exkurs zur *kommunikativen Kompetenz* (S. 42f.) ein.

• Exkurs: Pragmalinguistik* und Sprechakttheorie*

Zu Beginn dieses Kapitels (S. 26) haben wir bereits von einer Neuorientierung des Fremdsprachenunterrichts gesprochen, die durch gesellschaftliche Veränderungen ausgelöst wurde: Immer mehr Menschen mit anderen als den bisherigen Bedürfnissen begannen, Fremdsprachen zu lernen. Diese neuen Bedürfnisse veränderten auch die Auffassung von Sprache.

Die Anstöße für den neuen kommunikativen Ansatz gehen auf die Pragmalinguistik und die Sprechakttheorie der beiden US-amerikanischen Linguisten Austin und Searl in den Sechzigerjahren des 20. Jahrhunderts zurück: Das Interesse an Sprache verlagerte sich von der präzisen Beschreibung formaler Eigenschaften auf pragmatische Ziele, d. h., wie Menschen miteinander kommunizieren. Die Fähigkeit, sich in bestimmten Situationen mitteilen zu können, führte zu einer Auffassung von Sprache als menschlichem **Handeln**. Damit bedeutet Kommunikation, mit Sprache etwas miteinander zu **tun**, im Fremdsprachenbereich also, wie Sie sich im Zielsprachenland verständigen und zurechtfinden können.

Was machen Menschen mit der Sprache, wenn sie sie dazu benutzen, sich untereinander zu verständigen? Bei dieser Fragestellung geht es vor allem um die Analyse des Sprechaktes, d. h. um die Beschreibung der Sprechintentionen, der Redemittel und der Wirkungen des Gesagten (vgl. Neuner/Hunfeld 1993, 88).

Diese Orientierung auf Kommunikation bedeutet aber auch, dass das Umfeld sprachlicher Äußerungen wichtig wird: der Kontext, die Situation, die beteiligten Sprecher (die Rollen), außersprachliche und parasprachliche Mittel wie Mimik, Gestik, Tonfall, Lautstärke usw. Kommunikation umfasst also alle Komponenten des sprachlichen Handelns.

Dies führt auch zu einer Veränderung bei der Auswahl landeskundlicher Themen. Da Landeskunde jetzt das Gelingen sprachlicher Handlungen im Alltag und das Verstehen alltagskultureller Phänomene unterstützen soll, verlieren die bisherigen Bezugswissenschaften wie Politik, Geschichte, Soziologie usw. ihre zentrale Bedeutung. Dafür liefert die Alltagskultur* den Bezug (das Referenzwissen*) für die angemessene Verwendung der Sprache.

2.2.2 Auswahl landeskundlicher Themen

Die kommunikative Orientierung führt uns zu der schon gestellten Frage: Wie finden die Lehrwerkautoren ihre landeskundlichen Themen? Das folgende Beispiel stammt aus dem Lehrwerk *Themen*, das neben *Deutsch aktiv* eines der ersten kommunikativen Lehrwerke für Erwachsene war.

Aufgabe 23

Finden Sie das Thema in dem folgenden Beispiel 10 landeskundlich relevant? Begründen Sie bitte Ihre Meinung.

Beispiel 10

Lektion 6

B2

2

S. 133, 1

● Wir suchen ein Doppelzimmer für ungefähr 600 Schilling. Können Sie etwas empfehlen?

□ Ja, da haben wir das Schloßhotel. Das Doppelzimmer kostet 840 Schilling.

● 840 Schilling, das ist zu teuer.

□ Dann gibt es noch die Pension Oase. Die ist billiger. 500 Schilling.

●

- Mit oder ohne Frühstück?
- Mit Bad oder Dusche?
- Liegt | das Hotel / die Pension / der Gasthof | ruhig? / zentral?
- Wie weit ist es zum Zentrum?
- Kann man da auch essen?
- Hat das Zimmer einen Balkon?

Gut, das Zimmer nehmen wir.

Wir suchen Ich suche	ein Doppelzimmer ein Einzelzimmer

○ | für ungefähr ... Schilling.
möglichst zentral.
möglichst ruhig.

Können Sie etwas empfehlen?

Da	haben wir gibt es	das Hotel ... die Pension ... den Gasthof ...

Das	Doppelzimmer Einzelzimmer	kostet ... Schilling.

□ (Das Die Der	liegt ist	zentral,	nur 5 Min. zum Zentrum.) direkt im Zentrum.)

(Das Die Der	liegt sehr ruhig.)

... Schilling.	Das ist zu teuer.
○ (Direkt im Zentrum.	Das ist zu laut.)
(5 Kilometer zum Zentrum.	Das ist zu weit.)

Dann	gibt es noch haben wir noch	die Pension ... das Hotel ... den Gasthof ...

□ Die Das Der	ist billiger. ist ruhiger. liegt zentraler.	Nur ... Schilling.

einundsiebzig 71

Aufderstraße u. a. (1983), 71

Reflexion

Der Ausgangspunkt bei der Wahl des Themas in Beispiel 10 ist die Annahme, dass die Lernenden später einmal mit einer solchen Situation konfrontiert werden. Dieses Kriterium ist relevant für alle kommunikativen Lehrwerke, bei denen die kulturellen Interessen und Bedürfnisse der Lernenden bei der Bewältigung von Alltagssituationen im Zielsprachenland im Vordergrund stehen.

Versuchen Sie nun bitte selbst, relevante Themenbereiche für Deutschlernende zu finden: Machen Sie eine Liste mit Situationen, die ***Ihrer Meinung nach*** *für Sie bzw. Ihre Lernenden bei einem Deutschlandaufenthalt im Alltag bedeutsam sein könnten.*

Aufgabe 24

Themenbereiche	***Situationen***
Wohnen	ein Zimmer in einer Wohngemeinschaft suchen; nach einem billigen, aber ruhigen Hotel fragen;

Sie haben in Aufgabe 24 einige Themenbereiche und Alltagssituationen zusammengestellt, die für Deutschlernende wichtig werden könnten, wenn sie in ein deutschsprachiges Land kommen. Um das schon erwähnte Problem der willkürlichen Auswahl von Themen und den ihnen zugeordneten Redemitteln zu verringern, wurden diejenigen sprachlichen Handlungen erforscht, die Lernende bei einem Aufenthalt im Zielsprachenland voraussichtlich benötigen werden. Sie finden sie in den beiden Publikationen *Das Zertifikat Deutsch als Fremdsprache* (1977) und *Kontaktschwelle Deutsch als Fremdsprache* (Baldegger u. a. 1980).

• *Das Zertifikat Deutsch als Fremdsprache* und *Kontaktschwelle Deutsch als Fremdsprache*

Das Zertifikat Deutsch als Fremdsprache erschien zuerst 1972, wurde dann 1977 bearbeitet und erweitert und ist seit 1999 durch das *Zertifikat Deutsch* (s. S. 108) ersetzt worden. *Das Zertifikat Deutsch als Fremdsprache* geht (neben einer Wortliste und einer Auflistung grammatischer Strukturen) auf folgende Faktoren ein:

➤ Sprechintentionen (z. B. *soziale Kontakte: jemanden ansprechen*),

➤ Themen (z. B. *Wohnen, Hobbys, Interessen*),

➤ Situationen (z. B. *Auf der Post,* dazu Rollenangaben: *Kunde – Postangestellter*),

➤ Textsorten (z. B. *Zeitungen, Geschichten, Reportagen, Werbung*).

Obwohl *Das Zertifikat Deutsch als Fremdsprache* eine Prüfung ist, in der Landeskunde kein Prüfungsgegenstand ist, äußern sich die Autoren auch zur Landeskunde:

> „[Man soll] auch schon im Anfangsunterricht die gesellschaftlichen und kulturellen Gemeinsamkeiten und Unterschiede zwischen dem eigenen Land und dem Land der Zielsprache erfahren und erarbeiten."
>
> Das Zertifikat Deutsch als Fremdsprache (1977), 12

Damit werden schon 1977 Aspekte angesprochen, die in der interkulturellen Landeskunde (s. Kapitel 2.3, S. 44ff.) in den Vordergrund gerückt werden. Primär geht es jedoch hier noch um die Parallelität der Sprachvermittlung mit der Vermittlung von „Sachkenntnissen (Landeskunde)", aber auch um „angemessenes Verhalten im Land der Zielsprache" (*Das Zertifikat Deutsch als Fremdsprache* 1977, 543).

Die *Kontaktschwelle Deutsch als Fremdsprache* von 1980 (Baldegger u. a.) geht (neben einer Wortliste und einer Auflistung grammatischer Strukturen) auf folgende Faktoren ein:

- soziale Domänen (z. B. *Freizeit, Medien*),
- Kommunikationsteilnehmer, ihre Rollen und Beziehungen (z. B. *Alter, Familienstand/Mutter- oder Fremdsprachler, Patient – Arzt*),
- Kommunikationsräume (z. B. *private Räume, Gaststätten, Geschäfte, staatliche Institutionen*),
- Kommunikationsformen (mündlich/schriftlich),
- Sprechakte (z. B. *Informationen/Gefühle austauschen*),
- Themen (z. B. *Wohnen, Arbeit und Beruf*).

Die in diesen beiden wichtigen Publikationen geforderte Verknüpfung von Themenbereichen mit Situationen sowie die Forderung nach adäquaten sprachlichen Handlungsmöglichkeiten in diesen Situationen durch ein Angebot entsprechender Redemittel und sprachlicher Strukturen hatte großen Einfluss auf die Konzeption der Lehrwerke, wie das folgende Beispiel zeigt:

Beispiel 11

Inhalt

Lektion 1: Erste Kontakte

S. 7

Sprechintentionen: jn. grüßen und darauf reagieren – sich oder jn. vorstellen – Gespräch sichern durch Rückfrage, Bitte um Wiederholung, Buchstabieren – nach dem Befinden fragen und darauf reagieren – sich verabschieden – jn. identifizieren – Telefonnummern/Herkunftsort erfragen

Situationen/Textsorten/Themen: erste Kursstunde – Kursteilnehmerliste – Telefonat – in der Discothek

Grammatische Strukturen: Aussagesatz – Wort- und Satzfrage – Inversion – Imperativ – Konjugation Präsens Singular und 3. Person Plural – Personalpronomen Singular und 3. Person Plural – *wer?, wie?, woher?*

Lektion 2: Näheres Kennenlernen

S. 17

Sprechintentionen: jn. ansprechen und darauf reagieren – Informationen über jn. erfragen – Auskunft über die eigene (oder eine andere) Person geben – jn. vorstellen und darauf reagieren – ein Kompliment machen und darauf reagieren

Situationen/Textsorten/Themen: in der Kantine – in einer Sprachschule – an der Autobahn – an der Bushaltestelle – Würfelspiel zur Wortschatzfestigung – Bericht über Leute in den vier deutschsprachigen Ländern

Grammatische Strukturen: Verben und Ergänzungen – Verben und Angaben – das Modalverb *mögen* – *was?, wie lange?, wie alt?, wo?*

Lektion 3: Wohnen

S. 31

Sprechintentionen: Gegenstände benennen, identifizieren und beurteilen – etwas vergleichen – widersprechen – Informationen über etwas erfragen – Gefallen/Bedauern ausdrücken – berichten

Situationen/Textsorten/Themen: Wohnen (Räume und Einrichtung) – Wohnungsbesichtigung – Mietanzeigen – Mietspiegel – Wechselkurstabelle – telefonische Wohnungssuche – Kurzinterview

Aufderstraße u. a. (1983), 5

In Zeiten des Übergangs (vom faktischen, informationsbezogenen Landeskundeansatz hin zum kommunikativen Landeskundeansatz) ist es den Autoren wichtig, die Konzeption der Landeskunde in einem Lehrwerk genau zu bestimmen. Ein charakteristisches Beispiel dafür sind die Ausführungen im Lehrerhandbuch zum Lehrwerk *Themen*:

> „Diese Form der Landeskunde kann entweder *informations-* oder *handlungsbezogen* sein. Ist sie informationsbezogen, dann vermittelt sie implizit oder explizit Wissen über die deutschsprachigen Länder, das vor allem für den diskursiven Sprachgebrauch (z. B. Meinungen äußern, argumentieren usw.) notwendig ist. Handlungsbezogene Landeskunde hingegen stellt Wissen zur Verfügung, das für sprachliche Handlungen in elementaren Lebensfunktionen in der zielsprachigen Umgebung unmittelbar wichtig ist."
>
> Gerdes u. a. (1984), 13

Wir haben von der Veränderung landeskundlicher Inhalte im kommunikativen Ansatz gesprochen: Relevant werden nun insbesondere die zur Alltagskultur gehörenden Themenbereiche wie etwa *sich erholen, miteinander in Verbindung treten, arbeiten* usw.

Ein unter vielseitigen Aspekten interessantes Thema ist *Familie*. Wir haben dazu bereits einen Text (Beispiel 6, S. 24 und dessen Neubearbeitung Beispiel 7, S. 25) mit Ihnen besprochen. Diesen Text wollen wir nun mit zwei Beispielen aus zwei kommunikativen Lehrwerken vergleichen.

Aufgabe 25

Sehen Sie sich bitte das Beispiel 12 (S. 38) an.

1. *Was erfahren Sie zum Themenbereich „Familie"? Welche Informationen erhalten sie durch die Texte, welche durch die Bilder?*

Informationen über „Familie"	
in den Texten	***durch die Bilder***

2. *Vergleichen Sie die in Beispiel 12 gezeigten Materialien mit den Informationen, die Sie in Beispiel 6 (S. 24) „Unsere Familie“ bekommen haben.*

Beispiel 12

T Familie **1**

Rockos Familienstammbaum **2**

die Mutter, der Vater: die Eltern
die Großmutter, der Großvater: die Großeltern
die Tochter, der Sohn: die Kinder
die Schwester, der Bruder: die Geschwister
die Schwägerin, der Schwager
die Schwiegermutter, der Schwiegervater: die Schwiegereltern
die Schwiegertochter, der Schwiegersohn
die Cousine, der Cousin (der Vetter)
die Nichte, der Neffe

Ü **Rocko ist der Sohn von Herrn von Rockel und der Vater von .....**

Zwei Interviews **3**

a) Die Woeslers haben vier Kinder.

Das ist Familie Woesler.
Frau Woesler ist Ärztin. Sie arbeitet halbtags.
Herr Woesler ist an der Universität. Er ist oft nicht zu Hause.

Wir haben mit Woeslers ein Interview gemacht.
Überlegen Sie bitte vorher:

- Wie alt sind wohl Herr und Frau Woesler und ihre Kinder?
- Wie lange sind die Woeslers vermutlich schon verheiratet?
- Welchen Beruf hat wohl Herr Woesler?
- Beide Eltern arbeiten. Was machen sie wohl mit den Kindern?
- Haben die Woeslers wohl finanzielle Sorgen mit den vier Kindern?

b) Karin und Hermann sind seit einem Jahr verheiratet, aber sie wollen noch keine Kinder.

Karin, 26, Sozialpädagogin.
Hermann, 26, Lehrer, zur Zeit arbeitslos.

Wir haben Karin und Hermann interviewt. Lesen Sie bitte vorher:

Sie wollen Kinder, aber .....
- Hermann hat keine Stelle; Karin arbeitet.
- sie wollen gerne unabhängig sein.
- sie fahren viel zusammen weg.
- sie gehen gerne am Abend aus.

Karin: "Die meisten Frauen arbeiten. Heute ist es für die Frau nicht mehr wichtig, verheiratet zu sein."
Hermann: "Die Gesellschaft akzeptiert es, wenn Leute zusammenleben, ohne verheiratet zu sein."
Bei Karin und Hermann sind die traditionellen Rollen anders verteilt: *Er* ist zu Hause, und *sie* ist berufstätig.

Neuner u. a. (1980), 15

Reflexion

Bei den Interviews in Beispiel 12 geht es bei der Beantwortung der Fragen vor dem Hörtext nicht um sprachliches Wissen, sondern um Kenntnisse und Vermutungen darüber, wie eine Familie in Deutschland wohl lebt, sich organisiert, sich finanziert usw. Dabei spielt also das Wissen darüber, was eine Familie ausmacht, eine entscheidende Rolle. Die Sprache wird zum Instrument, zum Werkzeug, mit dem dieses Wissen bzw. Vermutungen ausgedrückt werden.

Die beiden im Beispiel 12 vorgestellten Familien leben sehr unterschiedlich: Während Familie Woesler vier Kinder hat, haben Karin und Hermann sich bewusst dafür entschieden, noch keine Kinder zu bekommen. Damit werden unterschiedliche Aspekte von *Familie* und die Vielfalt von Lebensformen gezeigt.

Bitte blättern Sie noch einmal zu Aufgabe 15 (S. 23) zurück. Sehen Sie sich an, welche Aspekte Sie zum Thema „Familie" notiert und welche möglichen Fragen Ihrer Lernenden Sie sich vorgestellt haben. Vergleichen Sie diese Notizen mit den folgenden beiden Texten in Beispiel 13a und 13b (S. 39/40) und achten Sie darauf, ob die Fragen, die Sie in Aufgabe 15 notiert haben, in den Beispielen aufgegriffen werden.

Aufgabe 26

Beispiel 13a

Fünf Generationen

auf dem Sofa

So ein Foto gibt es nur noch selten: fünf Generationen auf einem Sofa. Zusammen sind sie 248 Jahre alt: von links Sandra (6), Sandras Großmutter Ingeborg (50), Sandras Urgroßmutter Adele (75), Sandras Ururgroßmutter Maria (94) und Sandras Mutter Ulrike (23). Zwischen der Ururgroßmutter und der Ururenkelin liegen 88 Jahre. In dieser langen Zeit ist vieles anders geworden, auch die Familie und die Erziehung.

Maria, 94 Jahre alt, Ururgroßmutter

Mit 30 hatte sie schon sechs Kinder. Maria lebt in einem Altersheim. Trotzdem ist sie nicht allein, eine Tochter oder ein Enkelkind ist immer da, ißt mit ihr und bleibt, bis sie im Bett liegt. Maria ist sehr zufrieden – viele alte Leute bekommen nur sehr selten Besuch. Marias Jugendzeit war sehr hart. Eigentlich hatte sie nie richtige Eltern. Als sie zwei Jahre alt war, starb ihr Vater. Ihre Mutter vergaß ihren Mann nie und dachte mehr an ihn als an ihre Tochter. Maria war deshalb sehr oft allein, aber das konnte sie mit zwei Jahren natürlich noch nicht verstehen. Ihre Mutter starb, als sie 14 Jahre alt war. Maria lebte dann bei ihrem Großvater. Mit 17 Jahren heiratete sie, das war damals normal. Ihr erstes Kind, Adele, bekam sie, als sie 19 war. Mit 30 hatte sie schließlich sechs Kinder.

Adele, 75 Jahre alt, Urgroßmutter

Sie wurde nur vom Kindermädchen erzogen. Adele lebte als Kind in einem gutbürgerlichen Elternhaus. Wirtschaftliche Sorgen kannte die Familie nicht. Nicht die Eltern, sondern ein Kindermädchen erzog die Kinder. Sie hatten auch einen Privatlehrer. Mit ihren Eltern konnte sich Adele nie richtig unterhalten, sie waren ihr immer etwas fremd. Was sie sagten, mußten die Kinder unbedingt tun. Wenn zum Beispiel die Mutter nachmittags schlief, durften die Kinder nicht laut sein und spielen. Manchmal gab es auch Ohrfeigen. Als sie 15 Jahre alt war, kam Adele in eine Mädchenschule. Dort blieb sie bis zur mittleren Reife. Dann lernte sie Kinderschwester. Aber eigentlich fand sie es nicht so wichtig, einen Beruf zu lernen, denn sie wollte auf jeden Fall lieber heiraten und eine Familie haben. Auf Kinder freute sie sich besonders. Die wollte sie dann aber freier erziehen, als sie selbst erzogen worden war; denn an ihre eigene Kindheit dachte sie schon damals nicht so gern zurück.

Ingeborg, 50 Jahre, Großmutter

Das Wort der Eltern war Gesetz. Ingeborg hatte ein wärmeres und freundlicheres Elternhaus als ihre Mutter Adele. Auch in den Kriegsjahren fühlte sich Ingeborg bei ihren Eltern sehr sicher. Aber trotzdem, auch für sie war das Wort der Eltern Gesetz. Wenn zum Beispiel Besuch im Haus war, dann mußten die Kinder gewöhnlich in ihrem Zimmer bleiben und ganz ruhig sein. Am Tisch durften sie nur dann sprechen, wenn man sie etwas fragte. Die Eltern haben Ingeborg immer den Weg gezeigt. Selbst hat sie nie Wünsche gehabt. Auch in ihrer Ehe war das so. Heute kritisiert sie das. Deshalb versucht sie jetzt, mit 50 Jahren, selbständiger zu sein und mehr an sich selbst zu denken. Aber weil Ingeborg das früher nicht gelernt hat, ist das für sie natürlich nicht leicht.

Ulrike, 23 Jahre alt, Mutter

Der erste Rebell in der Familie. Ulrike wollte schon früh anders leben als ihre Eltern. Für sie war es nicht mehr normal, immer nur das zu tun, was die Eltern sagten. Noch während der Schulzeit zog sie deshalb zu Hause aus. Ihre Eltern konnten das am Anfang nur schwer verstehen. Mit 17 Jahren bekam sie ein Kind. Das fanden alle viel zu früh. Den Mann wollte sie nicht heiraten. Trotzdem blieb sie mit dem Kind nicht allein. Ihre Mutter, aber auch ihre Großmutter halfen ihr. Beide konnten Ulrike sehr gut verstehen. Denn auch sie wollten in ihrer Jugend eigentlich anders leben als ihre Eltern, konnten es aber nicht.

Sie findet Verwandte langweilig. Sandra wird viel freier erzogen als Maria, Adele, Ingeborg und auch Ulrike. Bei unserem Besuch in der Familie sahen wir das deutlich. Sie mußte nicht ruhig sein, wenn wir uns unterhielten; und als sie sich langweilte und uns störte, lachten die Erwachsenen, und sie durfte im Zimmer bleiben. Früher wäre das unmöglich gewesen.

nach: Aufderstraße u. a. (1984), 68/69

Beispiel 13b

Lektion 5

B3

1. Maria, Adele, Ingeborg, Ulrike, Sandra

Die fünf Frauen lebten in verschiedenen Zeiten; ihre Erziehung und Jugendzeit waren deshalb auch verschieden. Was meinen Sie, welche Sätze passen wohl zur Jugendzeit von Maria, Adele, Ingeborg, Ulrike und Sandra? Diskutieren Sie die Antworten.

a) Die Kinder machen, was die Eltern sagen.
b) Die Kinder sollen selbständig und kritisch sein.
c) Die Kinder wollen anders leben als ihre Eltern.
d) Die Familien haben viele Kinder.
e) Eltern und Kinder sind Partner.
f) Frauen müssen verheiratet sein, wenn sie ein Kind wollen.
g) Die Wünsche der Kinder sind unwichtig.
h) Der Vater arbeitet, und die Mutter ist zu Hause.
i) Man hat gewöhnlich nur ein oder zwei Kinder.
j) Frauen heiraten sehr jung.
k) Frauen wollen lieber heiraten als einen Beruf haben.

2. Damals und heute: Großvater und Enkel

5.3a), b)

A. So lebte Heinrich Droste damals.

Heinrich Droste
Tischlermeister
geb. 2. 11. 1884
gest. 30. 3. 1938
(Großvater von Detlev Droste)

Heinrich Droste war selbständiger Handwerker. Er lebte in einem Dorf in Westfalen. Heinrich Droste wohnte in seinem eigenen Haus. Das war klein, aber es gehörte ihm. Seine Kunden kannte er persönlich. Er arbeitete allein. Er stand jeden Morgen um fünf Uhr auf. In die Werkstatt ging er um sechs Uhr, und um sieben kam er nach Hause. Seine Frau ging nicht arbeiten. Die Kinder erzog sie fast allein. Der älteste Sohn durfte nur die Hauptschule (damals hieß sie noch Volksschule) besuchen. Er wurde auch Tischler.

Heute (Präsens)
Er ist ...
Er wohnt ...
Er geht ...

Früher (Präteritum)
Er war ...
Er wohnte ...
Er ging ...

Heinrich Droste bekam keinen Urlaub und keine Sozialleistungen. Er verdiente höchstens 450 Mark im Monat, in schlechten Zeiten weniger.

B. Wie lebt sein Enkel Detlev heute? Erzählen Sie.

Detlev Droste
Exportkaufmann
geb. 23. 4. 1949

Angestellter in einem großen Betrieb
Stadt im Ruhrgebiet, große Mietwohnung
kein direkter Kundenkontakt
mit zwei Kollegen im Büro
Arbeitszeit von 8.30 bis 16.00 Uhr
Frau Verkäuferin
Kinder oft bei Großeltern
Tochter Gymnasium
30 Tage Urlaub, Monatslohn 2.800,– DM

Aufderstraße u. a. (1984), 70

Aus den Beispielen 13a und 13b lässt sich ein Charakteristikum der kommunikativ ausgerichteten Landeskunde ableiten: Sie stellt „normale“ Menschen vor, die alltägliche Berufe haben, in durchschnittlichen Verhältnissen leben, für ihre Zeit übliche Biografien haben usw. Dadurch repräsentieren sie den Alltag in den deutschsprachigen Ländern. Hans-Jürgen Krumm hat für diese Auffassung von Landeskunde das schöne Wort *Leutekunde* gefunden (Krumm 1992, 16). Auch Geschichte, historische Ereignisse und Veränderungen werden sozusagen von unten betrachtet, nämlich aus der sehr persönlichen Sicht der davon Betroffenen.

Mit dieser Sichtweise verändert sich auch der Kulturbegriff:

> „Damit zeichnet sich eine Entwicklung ab, die allmählich den deutschen Kulturbegriff verändern und das Bewußtsein dafür schärfen dürfte, daß Kultur auch und gerade all jene Selbstverständlichkeiten des Denkens und des Sich-Verhaltens sind, die sich weder durch besondere Feierlichkeit noch durch Exklusivität auszeichnen, die aber das Leben ganz wesentlich konstituieren.“

Bausinger (1975), 66

Wir bitten Sie jetzt, sich noch einmal die verschiedenen Lehrbuchbeispiele in Kapitel 2 anzusehen, um die Art der landeskundlichen Informationen im faktischen bzw. im kommunikativen Ansatz zu vergleichen.

Aufgabe 27

Kreuzen Sie bitte in der folgenden Tabelle an, für welchen Ansatz von Landeskunde die in der linken Spalte genannten Lerninhalte charakteristisch sind. Notieren Sie die Nummer des entsprechenden Beispiels.

Lerninhalte	*faktischer Ansatz*	*kommunikativer Ansatz*	*Beispiel Nr.*
1. objektive Daten aus dem Wirtschaftsleben			
2. Biografien repräsentativer Persönlichkeiten (z. B. berühmte Dichter, Nobelpreisträger usw.)			
3. Auswirkungen geschichtlicher Ereignisse auf das Leben einzelner Personen			
4. markante geographische Fakten (z. B. Städtenamen und Lage der Städte)			
5. wie Leute über Kindheits- und Erziehungsmodelle denken			
6. Wichtigkeit, verheiratet zu sein und Kinder zu haben			
7. bedeutsame historische Ereignisse und ihre Jahreszahlen			
8. Interviews mit Personen, die aus ihrem Alltag berichten			
9. Informationen über Sitten und Bräuche lesen			

2.2.3 Authentische Texte*

Unter authentischen Texten versteht man Texte, die nicht extra für didaktische Zwecke – z. B. für Lehrwerke für Deutsch als Fremdsprache – geschrieben sind. Diese Texte kommen in der Realität tatsächlich vor und entsprechen der muttersprachlichen Norm. Das können Texte aus Zeitungen, aus dem Internet, literarische Texte, Werbeanzeigen usw. sein. Dazu zählt man auch Materialien wie etwa eine Paket- oder Telegrammkarte, wie Sie sie in Beispiel 9 (S. 31) gesehen haben, oder auch Speisekarten aus einem Restaurant, Fahrkarten usw.

Typische **Merkmale** eines authentischen Textes sind:

- Der Text selbst hat eine Intention und möchte etwas mitteilen oder bewirken.
- Der Text dient nicht dazu, z. B. möglichst viel Grammatik oder Lexik unterzubringen.
- Der Text ist einer bestimmten Textsorte zuzuordnen, d. h., er hat eine bestimmte Form, Aufmachung, Funktion und eine bestimmte Sprache – denken Sie etwa an die Unterschiede zwischen einem Zeitungstext, einem Kochrezept usw.

Aufgabe 28

Bitte überlegen Sie sich: Warum verwenden die Autoren kommunikativ orientierter Lehrwerke authentische Texte? Was sind Ihrer Meinung nach die Vorteile? Was sind die Nachteile?

Vorteile	*Nachteile*

Natürlich können in ein Lehrwerk nicht alle authentischen Texte unverändert übernommen werden. In gewisser Weise genügt es auch schon, wenn Sprache und Form der verwendeten Texte hinsichtlich der Charakteristika der entsprechenden Textsorte angemessen sind. In der Fachdiskussion spricht man dann von *gemäßigter Authentizität*. Es gibt Lehrwerkautoren, die selbst sehr gute „quasi-authentische" Texte schreiben können. Besonders für die ersten Lernschritte in der fremden Sprache muss die Auswahl so gehalten sein, dass für das Verstehen keine unüberwindbaren Hürden aufgebaut werden und dass das sprachliche Material in das bereits vorhandene Wissen der Lernenden integrierbar ist.

Reflexion

Durch die Verwendung von Texten, die in der Alltagsrealität des Zielsprachenlandes tatsächlich vorkommen, soll die Sprachwirklichkeit möglichst genau wiedergegeben werden. Gleichzeitig wird dadurch auch sehr viel mehr an landeskundlicher Authentizität transportiert als mit Lehrmaterialien, die vor allem mit Texten arbeiten, die nur für die Zwecke des Lehrens und Lernens erstellt wurden, wie das beim faktischen Landeskundeansatz häufig der Fall ist.

• Exkurs: *Kommunikative Kompetenz*

Der Begriff der *kommunikativen Kompetenz* wurde in der Sozialphilosophie geprägt und ist insbesondere mit den Namen Niklas Luhmann und Jürgen Habermas verknüpft. Hans-Eberhard Piepho überträgt die Theorie von Habermas auf die Fremdsprachendidaktik (vgl. Piepho 1974). *Kommunikative Kompetenz* wird nun beschrieben als eine Fähigkeit, die sich erlernen lässt und u. a. in die vier Fertigkeiten Hören, Sprechen, Lesen und Schreiben untergliedert ist. Auch Begriffe wie *Sprechintention* und *kommunikatives Handeln* werden aus der Theorie von Habermas übernommen.

Diese neue Betrachtung des Sprachlernprozesses hat Konsequenzen:

- Sprachliche Äußerungen werden nach *kommunikativen Funktionen* dargestellt und nicht mehr nach formal-grammatischen Kategorien: *Einen Wunsch äußern* ist eine kommunikative Funktion, die durch unterschiedliche Redemittel realisiert werden kann – etwa durch *Ich möchte gern ...*, aber auch durch den Konjunktiv II *Ich hätte gern ...*
- Die Progression orientiert sich an Kommunikationsfunktionen und nicht an Grammatik: Deshalb kann die Äußerung *Ich hätte gern ...* auch schon gelernt werden, wenn der Konjunktiv II noch nicht Lernstoff war.
- Die grammatische Korrektheit verliert an Bedeutung: In der Phase der freien Äußerung z. B. kommt es mehr auf die inhaltliche Aussage des Lernenden als auf die grammatische Korrektheit der Äußerung an.
- Die kommunikative Angemessenheit wird wichtig: Lernende sollen nicht nur korrekt sprechen, sondern wissen, welche Sprachebene angemessen ist. Die Äußerung *Vielen Dank* ist einem Freund gegenüber angemessener als etwa *Ich bin dir sehr verbunden.*
- Die Muttersprache wird zur Erklärung zugelassen.
- Das Wissen **über** Sprache erhält einen hohen Stellenwert.

Diese Faktoren sind unter dem Begriff *kommunikative Wende* bekannt geworden. Im Fremdsprachenunterricht steht sie im Zusammenhang mit einem entscheidenden Wendepunkt in der Didaktik in Deutschland: Bis dahin dominierten humanistische Bildungsansprüche, die dazu geführt hatten, dass auch der Fremdsprachenunterricht als ein Mittel betrachtet wurde, mit dem Geist und Persönlichkeit der Lernenden geformt werden konnten.

In der Lernzieldiskussion seit Mitte der 1960er-Jahre weichen nun diese Ansprüche zunehmend pragmatischen Lernzielen. Die Ziele des Fremdsprachenunterrichts werden nicht mehr an vergangenen Bildungsidealen ausgerichtet, sondern orientieren sich an den aktuellen Erfordernissen. Gerade im Fremdsprachenunterricht gelten seit der Bildungsreform als übergeordnete Lernziele *Kommunikationsfähigkeit* bzw. *kommunikative Kompetenz* und *Emanzipation*. Der Erwerb von Kommunikationsfähigkeit wird als Teil eines Prozesses der Persönlichkeitsbildung betrachtet; er umfasst neben der individuellen Sprachkompetenz auch die Fähigkeit zur sozialen Interaktion. Die bis dahin geltende Isolierung von sprachlichem wie auch landeskundlichem Lernen soll dadurch aufgehoben werden.

Zusammenfassung

Wie wir gesehen haben, brachte die kommunikative Didaktik in den Siebzigerjahren des 20. Jahrhunderts eine grundlegende Umorientierung in der Auffassung vom Fremdsprachenlernen und den Zielen des Unterrichts:

- Landeskunde im kommunikativen Ansatz ist gleichermaßen informations- und handlungsbezogen konzipiert.
- Landeskunde orientiert sich an dem übergeordneten Ziel der *kommunikativen Kompetenz*. Das Gelingen sprachlicher Handlungen soll ebenso gefördert werden wie das Verstehen alltagskultureller Phänomene.
- Dies führte konsequenterweise auch zu einer veränderten Auswahl landeskundlicher Inhalte: Diese orientieren sich an den Interessen und Kommunikationsbedürfnissen der Lernenden – also an den Situationen der fremden Alltagskultur, mit denen die Lernenden wahrscheinlich in Kontakt kommen werden. Die Kenntnis der Alltagskultur der Zielsprache dient als Referenzwissen, um sich in der Alltagskultur sprachlich angemessen verhalten zu können.
- Landeskunde wird damit ein integraler Bestandteil des Fremdsprachenlernens, und streng genommen können wir von nun an eigentlich auch nicht von einem Landeskunde*ansatz* sprechen; vielmehr geht es um die Rolle der Landeskunde innerhalb einer kommunikativen Didaktik.

2.3 Interkulturelle Landeskunde* – Landeskunde als Verstehen

Wir möchten an dieser Stelle mit Ihnen ein kleines Experiment zur Wahrnehmung machen.

Aufgabe 29

1. *Bitte sehen Sie sich die Bilderfolge (Beispiel 14a und 14b) an und beschreiben Sie, was Sie sehen: Wo spielt die Handlung? In welcher Beziehung stehen die Personen auf dem Bild zueinander? Was tun die Personen? Was sagt die ältere Frau?*

Beispiel 14a

Quino (1989)

Beispiel 14b

Quino (1989)

2. *Schauen Sie sich jetzt bitte das noch fehlende dritte Bild im Lösungsschlüssel (S. 136) an, damit Sie die vollständige Geschichte kennen: Haben Sie dieses Ende erwartet? Bitte begründen Sie Ihre Antwort.*
3. *Warum haben Sie beim ersten Betrachten der Beispiele 14a und 14b eventuell etwas anderes wahrgenommen als beim Betrachten der ganzen Geschichte?*

2.3.1 Wahrnehmung

Unser kleines Experiment sollte Ihnen plastisch vor Augen führen, dass wir Ereignisse „sehen“, die gar nicht passieren oder anders sind, als wir glauben. Das Paar zwischen dem Fahrplan und dem abfahrbereiten Zug löst eine bestimmte Assoziation bei den Betrachtenden aus, weil diese Situation für uns mit bestimmten Handlungen verbunden ist. In vielen Ländern der Welt ist es üblich, sich beim Abschied zu umarmen und zu küssen, und ganz besonders gilt das für Liebespaare. Gleichzeitig setzt die Diskretion solchen Gefühlsbezeugungen in der Öffentlichkeit je nach kultureller Toleranz Grenzen.

Als die alte Dame beobachtet, dass das junge Paar sich hinter dem Fahrplan verbirgt, sagt ihre lange Lebenserfahrung ihr deshalb: Dort findet eine innige Abschiedsszene statt. Sie „sieht", wie die zwei eng umschlungen beieinander stehen, sie „sieht", dass die zwei Personen sich lieben. Die Pointe dieses Cartoons hebt etwas hervor, was im Alltag in den meisten Fällen gar nicht auffällt, nämlich dass wir das, was wir um uns herum wahrnehmen, immer auch interpretieren, ergänzen und einordnen in das uns Bekannte.

Wir haben dies am Beispiel der Situation am Bahnhof festgestellt, bei der das Sehen im Vordergrund stand, es gilt aber generell für alle Sinnesorgane, durch die wir Eindrücke von der Welt erhalten.

Reflexion

➤ Wahrnehmen heißt also immer auch mit *eigenen Erfahrungen verknüpfen, interpretieren.*

Im Alltag bereitet uns dies keine Schwierigkeiten, weil wir gelernt haben, unsere Sinneseindrücke so zu verarbeiten, dass sie zu unserer Umgebung „passen". Wir nehmen im Gegenteil etwas in gewisser Weise sogar einfacher und schneller wahr, wenn wir normalerweise nicht jedes Detail überprüfen müssen und zumeist auch darüber hinwegsehen können, dass wir vielleicht nur einen Ausschnitt der Welt im Blick haben und vieles – z. B. durch ein Fahrplanschild – verdeckt wird.

Dass menschliche Wahrnehmung dennoch Wirklichkeit nicht einfach nur abbildet, ist für Naturwissenschaftler eine schon lange gewonnene Einsicht. Auch dass hochkomplexe Vorgänge wie Sinneseindrücke nicht nur einfach „neutral" wiedergegeben werden, lässt sich ganz einfach „vor Augen" führen, z. B. anhand von Phänomenen optischer Täuschung. Vielleicht sind Ihnen ähnliche Bilder wie das folgende bekannt.

Aufgabe 30

Beispiel 15

Betrachten Sie das folgende Bild: Was sehen Sie?

Hill aus: Brocher (1967), 154

Je nachdem, auf welchen Punkt im Bild Sie sich konzentrieren, sehen Sie entweder das eine oder das andere Bild. Aufgrund von Sehgewohnheiten und Erfahrung können Sie bestimmte Bilder „konstruieren".

➤ Wahrnehmen heißt also immer auch aktiv *konstruieren.*

Aufgabe 31

Sehen Sie sich das folgende Bild 20 Sekunden lang an. Was stimmt hier nicht?

Beispiel 16

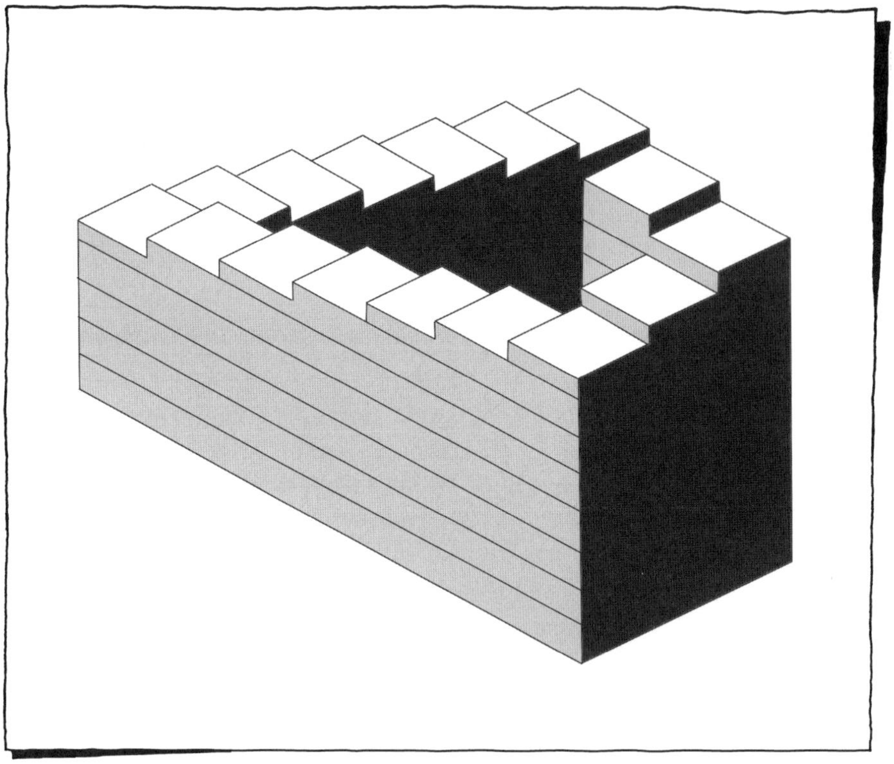

nach Penrose; aus: Ernst (1978), 90

Reflexion

Unsere Sinnesorgane sind zwar sozusagen das Tor zur Welt, aber unsere Wahrnehmung ist niemals eine reine Widerspiegelung äußerer Ereignisse. Aus der Fülle von Sinnesreizen, die auf uns einströmen, müssen wir auswählen und aktiv und kreativ ein Bild daraus zusammensetzen. Wir weisen dem Wahrgenommenen eine Bedeutung zu, die entscheidend von der Betrachtungsweise der wahrnehmenden Person abhängt.

➤ Wahrnehmung heißt also immer auch *interpretieren, auswählen, konstruieren* und eine *eigene Bedeutung zuweisen.*

Hinweis

In Kapitel 4.1 (S. 75ff.) gehen wir noch näher auf das Thema *Wahrnehmungsschulung* ein.

Warum ist Wahrnehmung für das Thema *Landeskundedidaktik* wichtig? Welcher Zusammenhang besteht hier zum Fremdsprachenunterricht? Wir nehmen, wie Sie gesehen haben, beim Wahrnehmen und Interpretieren immer auf das Bezug, was wir aus Erfahrung und aus unserer eigenen Umgebung – unserer eigenen Kultur also – kennen. Beim Fremdsprachenunterricht und natürlich ganz besonders dann, wenn landeskundliche Inhalte thematisiert werden, haben wir es immer mit einem anderen Bezugsrahmen, eben dem der anderen Kultur, zu tun.

Dazu müssen wir uns an etwas erinnern, was wir im Zusammenhang mit dem kommunikativen Ansatz von Landeskunde gesagt haben: Im Zentrum kommunikativer Fremdsprachendidaktik steht das kontext- und situationsgerechte Verstehen und Handeln in Kommunikationssituationen im Alltag der Zielsprache. Wenn Wahrnehmung aber von unseren unterschiedlichen kulturellen und individuellen Erfahrungen geprägt wird, kann es passieren, dass wir Situationen, denen wir in einem anderen Land ausgesetzt sind, anders interpretieren und verstehen, als sie möglicherweise gemeint sind. Uns sind solche Missverständnisse mit Menschen aus unserem eigenen Umfeld gut bekannt.

In interkulturellen Situationen – und darum handelt es sich immer beim Fremdsprachenunterricht und ganz besonders natürlich in der direkten Begegnung mit einer anderen Kultur – treten solche Schwierigkeiten in der Kommunikation noch häufiger auf.

2.3.2 Kulturelle Missverständnisse (*critical incidents**)

Die folgenden Darstellungen berichten von Ereignissen oder Situationen, in denen Schwierigkeiten oder Missverständnisse in der Kommunikation auftauchen oder bestimmte – landeskundliche – Erlebnisse deutlich negativ bewertet werden. Das Fachwort für diese Art Erfahrung ist *critical incident*, also eine problematische Erfahrung. Es handelt sich jeweils um ein Missverständnis aus kulturellen Gründen.

Bitte versuchen Sie herauszufinden, worin das Missverständnis in den folgenden Situationen besteht. Aufgabe 32

Beispiel 17

1. „Ein französischer Austauschschüler beklagt sich nach ein paar Tagen bei seiner Gastfamilie, daß er dort kein Abendessen bekommt (nur Brot, Käse und Aufschnitt). [...]"
2. „Eine russische Seminarteilnehmerin bekommt von ihrer deutschen Gastfamilie gesagt: ‚Bitte fühlen Sie sich bei uns wie zu Hause – Essen ist im Kühlschrank, Getränke sind im Keller, nehmen Sie sich jederzeit, was Sie möchten.' Sie äußert im Seminar, sie fühle sich ‚nicht als Gast' behandelt."
3. „Eine brasilianische Studentin: ‚Die Deutschen sind kalt – sie geben sich bei der Begrüßung nur die Hand.'"

Bischof (1995), o. S.

Die Beispiele haben in Alltagssituationen unsere Aussage illustriert, dass Personen Situationen keineswegs unvoreingenommen oder neutral wahrnehmen; vielmehr beschreiben und werten sie Erscheinungen und Ereignisse in anderen Kulturen auf dem Hintergrund ihrer eigenen kulturellen Normen. Es versteht sich, dass dabei keine der Äußerungen objektiv „richtig" oder „falsch" ist; die Äußerungen drücken lediglich individuelle Interpretationen aus, denen eine kulturspezifische Perspektive zugrunde liegt.

Wie kommt es zu dieser spezifischen Sichtweise?
Jeder Mensch erwirbt im Verlauf der Sozialisation die für die eigene Kultur relevanten Überzeugungen, Einstellungen und Verhaltensweisen. Er entwickelt eine spezifische, kulturabhängige Orientierung. Dieses kulturspezifische Orientierungssystem beeinflusst Wahrnehmung, Denken und Handeln der Menschen.

Einer der wichtigsten Träger dieses Orientierungssystems ist die Sprache. Die Inhalte von Wörtern und Begriffen sind kulturspezifisch geprägt und reflektieren die Lebenspraxis einer Gesellschaft. Wir wollen dem bei der kleinsten sprachlichen Einheit, dem Wort, nachgehen. *Langenscheidts Großwörterbuch Deutsch als Fremdsprache* (Götz u. a. 1998, 454) gibt z. B. als Erklärung für *Haus* schlicht an: *ein Gebäude, in dem Menschen wohnen*. Eine solche Worterklärung bezeichnen Linguisten als denotativ*, d. h., die Erklärung bezeichnet nur den Gegenstand ohne dessen emotionale oder kulturelle Nebenbedeutungen. Für uns alle haben Wörter aber auch einen subjektiven und kulturellen Inhalt, der über diese konkrete, denotative Bedeutung hinausgeht.

Im Englischen gibt es den Begriff *mind map*, den man etwa so übersetzen könnte: eine Karte der Informationen und Vorstellungen, die man in seinem eigenen Kopf entwickelt, also eine Karte der subjektiven Bedeutungen von Wörtern oder Begriffen.

Aufgabe 33

1. *Schreiben Sie bitte alles auf, was Ihnen zu dem Wort „Haus" einfällt:*
   a) alle Bedeutungen, die „Haus" für Sie persönlich hat,
   b) alle Bedeutungen, die „Haus" in Ihrem Land hat.

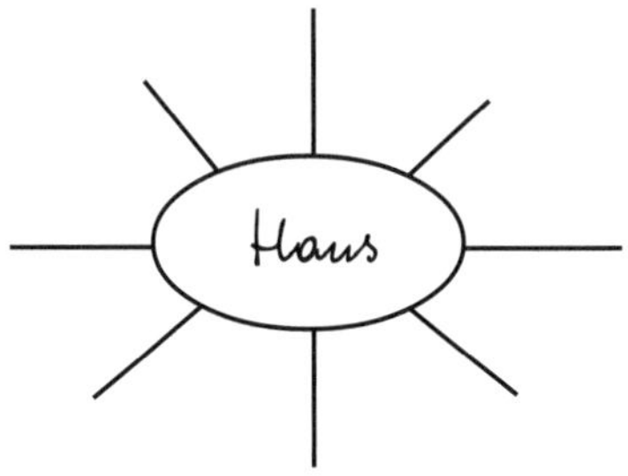

2. *Schauen Sie sich nun bitte Beispiel 18 (S. 49) aus einem Lehrwerk an. Vielleicht entdecken Sie Übereinstimmungen mit Ihren eigenen Assoziationen oder Ihrem eigenen Verständnis von „Haus"?*
3. *Wie interpretieren Sie die Bilder 2 – 6 in Beispiel 18? Notieren Sie Ihre Eindrücke und Fragen.*

Bild 2: ____________________

____

Bild 3: ____________________

____

Bild 4: ____________________

____

Bild 5: ____________________

____

Bild 6: ____________________

____

Das erste Bild stellt eine Unterrichtssituation dar. Die Lernenden hören das deutsche Wort *Haus* und sehen gleichzeitig das Bild eines Wohnhauses. In diesem Unterricht wird die Funktion des eingesetzten Bildes auf Veranschaulichung bzw. Semantisierung beschränkt.

A Haus

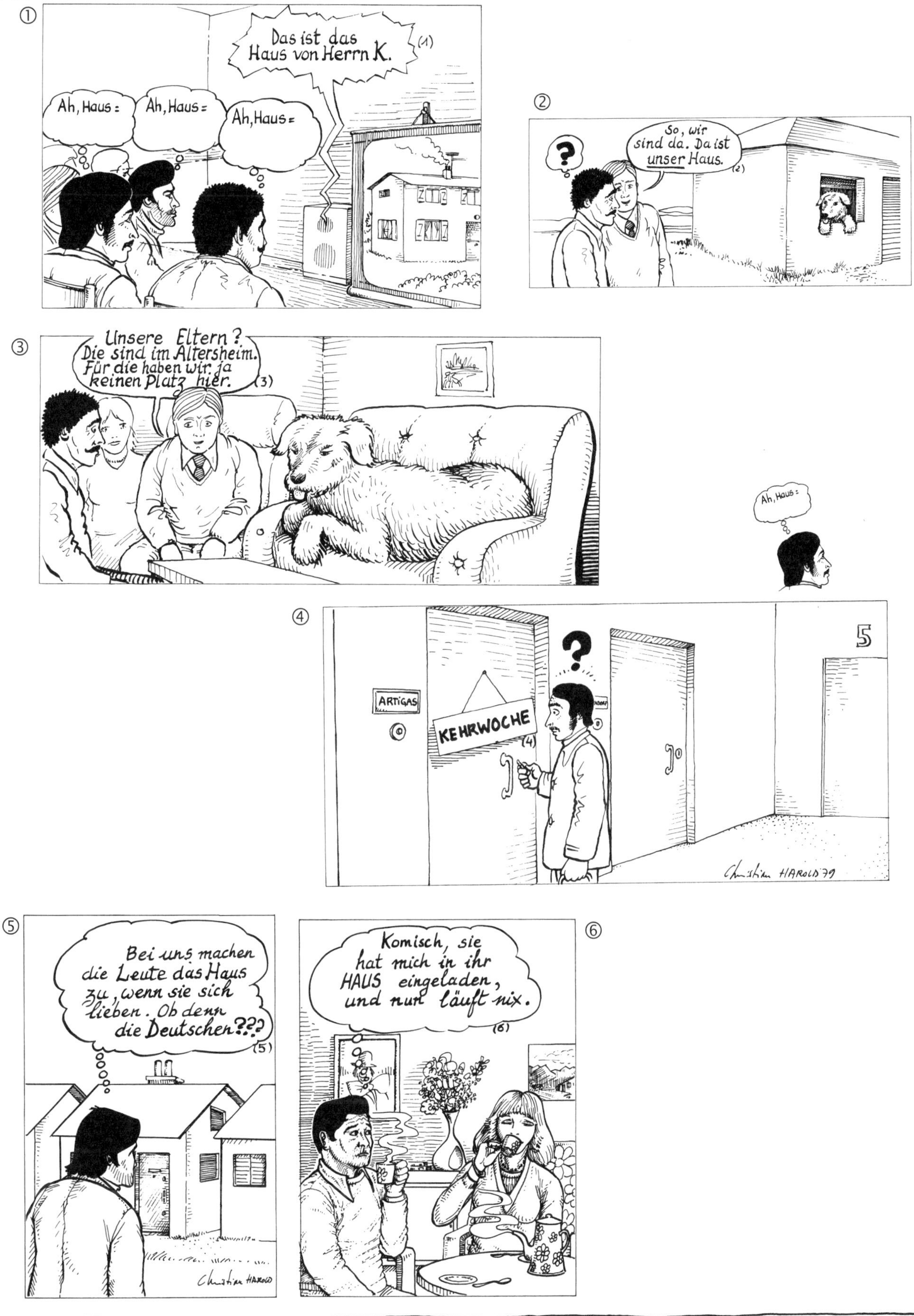

Hog u. a. (1984a), 76/77

In so einem Unterricht

- werden weitere Bedeutungsaspekte von *Haus*, also z. B. soziale oder kulturspezifische Bedeutungsmerkmale, nicht besprochen;
- werden die Lernenden auch nicht dazu angeregt, sich die Bedeutung des Wortes in ihrer eigenen Sprache und Kultur bewusst zu machen;
- ist es nahe liegend, dass alle drei Lernenden im ersten Bild daher alles das unter *Haus* verstehen, was in ihrer eigenen Sprache und Kultur mit dem Wort verbunden ist;
- wird nicht thematisiert, dass in der fremden Sprache die Bedeutung des Wortes eine andere sein könnte, und folglich sind die Lernenden nicht darauf vorbereitet, dass sie in Deutschland mit anderen Konzepten und Bedeutungen von *Haus* konfrontiert werden könnten. Solche interkulturellen Erfahrungen illustrieren die Zeichnungen 2 – 6.

Reflexion

Das Beispiel *Haus* veranschaulicht, wie vielschichtig und kulturell unterschiedlich schon bei einem einzelnen Wort Bedeutungen sein können und wie scheinbar identische Dinge in verschiedenen Kulturen unterschiedliche Ausprägung erfahren. Sicherlich verstehen Sie jetzt, wie problematisch es sein kann, den Sinn eines fremdsprachlichen Wortes einfach durch eine denotative Entsprechung (z. B. ein Bild des Gegenstandes) bzw. seine Übersetzung zu vermitteln. Die denotative Bedeutung sagt nämlich noch kaum etwas über den kulturspezifischen Gebrauch von Wörtern und ihren unterschiedlichen Stellenwert im sozialen Zusammenhang einer Kultur aus. Sprachliches Lernen ist also unauflöslich auch mit landeskundlichem, d. h. kulturellem Lernen verbunden.

⇐

Mehr über den kulturellen Aspekt von Wörtern und den Umgang damit im Fremdsprachenunterricht erfahren Sie in der Fernstudieneinheit *Wortschatzarbeit und Bedeutungsvermittlung*.

Wir haben festgestellt, dass Wahrnehmung, Interpretation und Bewertung anderskultureller Phänomene und Situationen sich unwillkürlich auf der Basis von Erfahrungen, die im eigenen kulturellen Rahmen gemacht wurden, vollziehen. Obwohl sich diese Maßstäbe nicht ohne weiteres auf eine andere Realität übertragen lassen, werden sie – zumeist unbewusst – auf sie angewandt.

Versuchen wir also herauszufinden, wie unsere kulturellen Auffassungen wirksam werden, ohne dass wir uns dessen bewusst sind. Wir möchten das anhand bestimmter sprachlicher Verknüpfungen von Äußerungen untersuchen. Dazu nehmen wir als Beispiel die erste Äußerung aus Aufgabe 34 (S. 51):

„a) Mieter: Ja, Herr Banke, nett, daß Sie mal vorbeikommen. Darf ich Ihnen einen Cognac anbieten?
Vermieter: Ja gern, aber ich habe etwas Ernstes mit Ihnen zu besprechen.“

Bachmann u. a. (1996a), 125

Der Vermieter nimmt zwar die Einladung zu einem Cognac an. Er ist aber offensichtlich der Auffassung, dass ein alkoholisches Getränk nicht angemessen ist, wenn man etwas Ernstes besprechen will. Das signalisiert das Wort *aber*.

Woran erkennen Sie, welche (kulturellen) Maßstäbe die Menschen in den folgenden Äußerungen vertreten? Bitte markieren Sie die entsprechenden Wörter.

Aufgabe 34

Beispiel 19

ZU (16.3) „Logische" Verknüpfungen: Konnektoren

1. Wie interpretieren Sie die folgenden Äußerungen?
   Achten Sie auf die „logischen" Verbindungen, die durch die Konnektoren (Konjunktionen, Subjunktionen, Adverbialpronomen, Partikeln) ausgedrückt werden.

   a) Mieter: Ja, Herr Banke, nett, dass Sie mal vorbeikommen. Darf ich Ihnen einen Cognac anbieten?
   Vermieter: Ja gern, aber ich habe etwas Ernstes mit Ihnen zu besprechen.
   b) Morgen kommt meine Schwiegermutter zu Besuch, aber sie ist ganz nett.
   c) Wir haben uns halbtot gelacht, dabei haben wir keinen Schluck getrunken.
   d) Er hat gestern den ganzen Tag den Mund nicht aufbekommen. Dabei weiß ich gar nicht, was ich ihm getan haben soll.
   e) Wenn du noch einkaufen willst, musst du dich beeilen, es ist nämlich schon Dreiviertel sechs.
   f) Siehste, Hans-Dieter hat jahrelang studiert, und trotzdem verdient er auch nicht mehr als ich.
   g) Ach, entschuldigen Sie, aber ich glaube, ich habe Ihnen noch gar nicht die Hand gegeben.
   h) Jetzt guck dir doch mal diesen ungepflegten Garten an, und das wollen gebildete Leute sein!
   i) Setz dich nicht so hin, du bist doch schließlich 'n Mädchen!
   j) Mich haben sie in München nachts um zwei aus dem Bett geholt, nur weil jemand ein bisschen an mein Auto gefahren ist. (Spanier)
   k) Ein Afghane stellt seinen deutschen Freund vor:
   „Und das ist mein Freund Hans. Er studiert auch hier in Marburg, aber seine Eltern wohnen in Hamburg."
   l) Nimm doch noch ein Stück Kuchen, oder schmeckt er dir nicht?
   m) Wir müssen geh'n, es ist ja schon zehn.
   n) Ich habe heute Spaghetti gemacht, die Kartoffeln sind ja so teuer im Moment.
   o) Ich finde es unmöglich, wie die Böhnke mit diesem Mann getanzt hat, wo die doch verheiratet ist.
   p) Ja, legen Sie das Jackett ruhig ab, und fühlen Sie sich ganz zu Hause.

Bachmann u. a. (1996a), 125

impliziter Vergleich

„Logisch" finden wir das, was für uns kulturell selbstverständlich ist, und mit diesen Selbstverständlichkeiten vergleichen wir das, was wir beobachten und erleben. Dieses Vergleichen findet oft unbewusst statt – das Fachwort dafür ist *implizit** – und kann weitreichende Folgen haben. Dies ist natürlich besonders dann der Fall, wenn Vertreter verschiedener Kulturen zusammenkommen. Einige Beispiele dafür haben Sie bereits unter dem Stichwort *critical incidents* (s. Beispiel 17, S. 47) kennen gelernt.

Aber nicht nur sprachliche, sondern auch nichtsprachliche Handlungen können in verschiedenen Kulturen eine unterschiedliche Bedeutung haben. Das zeigt sich etwa in der Funktion, die dem *Schweigen* zugewiesen wird: Manche Kulturen, wie etwa die finnische, zeigen durch Schweigen Nachdenklichkeit an, während Deutsche eher laut zu denken scheinen, da Schweigen und Sprechpausen als „peinlich“ aufgefasst werden.

Als Beispiel haben wir bewusst eine Verständigungsschwierigkeit zwischen Deutschen und Finnen gewählt, weil die Unterschiede zwischen diesen beiden europäischen Kulturen eigentlich eher gering sind, wenn man sie mit außereuropäischen Kulturräumen und deren oft völlig anderer Religion, Gesellschaftsordnung, Geschichte usw. vergleicht. Trotzdem gibt es auch und vielleicht gerade deswegen hier Missverständnisse.

Dass z. B. Lernende aus Indonesien einen anderen Blick auf die deutsche Kultur mitbringen, leuchtet ein, ist doch hier die kulturräumliche Distanz zu Deutschland groß: Es gibt ein anderes politisches System, eine anders organisierte Wirtschaft, eine multiethnische, multikulturelle, mehrsprachige Gesellschaft mit mehreren Religionen, ein auf anderen Lerntraditionen aufbauendes Schulsystem usw.

➤ Es ist also nicht immer nur die geographische Distanz, die das Ausmaß kultureller Unterschiede anzeigt – auch bei geographischer Nähe dürfen wir nicht vorschnell von Gemeinsamkeiten ausgehen.

2.3.3 *Kommunikative Kompetenz* – nicht überall zentral

Die Verbreitung des pragmatisch-funktional ausgerichteten Unterrichts Deutsch als Fremdsprache in anderen Ländern zeigte schon bald, dass aufgrund solch unterschiedlicher Voraussetzungen kommunikative Kompetenz nicht überall auf der Welt den gleichen Stellenwert hat:

➤ Nicht alle Lernenden finden Sprechen – zentrale Fertigkeit im kommunikativen Unterricht – wichtiger als die anderen Fertigkeiten. Diese Lernenden interessieren sich nicht selbstverständlich für Alltagssituationen und Alltagsthemen der Zielsprache.

➤ Nicht für alle Lernenden besteht die Möglichkeit, mit Partnern aus dem Zielsprachenland zu sprechen oder in ein deutschsprachiges Land zu reisen.

➤ Im eigenen Land kommen andere, neue Rollen auf die Deutsch Lernenden zu: Sie sind z. B. Sprachführer für deutsche Touristen, sie sind im Restaurant nicht Gast (wie die in älteren Lehrbüchern vorgestellten Redemittel und Rollen nahe legen), sondern Kellner usw.

➤ Manche Lehr- und Lerntraditionen erschweren den Einsatz methodischer Verfahren, die im kommunikativ ausgerichteten Unterricht eine wesentliche Rolle spielen (Diskussionen, Gruppenarbeit, Einbeziehung der Erfahrungen der Lernenden usw.).

➤ Die Rahmenbedingungen des Fremdsprachenunterrichts unterscheiden sich von Land zu Land beträchtlich. Nicht alle Lehrenden haben Zugang zum Internet, um authentisches Material (Hör- und Lesetexte, Bilder, Videos usw.) einzusetzen; nicht überall stehen Medien (Kassetten- und Videorekorder, Fotokopierer, deutschsprachige Presseerzeugnisse usw.) zur Verfügung.

2.3.4 Fremdperspektive

Überlegungen, wie wir sie auf den letzten Seiten angestellt haben, führten in den Achtzigerjahren des 20. Jahrhunderts dazu, dass die kommunikativ orientierte Fremdsprachendidaktik und -methodik in eine zweite Phase eintrat.

erste Etappe

In einer ersten Etappe arbeiteten bundesdeutsche Autoren (oft aus den Goethe-Instituten) mit in dem jeweiligen Land lebenden Autoren zusammen. Ein Ergebnis dieser Zusammenarbeit ist *Kontakte Deutsch* (Nainggolan u. a. 1982), ein Lehrwerk für Indonesien. Diese so genannten „regionalen Lehrwerke“ entstanden zunächst in geographisch und/oder kulturell weit entfernten Ländern, wo sich die beschriebenen Defizite und Schwierigkeiten mit bundesdeutschen Lehrwerken, die nach dem kommunikativen Ansatz konzipiert waren, zuerst bemerkbar machten.

Aufgabe 35

1. *Welche Elemente des kommunikativen Ansatzes finden Sie in dem folgenden Beispiel 20?*
2. *Welche der folgenden neuen didaktischen Elemente finden Sie in diesem Beispiel? Kreuzen Sie sie bitte an.*
   - ☐ *die Dialogform,*
   - ☐ *die biografischen Daten zu den interviewten Personen,*
   - ☐ *den Vergleich zwischen dem deutschen und dem indonesischen Schulsystem,*
   - ☐ *die Fotos von wirklichen Personen,*
   - ☐ *die Vorstellung von Sprechintentionen,*
   - ☐ *Menschen berichten aus ihrem Alltag,*
   - ☐ *die Perspektive einer Person, die nicht aus Deutschland kommt,*
   - ☐ *die Bereitstellung von Redemitteln zur Realisierung der Sprechintentionen,*
   - ☐ *die Textsorte „Interview".*

Beispiel 20

4.2 Unterrichtsmodell für die indonesische Sekundarstufe II

12B

Vermutung kennzeichnen
Notwendigkeit ausdrücken
Wille/Wunsch ausdrücken
Möglichkeit ausdrücken
Erlaubnis/Verbot ausdrücken
Fähigkeit ausdrücken

Das Schulwesen in Indonesien und in der Bundesrepublik

Sati Soedarto (17 Jahre) besucht das Hahn-Gymnasium in Köln.

Herr Soedarto (41 Jahre), Satis Vater, arbeitet bei der indonesischen Botschaft in Bonn.

Nina Steffens (17 Jahre) besucht das Hahn-Gymnasium in Köln.

Der Diskussionsleiter: Dr. Jupp Gerighausen (43 Jahre), Radio Deutschland/Köln.

Das ist Dieter Hollander (40 Jahre). Er arbeitet beim Goethe-Institut in Jakarta.

Reporter	:	Danke, daß Sie ins Funkhaus gekommen sind. Sati, kann man Indonesiens SMA, also "Ihr" Gymnasium, mit unserem Gymnasium vergleichen?
Sati	:	Natürlich kann man die vergleichen, aber man darf die Unterschiede nicht vergessen.
Nina	:	Die Unterschiede??
Sati	:	Wir müssen z.B. eine Aufnahmeprüfung für die SMA machen .....
Dieter Hollander	:	Die mußten wir auch machen!
Nina	:	Aber das ist lange vorbei. Heute geht man in die Erprobungsstufe!
Yanto Soedarto	:	Übrigens muß man bei uns nicht nur eine Abschlußprüfung an der SMA machen, sondern wir müssen auch eine Aufnahmeprüfung an der Uni machen .....
Sati	:	Wir müssen z.B. auch Schulgeld bezahlen, ca. Rp 500—2.000 im Monat.
Reporter	:	Können Sie das umrechnen? Das müssen doch ungefähr 2 — 8 DM sein?
Sati	:	Da können Sie recht haben, ich kenne den Kurs nicht.
Yanto Soedarto	:	Das stimmt, er hat recht. Haben wir die Unterschiede?
Sati	:	Nein, wir können die Schulfächer nicht so frei wählen wie hier und vor allem: Wir dürfen in der Schule nicht schmusen!

Dieter Hollander : Das ist ja interessant: Wir dürften auch nicht schmusen, leider — ich wollte natürlich immer flirten! — Ja, und die Fächer konnten wir auch nicht selbst wählen und Schulgeld mußten wir natürlich auch zahlen: 25 DM im Monat.

Reporter : Wie meinen Sie das? Gehen Sie davon aus, daß die Änderungen für unsere Schul-Probleme von heute verantwortlich sind? —

Ü 14

•

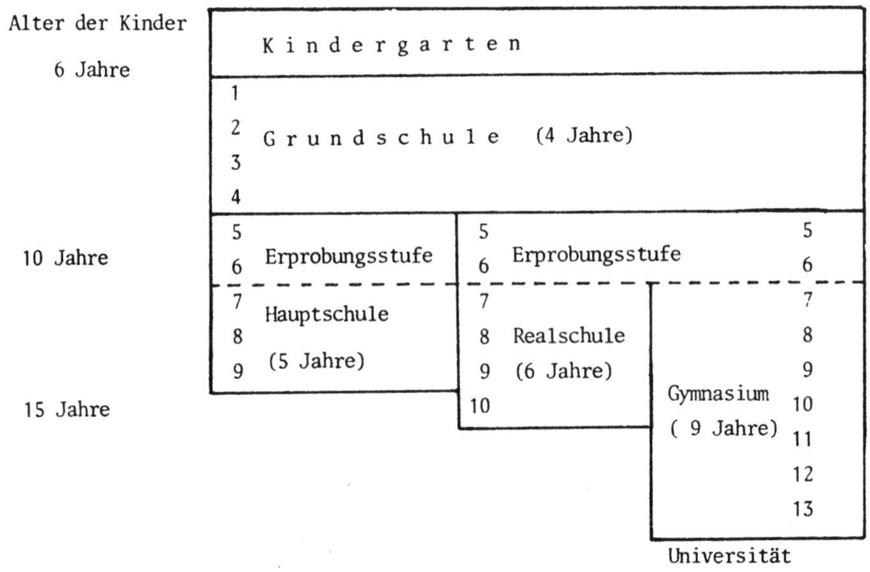

Nainggolan u. a. (1982), 241f.

Reflexion

Die regionalen Lehrwerke nehmen die Bedingungen und Voraussetzungen der jeweiligen Region explizit zum Ausgangspunkt ihrer Konzeption. Die Vorstellungen der Kultur, in der mit dem Buch Deutsch gelernt wird, werden einbezogen und mit der deutschen Kultur verglichen.

zweite Etappe

Anfang der Achtzigerjahre des 20. Jahrhunderts stellten Vertreter der Fachdidaktik und -methodik des Deutschen als Fremdsprache die einseitig europäische Perspektive in Lehrwerken infrage und erweiterten sie um die Fremdperspektive: Kulturelle Sprachhandlungen wurden nicht mehr als selbstverständlich gegeben betrachtet, sondern es wurde versucht, die Perspektive der Lernenden (der „Fremden") einzubeziehen. Erste didaktische Konzepte, die diesen Perspektivenwechsel* gezielt thematisierten, entwickelten die Autoren des Mittelstufenlehrwerks *Sichtwechsel* (Hog u. a. 1984a). Sie rückten Fragen der Wahrnehmungsperspektive systematisch in den Mittelpunkt des Lehrbuchs und hatten das Ziel, eine „doppelte Progression" zu entwickeln:

> „Das Lehrwerk basiert auf dem Grundprinzip, daß beim Fremdsprachenlernen eine doppelte Progression erforderlich ist: der Zuwachs an sprachlichem Wissen muß Hand in Hand gehen mit dem Zuwachs an kulturspezifischem Wissen über die Inhalte, die mit den sprachlichen Einheiten verknüpft sind. [...] Die Fähigkeit ‚verstehen zu können' hängt eng mit der Fähigkeit zur Interpretation dieser sozialen, kulturspezifischen Be-

deutungsaspekte zusammen und ist qualitativ mehr als das, was man im Fremdsprachenunterricht gemeinhin unter ,sich verständigen können' versteht. [...] Das andere und das Eigene mit anderen Augen betrachten können – ist das Groblernziel der Methode."

Hog u. a. (1984b), 9f.

dritte Etappe

In dem (in Deutschland entwickelten) Grundstufenlehrwerk *Sprachbrücke* (Mebus u. a. 1987) wird versucht, die Fremdperspektive konsequent umzusetzen. Es will die deutsche Sprache und Kultur aus der Perspektive der Deutschlernenden darbieten. Zu diesem Zweck führt das Lehrwerk ein Kunstland ein, das *Lilaland.* Stilisierte Figuren kommentieren die Situationen und Themen des Buches aus interkultureller Sicht.

Beispiel 21

Die Zahl 13 **B 6**

Lesen Sie bitte!

Frage: Im Sprachinstitut „Schwarz" gibt es die Räume 12, 12 A und 14. Es gibt aber keinen Raum 13. Warum?

Antwort: In Deutschland ist 13 eine Unglückszahl. Viele Deutsche sind abergläubisch. Sie glauben, die Zahl 13 bringt Unglück. Sie haben deshalb keine Zimmer mit der Nummer 13.

Ergänzen Sie bitte!

	Glückszahlen	Unglückszahlen
In Deutschland	3 7	
Bei uns		

Das bringt Glück. Das bringt Unglück.

Mebus u. a. (1987), 27

Sprach- und Kulturlernen gehen Hand in Hand – durch die Perspektive der stilisierten Figuren sollen die Deutschlernenden „den Lernprozeß vom ,Bekannten zum Fremden' kognitiv und affektiv [...] erfahren" (Rall 1994, 11).

Die *Sprachbrücke* und andere interkulturell konzipierte Lehrwerke wie *Sichtwechsel Neu* (Bachmann u. a. 1995a) erweitern den kommunikativen Landeskundeansatz. Die Lernenden

- lernen verstehen, dass ihre eigene Wahrnehmung, ihr Denken und Fühlen durch die eigene Kultur geprägt sind;
- werden dafür sensibilisiert, dass Begriffe in verschiedenen Sprachen nicht deckungsgleich sind;
- müssen sich Strategien aneignen, wie sie die fremden Bedeutungen erschließen können.

2.3.5 *Kommunikative Kompetenz* in interkulturellen Situationen

Der pragmatisch-funktionale Ansatz erfährt damit also eine Erweiterung: Während anfänglich Modelle für die Alltagskommunikation im Mittelpunkt standen, macht der interkulturelle Ansatz deutlich, dass Fremdsprachenlernen immer auch die Auseinandersetzung mit einer anderen Kultur bedeutet und dass das Erlernen von Redemitteln und sprachlichen Formen für modellhafte Alltagssituationen nicht automatisch auch zu einem Verständnis für die andere Kultur führt. Das Lernziel des kommunikativen

Ansatzes wird damit erweitert, die Lernenden sollen kommunikative Kompetenz in interkulturellen Situationen erwerben.

Eine wichtige Rolle spielt dabei die Schulung der Fähigkeit der Lernenden zum Kulturvergleich. Sie sollen dafür sensibilisiert werden, zunächst unverständliche Erscheinungen und Ereignisse in anderen Kulturen nicht vorschnell auf dem Hintergrund der eigenen kulturellen Normen zu *bewerten*. Vergleichen im interkulturellen Sinn bedeutet das *Erkennen* und Herausarbeiten von Unterschieden, nicht das Beurteilen nach den Kriterien „besser“ oder „schlechter“ (s. dazu auch Kapitel 4.3, S. 84ff. zum *Kulturvergleich*). Als weitere Lernziele kommen Fremdverstehen und Orientierungsfähigkeit in der fremden Kultur hinzu.

Die Veränderungen in der Fremdsprachendidaktik hin zum interkulturellen Ansatz sind einerseits aus der Praxis erwachsen; gleichzeitig hat auch ein immer deutlicher und stärker werdender gesellschaftlicher Bedarf (besonders im Wirtschaftsbereich) zu einem Fremdsprachenunterricht beigetragen, der zur Kommunikationsfähigkeit in interkulturellen Situationen befähigt und zur interkulturellen Verständigung beiträgt. 1997 hat der Beirat für Deutsch als Fremdsprache des Goethe-Instituts *24 vermittlungsmethodische Thesen und Empfehlungen* ausgesprochen. Zwei davon betreffen unmittelbar unsere Fragestellungen:

> „5. Kommunikationsfähigkeit und interkulturelle Sensibilität
>
> Unabhängig von sprachlichen Verwendungsbereichen und konkreten Fremdsprachenvermittlungskonzepten wird ‚Kommunikationsfähigkeit‘ als übergreifendes, insbesondere auch interkulturell zu interpretierendes Lernziel des Fremdsprachenunterrichts verstanden.
> Mit einer solchen Ausrichtung ist nicht vereinbar, wenn Sprache im systemlinguistischen Sinne auf die Bereiche ‚Lautung/Schreibung‘, ‚Morphologie‘, ‚Syntax‘ und ‚Lexik‘ reduziert wird. Grammatik, die um der Grammatik willen betrieben wird, ist wenig dienlich. ‚Pragmatik‘, einschließlich der nonverbalen und paralinguistischen Aspekte in ihrer jeweiligen Kulturspezifik, sowie ‚Interkulturalität‘ sind übergeordnete und notwendige Dimensionen eines kommunikativen Fremdsprachenunterrichts, weil er systematisch das Ziel verfolgt, bei seinen Lernenden einerseits Sprechhandlungssicherheit und andererseits interkulturelle Sensibilität auszubilden, so daß hierdurch erfolgreiche Kommunikation möglich wird.
>
> 6. Interkulturalität
>
> Das Lernen einer Fremdsprache ist immer auch eine Form der Begegnung mit einer anderen Kultur. Interkulturelles Lernen und interkulturelle Kommunikation sollten wesentliche Bestandteile jeder Form von Fremdsprachenunterricht sein. Nur auf diesem Wege gelingt es, daß Fremdsprachenunterricht Klischeebildungen aufbrechen bzw. abbauen, vorhandene Vorurteile relativieren und zu einem toleranten Miteinander beitragen kann.
> Das bewußte In-Beziehung-Setzen zu Situationen der *Mehr*sprachigkeit und der Multikulturalität kann auch dabei helfen, das bloße Kontrastieren bzw. die ausschließliche Betonung des Unterschiedlichen zu überwinden. Eine solche Konzeption eröffnet zugleich Möglichkeiten, durch die Begegnung mit anderen Sprachen und Kulturen die eigene Sprache und Kultur in ihrer Spezifik bewußter wahrzunehmen. ‚Kultur‘ wird dabei nicht eingeengt auf nationale Charakteristiken, sondern als Gesamtheit von Praktiken menschlicher Gruppen verstanden, die sich von anderen jeweils charakteristisch unterscheiden.“
>
> Beirat Deutsch als Fremdsprache des Goethe-Instituts (1997), 381f.

Zum Abschluss dieses Kapitels möchten wir Ihnen auf einem Aufgabenblatt (S. 57) eine Übersicht über die verschiedenen Ansätze von Landeskunde im Fremdsprachenunterricht vorstellen. Diese Übersicht enthält die wichtigsten Aspekte zu den drei Ansätzen, die Sie nun kennen gelernt haben. Sie können diese Liste für sich (und mit Ihren Worten) ergänzen, verändern ...
Wir möchten aber noch darauf hinweisen, dass diese Ansätze in der Unterrichtspraxis und in den Lehrwerken natürlich nicht so strikt getrennt sind, wie man vielleicht aus der Übersicht ableiten könnte. Auch in kommunikativ und interkulturell orientierten Lehrwerken werden Sie Informationen über Fakten finden – in Kapitel 5 erfahren Sie mehr über diesen Aspekt.

Aufgabenblatt

Landeskunde (LK) in verschiedenen Ansätzen

Bitte sehen Sie sich den Überblick an und ergänzen Sie ihn um die Informationen, die Ihnen wichtig sind.

	faktischer Ansatz	**kommunikativer Ansatz**	**interkultureller Ansatz**
Didaktischer Ort	LK ist eigenständiges Fach/selbstständige Unterrichtseinheit.	LK ist in den Sprachunterricht integriert.	LK ist in den Sprachunterricht integriert.
Und bei Ihnen? Für Sie?			
Übergeordnetes Ziel	Wissen als Erwerb und Wiedergabe von Faktenwissen	Kommunikative Kompetenz: angemessenes (sprachliches) Verhalten in Alltagssituationen des Zielsprachenlandes	Orientierungsfähigkeit in einer fremden Kultur; kommunikative Kompetenz in interkulturellen Situationen
Und bei Ihnen? Für Sie?			
Inhalte	kommen aus – Soziologie – Politik – Wirtschaft – Kultur – Geschichte usw.	„Leutekunde“: – wie Leute sich erholen – wie Leute wohnen – wie Leute miteinander in Verbindung treten – wie Leute am Gemeinwesen teilnehmen – wie Leute arbeiten – wie Leute sich bilden usw.	Begriffe und Themen (aus der Zielkultur) und deren Bedeutung in der Zielkultur
Und bei Ihnen? Für Sie?			
Wozu führt das?	↓	↓	↓
Bei unserem Überblick	„objektives“/ umfassendes Bild eines Landes	Alltagskultur Gesprächsthemen	Fremdverstehen Kulturverstehen
Bei Ihrem Überblick			

nach: Weimann/Hosch (1993), 515

3 Umgang mit landeskundlichen Lehrmaterialien

In Kapitel 2 haben Sie gesehen, dass sich die Auffassungen von Landeskunde in Lehrwerken für den Unterricht Deutsch als Fremdsprache im Lauf der Jahre aus bestimmten Gründen verändert haben: Als der Fremdsprachenunterricht die Ausbildung kommunikativer Kompetenz in den Mittelpunkt stellte, wurden andere Aspekte als die der faktischen Landeskunde wichtig. Später zeigte sich, dass beim Zusammentreffen verschiedener Kulturen die jeweils andere Kultur auf dem Hintergrund der eigenen Kultur wahrgenommen, interpretiert und bewertet wird – dies versuchte die interkulturell orientierte Landeskunde zu berücksichtigen. Unsere Darstellung der verschiedenen Ansätze von Landeskunde in chronologischer Reihenfolge bedeutet jedoch nicht, dass der eine Ansatz vom jeweils nächsten vollständig verdrängt wurde. Vielmehr können wir heute in Lehrmaterialien Elemente der verschiedenen Ansätze einzeln oder in bunter Mischung wiederfinden. Insbesondere die kommunikative und die interkulturelle Ausrichtung ergänzen sich häufig in neueren Lehrwerken.

Überblick

Das dritte Kapitel soll Ihnen nun Gelegenheit geben, das in Kapitel 2 Dargestellte zu vertiefen. Dazu können Sie Beispiele aus verschiedenen Lehrmaterialien für Deutsch als Fremdsprache untersuchen – im Hinblick auf landeskundliche Ziele, Methoden, Aufgabenstellungen und Ansätze.

3.1 Landeskundliche Implikationen

Aufgabe 37

Schauen Sie sich bitte die folgenden Beispiele 22a und 22b (S. 59) an. Welchem landeskundlichen Ansatz würden Sie die Beispiele zuordnen? Achten Sie insbesondere auf folgende Aspekte:

***Ort:** Wo spielt das Ganze?*

____

***Textsorte:** Ist es ein Lesetext, eine Gebrauchsanweisung ...?*

____

***Arbeitsanweisungen:** Was sollen die Lernenden tun?*

____

____

*Welches sind die **sprachlichen Lernziele**?*

____

*Welches sind die **landeskundlichen Lernziele**?*

____

____

____

____

____

Landeskundlicher Ansatz:

____

Beispiel 22a

○ Wir möchten gern bestellen.
□ Bitte, was bekommen Sie?
○ Ich nehme eine Gemüsesuppe und einen Schweinebraten.
□ Und was möchten Sie trinken?
○ Ein Glas Weißwein, bitte.
□ Und Sie? Was bekommen Sie?
△ Ein Rindersteak, bitte. Aber keine Pommes frites, ich möchte lieber Bratkartoffeln. Geht das?
□ Ja, natürlich! Und was möchten Sie trinken?
△ Einen Apfelsaft, bitte.

Aufderstraße u. a. (1992), 38

Beispiel 22b

Lektion 3

2

24

○ Wir möchten bitte bezahlen.
□ Zusammen oder getrennt?

○ Getrennt bitte.
□ Und was bezahlen Sie?
○ Den Schweinebraten und den Wein.
□ Das macht 23,90 DM.
○ 25, bitte.
□ Vielen Dank!

△ Und ich bezahle das Rindersteak und den Apfelsaft.
□ Das macht 28 Mark 30.
△ 30 Mark. Stimmt so.
□ Danke schön!

10. Dialogarbeit.

a) Schreiben Sie zwei Dialoge wie oben.

A. Frau: Kotelett, Bier
Mann: Bratwurst, Coca Cola

B. Frau: Apfelkuchen, Kaffee
Mann: Fischplatte, Weißwein

b) Hören Sie jetzt die Dialoge und vergleichen Sie.

Akkusativ
der → **den** Wein
die → **die** Cola
das → **das** Bier

Aufderstraße u. a. (1992), 39

Überlegen wir gemeinsam: Die Lernenden werden Schritt für Schritt darauf vorbereitet, die Situation *Im Restaurant* sprachlich zu bewältigen, d. h., sie lernen die typischen Floskeln dafür kennen und üben sie auf verschiedenen Wegen ein (durch Hören, Lesen; durch Schreiben eigener Dialoge; durch die Durchführung von Rollenspielen u. Ä.). Sie werden also dafür geschult, sich bei einem Aufenthalt in einem deutschsprachigen Land in einem Restaurant angemessen zu verhalten.

Wir möchten Ihre Aufmerksamkeit jedoch auf ein Detail des Dialogs zwischen den Gästen und dem Kellner lenken – falls es Ihnen nicht schon selbst aufgefallen ist. Stellen Sie sich vor, Sie hätten sich vorgenommen, im Unterricht nur Deutsch zu sprechen und wollten nun mit dem Text in Beispiel 22 b arbeiten: Die Gäste möchten bezahlen und der Kellner fragt *Zusammen oder getrennt?*

Aufgabe 38

Glauben Sie, dass Ihre Lernenden die Frage des Kellners „Zusammen oder getrennt?" verstehen würden, wenn ihnen die Vokabeln „getrennt" und „zusammen" unbekannt sind?

Bitte überlegen Sie, wie Sie Ihren Lernenden die Frage des Kellners verständlich machen könnten.

Je nachdem, aus welchem Land oder Kulturkreis Sie bzw. Ihre Lernenden kommen, wird die Frage *Zusammen oder getrennt?* mehr oder weniger befremdlich erscheinen. In sehr vielen Kulturen jedenfalls gehört die Frage des Kellners nicht zum üblichen sprachlichen Handeln (s. auch Exkurs, *Pragmalinguistik und Sprechakttheorie*, S. 33) im Restaurant, deshalb werden viele Lernende den Satz nicht aus dem Kontext heraus ohne Hilfe verstehen können.

An diesem Beispiel können Sie sehr gut erkennen, warum der kommunikativ ausgerichtete Landeskundeansatz um eine interkulturelle Perspektive erweitert worden ist: Auch hinter Alltagssituationen, die in den kommunikativen Lehrwerken im Mittelpunkt stehen, verbergen sich oft kulturell unterschiedliche Auffassungen von angemessenem nichtsprachlichen und sprachlichen Handeln.

3.2 Sprachliche Differenzierungen

Aufgabe 39

1. *Bitte sammeln Sie Merkmale, die es Ihnen ermöglichen, den landeskundlichen Ansatz in Beispiel 23 (S. 61) zu erkennen.*

2. *Wie könnte das landeskundliche Lernziel dieses Lehrbuchausschnittes lauten?*

____

Beispiel 23

SPRECHEN 1

1 **Versuchen Sie, jemanden aus Ihrer Klasse möglichst höflich um etwas zu bitten.**
Falls die Frage nicht höflich genug war, lehnt die/der Gefragte Ihre Bitte ab.

Beispiele für Fragen:
Würdest du mir bitte mal dein Wörterbuch leihen?
Hättest du etwas dagegen, wenn ich die Hausaufgabe von dir abschreibe?
Könntest du vielleicht ...

Beispiele für Antworten:
Bedien dich einfach!
Nein, das geht leider nicht!

GR S. 121/2d

GR 2 **Vergleichen Sie die beiden Fragen.**
Was ist der Unterschied?

Variante 1	Variante 2
Leihst du mir dein Wörterbuch?	*Würdest du mir mal dein Wörterbuch leihen?*

3 **Drei Varianten**
Stellen Sie sich folgende Situation vor:
Sie sitzen mit einer Bekannten im Café und essen Kuchen.
Sie würden gerne den Kuchen Ihrer Bekannten probieren.
Was sagen Sie?

Lass mich doch mal von deinem Kuchen probieren! ← *direkte Bitte (Imperativ)*

Würdest du mich vielleicht einmal von deinem Kuchen probieren lassen? ← *höfliche Frage (Konjunktiv II)*

Oh, dein Kuchen sieht aber richtig lecker aus! ← *indirekte Aufforderung*

Formulieren Sie nun zu den Bildern unten jeweils eine direkte Bitte, eine höfliche Frage und eine indirekte Aufforderung. Redemittel für höfliche Fragen finden Sie in Aufgabe 1.

AB

109

Perlmann-Balme/Schwalb (1997), 109

Reflexion

Erinnern wir uns: Die kommunikative Didaktik möchte den Lernenden *sprachliches Handeln* in der Fremdsprache beibringen. Daraus folgt für die Landeskunde im kommunikativ ausgerichteten Sprachunterricht eine unterstützende Rolle, d. h., sie wird in den Fremdsprachenunterricht integriert und soll das Gelingen sprachlicher Handlungen fördern. Deshalb werden Situationen der Alltagskultur, mit der die Lernenden im Zielsprachenland in Kontakt kommen könnten, vorgestellt und die richtige sprachliche Verhaltensweise in diesen Situationen vermittelt. Das Fachwort dafür ist *kommunikative Angemessenheit*.

Beispiel 23 zeigt das auf einem etwas fortgeschrittenen Niveau: Die Lernenden haben ganz offensichtlich schon ein gewisses Repertoire an Redemitteln zur Verfügung; es geht nun darum, die kommunikative Angemessenheit auf einzelne Situationen bezogen zu *differenzieren*. Auf dem Niveau von Anfängern oder der Grundstufe mag es genügen, zwischen der Anrede *du* und *Sie* unterscheiden zu können, um höflich-formell oder informell zu sprechen. Von fortgeschritteneren Sprechern erwartet man, dass sie je nach Kontext weiter differenzieren und unterschiedliche Grade der Höflichkeit anwenden können. In der Sprache der Linguisten geht es hier um Fragen von *Register* bzw. Stil.

Aufgabe 40

Mit welchen Aspekten und/oder Arbeitsanweisungen könnte man den Aufgaben in Beispiel 23 eine interkulturelle Perspektive geben? Notieren Sie bitte einige Ihrer Ideen. Sie können dazu auch zu Kapitel 2.3 (S. 44ff.) zurückblättern.

Natürlich gibt es eine ganze Reihe von Möglichkeiten, eine interkulturelle Perspektive zu eröffnen. Im Lösungsschlüssel haben wir einige aufgelistet (S. 139) und in Kapitel 4 werden wir versuchen, diese Fragemöglichkeiten zu systematisieren.

Hier wollen wir noch kurz auf sprachliche Differenzierungen eingehen.

Aufgabe 41

1. *Stellen Sie sich bitte folgende Situation vor:*

   Vor einem Fahrkartenautomaten steht eine längere Schlange von Menschen, die – genauso wie Sie – eine Fahrkarte kaufen möchten. Plötzlich kommt ein Mann, der sich vordrängt, ohne ein Wort zu sagen. Mit welchen Redemitteln würden Sie ihn darauf aufmerksam machen, dass er sich am Ende der Schlange anstellen soll? Kreuzen Sie Ihre Wahl an und ergänzen Sie evtl. die Vorschläge.

   ☐ Entschuldigen Sie bitte, ich war vor Ihnen da.

   ☐ Hey Sie da, ich warte schon ewig.

   ☐ Stellen Sie sich doch auch bitte hinten an.

   ☐ Was erlauben Sie sich, sich so vorzudrängeln?

   ☐ Sie haben es wohl sehr eilig. Das geht mir genauso.

   ☐ ______________________________

2. *Bitte überlegen Sie sich Redemittel für die folgenden Situationen:*
   - *Wie kritisieren Sie einen Freund/Ihren Chef/einen Arzt/eine Verkäuferin?*
   - *Wie kritisieren Sie das (schlechte) Essen in einem Restaurant?*
   - *Wie machen Sie einer besonders höflichen Kellnerin ein Kompliment?*

Sprachliche Differenzierungen gibt es auch im kommunikativen Landeskundeansatz. In einem interkulturell orientierten Ansatz hätten wir Ihnen die Fragen in Aufgabe 41 so gar nicht anbieten dürfen. Wir hätten Sie zuerst fragen müssen, welche Konvention es in Ihrem Land in dieser Situation gibt: Ist Vordrängeln normal? Hat man dafür Verständnis? Ist es gar nicht vorstellbar, dass sich jemand vordrängelt – und schon gar nicht, ohne dazu etwas zu sagen? Aber vermutlich sind Sie spätestens bei den weiteren Fragen an Sie auf diesen Aspekt gestoßen ...

3.3 Informationen vermitteln

Im folgenden Beispiel 24 ist eine Reihe von Fragen für den landeskundlichen Unterricht abgedruckt.

Aufgabe 42

1. *Welche Themen und Bereiche werden in Beispiel 24 (S. 64) angesprochen? Machen Sie bitte eine Liste.*

Themenbereiche

Beispiel 24

2. Welchem landeskundlichen Ansatz würden Sie Beispiel 24 zuordnen?

A

Suchen und Finden

1. *Welche der folgenden Fragen interessiert Sie persönlich am meisten?*

2. *Klären Sie mit den anderen TN, wer sich für welche Frage interessiert. Jede/r übernimmt eine andere Frage.*

3. *Stellen Sie die von Ihnen gewählte Frage möglichst vielen TN im Kurs. Sammeln Sie möglichst viele Antworten und Informationen. Machen Sie dazu Notizen.*

1. Kennen Sie drei bedeutende Komponisten aus mindestens einem der drei deutschsprachigen Länder? Welche?
2. Haben Sie schon einmal ein Buch eines Autors aus dem deutschsprachigen Raum gelesen? Welches?
3. Können Sie außer *Rose* noch andere Blumen auf deutsch benennen?
4. Schmeckt *Palatschinken* süß, salzig oder sauer?
5. Wissen Sie, welche europäischen Länder der Rhein berührt?
6. Können Sie erklären, was ein *Ökoladen* ist?
7. Wissen Sie, aus welchem Land die *Rösti* kommen?
8. Wissen Sie, was die „Lindenstraße" ist? Erklären Sie.
9. Haben Sie schon mal *Eisbein mit Sauerkraut* gegessen? Was ist das?
10. Können Sie einen *Schoppen* von einem *Riesling* unterscheiden? Erklären Sie.
11. Können Sie ein Lied auf deutsch singen oder pfeifen? Bitte tun Sie es.
12. Wissen Sie, wie *Kölnisch Wasser* riecht? Beschreiben Sie.
13. Können Sie die erste Zeile eines deutschen Gedichts sagen? Welche?
14. Wissen Sie, wo in Deutschland Palmen wachsen?
15. Können Sie ein Bild eines deutschen, österreichischen oder schweizerischen Malers beschreiben. Wie heißt es? Wer ist der/die Maler/in?
16. Haben Sie schon mal *Knödel* gegessen? Was ist das?
17. Können Sie sagen, was auf der Vorderseite eines Zehn-Mark-Scheins abgebildet ist?
18. Können Sie sagen, ob Bismarck einen Bart hatte oder nicht?
19. Können Sie einen Tirolerhut von einer Baskenmütze unterscheiden? Beschreiben Sie.
20. Wissen Sie, was für Tiere in der Lüneburger Heide herumlaufen? Wie heißen die? Wie sehen die aus?
21. In der Schweiz wird Deutsch in der Ostschweiz, Italienisch im Tessin und Französisch in der Westschweiz gesprochen. Welche vierte Sprache spielt noch eine Rolle?

❖

Hansen/Zuber (1996), 14

Reflexion

Vielleicht ist Ihnen schon aufgefallen, dass *Zwischen den Kulturen* (das Buch, dem wir Beispiel 24 entnommen haben) erst 1996 erschienen ist. Wir haben es ausgewählt, um unsere Aussage in der Einleitung zu diesem Kapitel zu illustrieren: Faktische Landeskunde ist mit dem Auftreten von kommunikativ oder interkulturell orientierter Landeskunde nicht „ausgestorben". Allerdings hatten die methodischen Entwicklungen im Fremdsprachenunterricht auch Einfluss auf die Auffassung und Vermittlung von faktischer Landeskunde im Unterricht. Auf einige dieser Veränderungen möchten wir jetzt eingehen.

Aufgabe 43

Erinnern Sie sich bitte noch einmal an unsere Zusammenfassung der Merkmale faktischer Landeskunde. Kreuzen Sie beim Lesen der folgenden Merkmale an, welche davon auch für Beispiel 24 zutreffen (könnten).

1. Die Lernenden sollen systematisch Kenntnisse („Informationen") über die Kultur und Gesellschaft der Zielsprache in Form von Fakten, Daten, Zahlen erwerben. ☐
2. Die Themen werden aus den Bereichen Geschichte, Soziologie, Politik usw. abgeleitet. ☐
3. „Kultur" bedeutet in der faktischen Landeskunde vor allem Zeugnisse der „hohen Kultur". ☐
4. Das landeskundliche Wissen wird meist in Form von Sachtexten, in Tabellen, Statistiken, Schaubildern u. Ä. präsentiert. ☐
5. Landeskundliches Lernen ist getrennt vom sprachlichen Lernen. ☐

Sicherlich mussten Sie bei manchen Punkten ein wenig spekulieren und konnten keine definitive Antwort darauf geben, welche der in Aufgabe 43 genannten Kriterien auf Beispiel 24 zutreffen oder nicht. Immerhin konnten Sie erkennen, dass mehrere Kriterien gar nicht oder nur teilweise zutreffen.

Werfen wir nun zum Vergleich einen Blick auf eine Seite eines Lehrbuchs, das auch 1996 erschienen ist.

Aufgabe 44

1. Schauen Sie sich bitte den folgenden Ausschnitt (Beispiel 25) genau an.

Beispiel 25

Griesbach (1996), 76

2. *Stellen Sie sich jetzt bitte vor, Sie möchten eine landeskundliche Unterrichtsstunde vorbereiten. Sie haben zwei Möglichkeiten:*

   a) Sie planen eine Unterrichtsstunde mit Beispiel 24.

   b) Sie planen eine Unterrichtsstunde mit Beispiel 25.

   Notieren Sie bitte einige Stichpunkte Ihrer Unterrichtsplanung.

3. *Welche der (methodischen) Merkmale in der folgenden Tabelle treffen auf Ihre Unterrichtsplanung zu? Kreuzen Sie bitte an.*

Unterrichtsplanung	***Beispiel 24***	***Beispiel 25***
a) Die Lernenden sind aktiv, produktiv.		
b) Die Lernenden sind rezeptiv.		
c) Die Lernenden lernen Neues voneinander.		
d) Die Lernenden lernen Neues aus dem Buch.		
e) Die persönlichen, subjektiven Vorlieben der Lernenden spielen keine Rolle.		
f) Die Lernenden sind als Personen mit ihren subjektiven Vorlieben und Interessen angesprochen.		
g) Die Lernenden können mitbestimmen, womit sie sich beschäftigen möchten.		
h) Die Lernenden hören der Unterrichtenden zu.		
i) Die Lernenden hören einander zu.		
j) Der Lernprozess wird durch die Vorgaben des Buches bzw. der Unterrichtenden bestimmt.		

Unterrichtsplanung	*Beispiel 24*	*Beispiel 25*
k) Der Lernprozess wird durch die Interessen und Aktivitäten der Lernenden bestimmt.		
l) Die Unterrichtende ist in der Unterrichtsstunde wahrscheinlich sehr aktiv und hat eine zentrale Rolle.		
m) Die Unterrichtende steht in der Unterrichtsstunde wahrscheinlich nicht im Mittelpunkt, sondern muss nur eingreifen, um zu moderieren oder wenn die Lernenden Schwierigkeiten haben.		
n) Die Lernenden sollen möglichst objektiv, systematisch und vollständig informiert werden.		
o) Die Lernenden bekommen subjektive, unsystematische und wahrscheinlich unvollständige Informationen.		
p) Die Lernenden üben gleichzeitig viele verschiedene Fertigkeiten (Hören, Sprechen, Lesen, Schreiben).		
q) Die Lernenden üben nur eine Fertigkeit.		
r) Die Lernenden tun viele verschiedene Dinge (die angebotenen Fragen lesen, sich für eine Frage entscheiden, evtl. in der Gruppe Interessen verhandeln, sich gegenseitig befragen, vorhandenes Wissen zusammentragen ...).		
s) Die Lernenden lesen den Text und reagieren auf Arbeitsanweisungen der Unterrichtenden.		

Reflexion

Wir wissen natürlich nicht, welche methodische Vorgehensweise Sie geplant haben. Dennoch nehmen wir an, dass die Herangehensweise an die Vermittlung bestimmter landeskundlicher Informationen auf der Basis von Beispiel 24 eine ganz andere ist als in Beispiel 25 bzw. als sie in älteren Lehrwerken angeboten wird. Wir finden also auch in neueren Lehrmaterialien Beispiele für faktische Landeskunde, allerdings unter veränderten *methodischen* Vorzeichen und mit veränderten Schwerpunkten:

➤ Landeskundliches Wissen wird selbst zum Unterrichtsthema, zum Instrument, mit dem man fremdsprachliches Kommunizieren aktiv und produktiv lernt und übt – man kann darüber reden, wie etwas schmeckt, wie jemand aussieht usw.

➤ Die Systematik des Wissens spielt eine untergeordnete Rolle – wichtiger ist das persönliche Interesse der Lernenden an einem Gebiet und ihre Entscheidung für ein Thema.

➤ Vollständigkeit des Wissens wird nicht angestrebt, wichtiger ist der Austausch der Lernenden untereinander.

➤ Zwar werden auch hier die Themen von den Bezugswissenschaften Geographie, Politik usw. abgeleitet, aber daneben haben auch Alltagserfahrungen ihren Platz („Wissen Sie, wie *Kölnisch Wasser* riecht?").

➤ Kulturelles Wissen wird zwar thematisiert, aber die eigene Erfahrung damit wird stärker gewichtet als abstrakte Kenntnisse (z. B. „Können Sie ein Lied auf Deutsch singen oder pfeifen?", „Haben Sie schon mal Eisbein mit Sauerkraut gegessen?").

3.4 Bilder *lesen*

Im diesem Teilkapitel wollen wir uns mit Bildern (Fotos und einer Karikatur) als Ausgangsmaterial für landeskundliches Lernen beschäftigen.

Aufgabe 45

Schauen Sie sich bitte zunächst die beiden Fotos in Beispiel 26 und die dazugehörigen Aufgaben an.

Beispiel 26

C **Erlaubt oder verboten?**

1

2

a) *Erlaubt oder verboten? Worum geht es auf den Fotos?*

b) *Wie ist das wohl in Deutschland? Was glauben Sie? Kreuzen Sie an.*

c) *Sollte man das erlauben oder verbieten? Was denken Sie?*

		Bild 1	Bild 2	Bild 3	Bild 4
Darum geht es:		......	......	......	......
Das ist sicher	**erlaubt:**	□	□	□	□
	verboten:	□	□	□	□
Ihre Meinung zu dieser Frage:		......	......	......	......

Eismann u. a. (1993), 130; Fotos: Michael Seifert

> *Was kann man im Unterricht anhand der Bilder in Beispiel 26 lernen? Was könnte das* ***landeskundliche Lernziel*** *sein? Kreuzen Sie bitte an.*
>
> 1. Die Lernenden sollen sich merken, was erlaubt bzw. verboten ist. ☐
> 2. Die Lernenden sollen zum Nachdenken darüber angeregt werden, ob man Bier trinkende Jugendliche auf der Straße tolerieren oder verbieten soll. ☐
> 3. Die Lernenden sollen sich ihrer eigenen Maßstäbe bewusst werden, mit denen sie die abgebildeten Situationen beurteilen würden. ☐
> 4. Die Lernenden sollen erfahren, dass man den Abfall in den Straßengraben wirft. ☐
> 5. Wenn man nach Deutschland kommt, muss man sich daran gewöhnen, dass Bier auf der Straße getrunken wird. ☐
> 6. Die Lernenden sollen erkennen, dass die Maßstäbe für „erlaubt“ oder „verboten“ nicht absolut, sondern regional, historisch und kulturell variabel sind. ☐
> 7. Die Lernenden sollen darüber nachdenken, ob manche Verhaltensweisen in den deutschsprachigen Ländern anders beurteilt werden als im eigenen Kulturraum. ☐
> 8. Die Lernenden sollen überlegen, ob es etwas gibt, was selbstverständlich verboten bzw. erlaubt ist. ☐

Aufgabe 46

Reflexion

Vielleicht haben Sie sich bei den beiden Fotos (in Beispiel 26, S. 68) gefragt, ob die Auswahl nicht problematisch ist, weil die Fotos von Ihren Lernenden als typisch für Deutschland bzw. deutschsprachige Länder empfunden werden könnten. Damit ist ein wichtiger Aspekt angesprochen: Fotos müssen nach bestimmten Kriterien ausgewählt werden; als Lehrende müssen Sie sich bewusst machen, wie die Fotos gelesen werden könnten, und sie in entsprechende Aufgabenstellungen einbetten.

Zur Kultur eines Landes gehören natürlich auch Werke, die von ausländischen Künstlern gestaltet sind, die oft schon lange in der Bundesrepublik Deutschland leben und die deutsche Staatsbürgerschaft besitzen. Uns scheint es interessant zu überlegen, ob und welche besonderen landeskundlichen Implikationen diese Werke enthalten, welche Informationen zum Verständnis wichtig sind usw.

Sie können das gleich an Beispiel 27 ausprobieren, das Ihnen eine kleine Geschichte des türkischen Karikaturisten und Kabarettisten Omurca zeigt.

Beispiel 27

Omurca (2001)

Wir wissen nicht, wie Sie diese Karikatur „gelesen“ haben; wir beschränken uns hier darauf, welche landeskundlichen Informationen unserer Meinung nach wichtig sind, um die Karikatur von Omurca zu verstehen:

1. Das Wortspiel mit der Hauptfigur *Kanakmän: Kanake* (eigentlich Bewohner der Südseeinseln) ist ein Schimpfwort für Ausländer; die Schreibweise *män* ist eine Mischung aus dem deutschen Wort *Mann* und der englischen Aussprache des in der Umgangssprache häufig gebrauchten englischen Wortes *man*. Und es ist eine Anspielung auf den starken Comic-Helden *Superman*.
2. *Gummibären* sind eine beliebte Süßigkeit.
3. Das „Lied“ am Schluss der Karikatur greift einen sehr alten, immer noch bekannten Werbespruch für Lakritze (Süßigkeit) auf.

Mehr Informationen zur Rezeption von Fotos und zur Arbeit mit Bildern allgemein finden Sie in der Fernstudieneinheit *Bilder in der Landeskunde*.

3.5 Literarische Texte interkulturell aufbereiten

Wir wenden uns nun einer anderen Textsorte zu, den literarischen Texten. Zuerst möchten wir Ihnen zwei Textausschnitte zum Lesen anbieten, in denen es um das Thema *Bus fahren* geht. Wir haben die Texte bei Bahlmann u. a. (1998a, 110/111) gefunden. Vielleicht halten Sie diese beiden Textauszüge von Peter Handke und von Christine Nöstlinger für zu schwer für Ihre Lernenden; die Textausschnitte und vor allem die Didaktisierung im Kursbuch des Lehrwerks bieten jedoch die Möglichkeit, exemplarisch zu zeigen, wie literarische Texte interkulturell aufbereitet werden können. Anschließend können Sie an zwei sprachlich einfacheren Texten versuchen, selbst interkulturelle Aufgabenstellungen zu entwerfen.

Aufgabe 47

Lesen Sie bitte die folgenden beiden Texte.

Beispiel 28

„[...] Es war, als seien, trotz der vielen freien Plätze, in dem Bus mehr Leute versammelt als irgendwo draußen in dem ganzen kahlen Hochland. [...] Ein junges Mädchen knackte und knabberte, wie sonst in den spanischen Kinos oder auf den Promenaden, mit ernstem Gesicht und träumerisch weiten Augen, ohne je einzuhalten, Sonnenblumenkerne, von denen zugleich ein Regen von Hülsen zu Boden fiel; eine Gruppe von Burschen mit Sporttaschen brachte immer neue Kassetten ihrer Musik nach vorne zum Fahrer, welcher sie bereitwillig, statt des nachmittägigen Radioprogramms, aus dem über jedem Sitzpaar befindlichen Lautsprecher schallen ließ; das eine alte Paar in dem Bus saß stumm und ohne Bewegung, und der Mann schien es gar nicht zu spüren, sooft einer der Burschen ihn im Vorbeigehen, unvorsätzlich, anrempelte; auch als einer der Jugendlichen im Reden aufgestanden und in den Gang getreten, sich bei seinen Ausführungen an des Alten Rückenlehne stützte und zugleich ihm vor dem Gesicht gestikulierte, duldete er es reglos, rückte nicht einmal seine Zeitung beiseite, deren Blattkanten im Luftzug des über ihm Fuchtelnden umschlugen.“

Handke (1990), 17/18

Beispiel 29

„[...] Gestern um neun sind wir zur Bushaltestelle gelaufen. Damit wir den Autobus nicht versäumen. Doch dann haben wir eine Stunde warten müssen. Die Busse hier halten sich nicht an die Fahrzeiten. An der Haltestelle waren viele Leute, und es war affig heiß. [...] Endlich ist dann der Bus gekommen. So was von einem Vehikel habe ich noch nie gesehen. [...] Alle drei Minuten hat der Bus gehalten. Bei jeder Haltestelle hab' ich mir gedacht: Jetzt geht aber nicht einmal mehr eine Maus in den Bus! Ich habe mich aber immer geirrt. An jeder Haltestelle sind noch mindestens fünf Leute zugestiegen.

Die Mama hat neben mir gestöhnt, daß sie gleich ohnmächtig wird, und der Papa hat gesagt, daß sie dann zum erstenmal im Stehen ohnmächtig wird. Denn zum Umfallen war kein Platz. Da hat es die Mama bleiben lassen und hat nur mehr leise vor sich hingewimmert. Mir ist es gut gegangen, obwohl ich nur auf einem Bein habe stehen können, weil ich einmal kurz den einen Fuß hochgehoben habe, und als ich ihn wieder hinstellen wollte, war kein Platz mehr dazu da. Aber vor meinem Bauch war ein Korb mit Weintrauben, und die Frau, der der Korb gehört hat, hat mir ein Zeichen gemacht, ich soll mir welche nehmen. Außerdem hat es im Bus so gerochen, wie ich es mag. Nach Weintrauben und Staub und Tomaten und Schmalzbrot. Und irgendwie auch nach nassem Hund, obwohl kein Hund im Bus war."

Nöstlinger (1978), 25/26

Stellen Sie sich jetzt bitte vor, dass Sie mit den beiden Texten (Beispiel 28 und 29) eine interkulturell ausgerichtete Unterrichtsstunde gestalten.

Aufgabe 48

Im Folgenden finden Sie einige Aufgabenstellungen zur Arbeit mit Texten. Wählen Sie bitte diejenigen aus, die Sie generell für eine interkulturelle Zielsetzung für geeignet halten. Sie können die Aufgaben auch ergänzen, umschreiben, anpassen usw.

① Suchen Sie sich einen Partner/eine Partnerin und sprechen Sie über einige der folgenden Begriffe, die Ihnen besonders wichtig sind: *Lebensfreude, Ordnung, Entfernung, Sauberkeit, Lautstärke, Distanz und Nähe, Spontaneität, Höflichkeit, Pünktlichkeit.*
Was bedeuten die Begriffe für Sie? Geben Sie Beispiele.
In welchem Zusammenhang verbinden Sie damit etwas Positives und wann etwas Negatives?
Welche dieser Begriffe sind für Sie persönlich wichtig bzw. weniger wichtig? Stellen Sie eine Reihenfolge auf.
Vergleichen Sie Ihre Ergebnisse untereinander. Welche Unterschiede stellen Sie fest? Gibt es dafür Erklärungen?
nach: Bahlmann u. a. (1998b), 160

② Schreiben Sie bitte auf, was von den beiden Erzählern in den zwei Texten unter ________________ verstanden wird. Was ist für Sie persönlich ________________?

③ Suchen Sie bitte für jeden Abschnitt eine Überschrift.

④ Fassen Sie bitte die Aussagen über ________________ in den Texten zusammen.

⑤ Die Geschichten sind noch nicht zu Ende. Wie gehen sie weiter? Wählen Sie eine aus und schreiben Sie die Fortsetzung.

⑥ Diskutieren Sie bitte in der Gruppe: Was erfahren Sie in den Texten? Vergleichen Sie bitte – Sie könnten z. B. eine Wandzeitung machen.

⑦ Schreiben Sie einen Brief an einen Freund/eine Freundin. Beschreiben Sie Ihre geplante Reise und laden Sie ihn/sie ein mitzukommen.

⑧ Im Text werden verschiedene Zeitangaben gemacht. Suchen Sie alle Zeitangaben heraus, die mithilfe des Perfekts gemacht werden, und schreiben Sie sie in chronologischer Reihenfolge auf.

⑨ Diskutieren Sie in Gruppen die folgenden Fragen und halten Sie die Ergebnisse in Stichworten schriftlich fest:
Welche Vor- und Nachteile hat der Bus?
Welche Rolle spielt der Bus
a) in Deutschland,
b) in Ihrem Land,
c) für Sie persönlich?
Was sollte man tun, um zu erreichen, dass mehr Menschen den Bus benutzen?

⑩ Vergleichen Sie die beiden Texte miteinander. Welche Gemeinsamkeiten und welche Unterschiede gibt es?

⑪ In welcher Umgebung befinden sich die Erzähler?
Was machen sie dort? Welche Dinge sind typisch für die Art, wie sie jeweils reisen?
Wie ist ihr Verhältnis zu den Mitreisenden?

Sie haben vielleicht einige Ideen gehabt oder erhalten, wie Sie literarische Texte auf eine interkulturelle Zielsetzung hin ausrichten können. Im Folgenden bitten wir Sie, selbst entsprechende Aufgabenstellungen zu formulieren. Dazu bieten wir Ihnen zwei Texte an: ein kurzes Gedicht eines chilenischen Autors (Beispiel 30) und einen Text des türkischen Satirikers Engin (Beispiel 31).

Aufgabe 49

1. *Bitte lesen Sie zunächst einmal die beiden Texte in Beispiel 30 und 31.*
2. *Wählen Sie dann einen der beiden Texte aus und versuchen Sie, interkulturell ausgerichtete Aufgabenstellungen zu formulieren*

Beispiel 30

Ivan Tapia Bravo
Das bin ich mir schuldig

Bevor ich ein Wort spreche aus
nachdenke ich gründlich darüber
Mir soll laufen unter kein Fehler
damit ich nicht falle auf
vor einem so erlesenen Publikum
als ein unkundiger Trottel
der sich benimmt immer daneben

Tapia Bravo (1983), 233

Beispiel 31

Albtraum Deutschland

Ich schlage die Augen auf und springe aus dem Bett. Es ist acht Uhr. Ich stelle das Radio an und suche Radio Bremen. Wie jeden Morgen werden wieder die beliebtesten türkischen Schlager gespielt. Das Lied klingt aus und der Moderator teilt den Zuhörern mit, dass die Türken in Berlin bei der „Wahl der beliebtesten Minderheit“ mit großem Vorsprung Platz Eins belegt haben.
Ich schiebe den Vorhang beiseite. Gleißendes Sonnenlicht erfüllt den Raum. Die Straße ist wieder mit türkischen Fahnen geschmückt.

Alle Häuserwände sind mit Parolen beschmiert: „Wir lieben die Türken“, „Bitte verlasst uns nicht“. [...] Ich verspüre einen dumpfen Schmerz im Hinterkopf. [...]
Als ich zur Straßenbahnhaltestelle komme, halten die deutschen Jugendlichen in ihrem Toben inne, um mich respektvoll zu grüßen. Die Straßenbahn ist zwar überfüllt, doch mehrere Rentner und eine schwangere Frau bieten mir ihren Sitzplatz an. Verlegen nehme ich den Platz der werdenden Mutter ein. Der Kontrolleur lächelt mich an und wirft keinen Blick auf meinen Fahrschein, den ich ihm entgegenhalte. Meine Kopfschmerzen werden immer schlimmer. [...]
Abends wieder zu Hause, macht mir meine Frau Eminanim eine unangenehme Mitteilung. „Der Vermieter möchte die Miete um 200 Mark senken. Ich sagte ihm, dass er mit dir sprechen soll. Wir können das doch nicht annehmen!“ Meine Kopfschmerzen steigern sich ins Unerträgliche. Wenn unsere deutschen Nachbarn für 1000 Mark wohnen, kann ich doch unmöglich nur 50 Mark bezahlen. Er hat doch erst kürzlich die Miete gesenkt! Tatsächlich ruft wenig später der Vermieter an: „Herr Engin, ich möchte Sie bitten, in Zukunft 200 Mark weniger an mich zu überweisen.“ – „Auf keinen Fall, Herr Müller.“ „Das kann ich nicht annehmen!“ „Ich bitte Sie!“ „Herr Müller, wenn Sie weiter so drängeln, sehe ich mich gezwungen, hier auszuziehen!“ – „Wie Sie wünschen, dann belassen wir es vorerst bei den 250 Mark.“ [...]
Klingeling! Der Wecker reißt mich aus diesem Albtraum. Es ist halb fünf. Ich schaue aus dem Fenster. Es ist neblig und trüb. Es regnet wie aus Kübeln. Zum ersten Mal lese ich die Parolen an der gegenüberliegenden Wand mit Freude: „Ausländer raus!“ Meine Kopfschmerzen sind wie weggeblasen: Der Alltag hat mich wieder!

Engin (2001)

Ihre interkulturell ausgerichtete(n) Aufgabenstellung(en):

____

Inhalte und Ziele für interkulturelles Lernen* können, wie Sie bereits erfahren haben, z. B. sein:

- Orientierungsfähigkeit in einer fremden Kultur,
- kommunikative Kompetenz in interkulturellen Situationen,
- Fremdverstehen,
- interkulturelle Vergleiche,
- Rollen- und Perspektivenwechsel,
- usw.

Aufgabe 50

Überprüfen Sie nun bitte die Wahl Ihrer Aufgabenstellungen: Haben Sie in Aufgabe 49 interkulturelle Lernziele formuliert?

Sie werden sicher festgestellt haben, dass landeskundliche Lehrmaterialien unterschiedliche Schwerpunkte im Hinblick auf landeskundliche Inhalte haben. Zum Abschluss dieses Kapitels möchten wir Sie bitten, für sich selbst die Fragen in der folgenden Aufgabe zu beantworten und dabei einen Blick in Ihr Lehrwerk zu werfen.

Aufgabe 51

1. *Wie vermitteln Sie Landeskunde?*
2. *Würden Sie gerne Landeskunde anders vermitteln?*
3. *Welche Möglichkeiten bietet Ihnen das Lehrwerk, mit dem Sie arbeiten?*
4. *Falls in dem Lehrwerk, mit dem Sie arbeiten, die faktische Landeskunde überwiegt: Wie könnten Sie das Angebot kommunikativ und interkulturell erweitern?*

Zur Überprüfung Ihres Lehrwerks können Sie die folgende Liste von Merkmalen zu Hilfe nehmen.

Welche der folgenden Merkmale enthält Ihr Lehrwerk?	
a) Sprache als Teil menschlichen Handelns	
b) authentische Texte und Redemittel	
c) Fakten über Deutschland	
d) Sitten und Bräuche	
e) wichtige Daten und Jahreszahlen	
f) berühmte Personen	
g) Zeugnisse der „hohen“ Kultur	
h) Orientierungsfähigkeit in einer fremden Kultur	
i) kommunikative Kompetenz in interkulturellen Situationen	
j) Fotos bilden Objekte authentisch ab	
k) das Dargestellte ist repräsentativ für die deutschsprachigen Länder	
l) Kommunikationsfähigkeit	
m) Sprechintentionen	
n) der Alltag in den deutschsprachigen Ländern	
o) critical incidents	
p) „Leutekunde“	
q) Daten aus verschiedenen wissenschaftlichen Bereichen	
r) Texte, die ein bestimmtes grammatisches Phänomen in größerer Anzahl enthalten	
s) Dialoge	
t) Alltagssituationen	

Im folgenden Kapitel 4 werden wir den Aspekt des interkulturellen Lernens vertiefen.

4 Interkulturelles Lernen

Überblick

In Kapitel 4 werden wir einige Fragen rund um den interkulturellen Landeskundeansatz im Unterricht Deutsch als Fremdsprache vertiefen. Wir werden dabei vier Lernbereiche unterscheiden, die Bachmann u. a. (1995b, 10–15) entwickelt haben, nämlich

- „Wahrnehmungsschulung,
- Erwerb von Strategien zur Bedeutungserschließung,
- Befähigung zum Kulturvergleich und
- Diskursfähigkeit [Kommunikationsfähigkeit] in interkulturellen Situationen".

Das Lernen in diesen Bereichen soll zu dem übergeordneten Lernziel der kommunikativen Kompetenz in interkulturellen Situationen führen.

Wie Sie bereits in Kapitel 2.3 (S. 44ff.) erfahren haben, reicht das sprachliche Wissen allein nicht aus, um erfolgreich kommunizieren zu können. Beim Erwerb der Muttersprache lernen wir nicht nur die Sprache. Parallel lernen wir durch die Korrektur der uns umgebenden Menschen auch das angemessene Verhalten in bestimmten Situationen und erwerben damit automatisch eine kulturelle Kompetenz. In einer kulturell scheinbar „unverfänglichen" Situation wie der Verabschiedung (z. B. nach einem gemeinsamen Abendessen) mit einem *Also, bis bald* ist es wichtig zu wissen, ob das nur eine Abschiedsformel mit der gleichen Bedeutung wie *tschüs* ist oder ob es sich um ein Versprechen (z. B. bald anzurufen) bzw. eine mögliche Verabredung handelt.

Diese enge Verbindung von Sprach- und Kulturlernen zu vermitteln, ist ein wesentliches Charakteristikum beim interkulturellen Lernen. Die Frage ist also: Welches kulturelle Wissen unterstützt und fördert die sprachliche Handlungsfähigkeit in der fremden Kultur?

Aufgabe 52

Können Sie sich an Missverständnisse oder gescheiterte Kommunikationssituationen erinnern, die auf mangelndes kulturelles Wissen zurückzuführen sind? Bitte überlegen Sie einige Beispiele und benennen Sie konkret, welches kulturelle Wissen das Missverständnis/die Enttäuschung/... hätte vermeiden können.

4.1 Wahrnehmungsschulung

Sie haben am Beispiel der optischen Täuschungen (Beispiele 15 und 16, S. 45f.) und besonders anhand der Bahnhofsszene in Beispiel 14 (S. 44) gesehen, dass Wahrnehmung nicht ein objektiver, neutraler Vorgang ist, sondern von verschiedenen Faktoren abhängt und beeinflusst wird.
Um die eigene Wahrnehmung zu schulen, ist es wichtig, sich die Mechanismen der Wahrnehmung bewusst zu machen. Vielleicht nehmen Sie sich dazu jetzt ein paar Minuten Zeit und machen (auch mit Ihren Lernenden) die in der nächsten Aufgabe vorgeschlagenen allgemeinen Übungen zu den drei Arten der Wahrnehmung.

Aufgabe 53

Wahrnehmung der äußeren Welt

1. *Setzen Sie sich bitte auf einen Stuhl und beobachten Sie eine Minute lang, was Sie gerade in dem Raum, in dem Sie sich befinden, sehen, hören, schmecken, riechen, berühren. Notieren Sie dann Ihre Beobachtungen.*

___

___

___

Wahrnehmung der inneren Welt

2. *Setzen Sie sich auf einen Stuhl und beobachten Sie nun eine Minute lang, was Sie in Ihrem Körper spüren (den Druck des Fingers, der ein Papier hält/...; Bewegungen Ihres Kopfes/...; Unbehagen/... usw.). Notieren Sie dann bitte Ihre Beobachtungen.*

____

____

Wahrnehmungen Ihrer Fantasie

3. *Setzen Sie sich auf einen Stuhl und beobachten Sie nun eine Minute lang, welche Gedanken Ihnen in dieser Minute durch den Kopf gehen. Notieren Sie dann einige Stichpunkte.*

____

____

____

nach: Stevens (1975), 15f.

Reflexion

Die ersten beiden Arten der Wahrnehmung umfassen die gegenwärtige Realität, so wie Sie sie erleben. „Die dritte Art der Wahrnehmung [...] betrifft die Wahrnehmung der Bilder von Dingen und Ereignissen" (Stevens 1975, 15) – auch der Bilder von anderen Ländern und Kulturen.
Sie haben vielleicht gemerkt, dass es nicht einfach ist, sich auf je eine der Wahrnehmungsarten zu konzentrieren und etwas, was in der Realität parallel stattfindet, voneinander zu isolieren. Übertragen auf unseren Kontext des interkulturellen Lernens ist diese Trennung der verschiedenen Arten der Wahrnehmung jedoch sehr wichtig. Versuchen Sie es doch einmal bei unserer nächsten Stufe der Wahrnehmungsschulung.

Aufgabe 54

Sehen Sie sich bitte die folgenden Fotos (Beispiel 32a und 32b) eine Minute lang an: Was nehmen Sie wahr?
Vergleichen Sie Ihre Wahrnehmung – wenn Sie die Möglichkeit dazu haben – mit der Wahrnehmung von Ihren Kolleginnen und Kollegen.

Beispiel 32a

Beispiel 32b

Fotos: Herrad Meese

Wenn Sie die Möglichkeit hatten, Ihre Eindrücke mit denen Ihrer Kolleginnen und Kollegen zu vergleichen, werden Sie sicher festgestellt haben, dass Sie Unterschiedliches wahrgenommen haben, dass Sie vielleicht manches nicht gesehen haben, was andere gesehen haben, und dass Sie die gesamte Situation unterschiedlich eingeordnet haben. Das ist nicht verwunderlich, denn Ihre Wahrnehmung ist – wie Sie schon wissen – selektiv, d. h., sie hängt von Ihren Interessen und Ihrem Vorwissen ab.

• Beschreiben – interpretieren – bewerten

Mit der nächsten Aufgabe wollen wir versuchen, die drei Aktivitäten bei der Wahrnehmung *Beschreiben, Interpretieren* und *Bewerten* zu trennen.

Aufgabe 55

1. *Bitte sehen Sie sich das folgende Foto (Beispiel 33) kurz an und versuchen Sie, sich Ihren ersten spontanen Eindruck zu merken. Sie können sich auch ein Stichwort notieren.*
2. *Lösen Sie nun die Aufgaben, die Sie unter dem Foto finden.*

Beispiel 33

28.3 In der Klasse

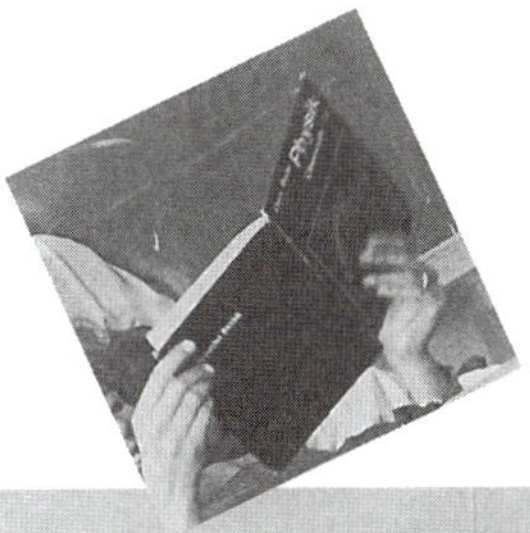

1. Beschreiben Sie das Bild im Detail (möglichst ohne viel zu interpretieren).
2. Interpretieren Sie das Bild.
   - Stellen Sie Zusammenhänge her.
   - Stellen Sie Grund-Folge-Beziehungen fest.
   - Betten Sie das Bild in einen fremdkulturellen Kontext ein.
3. Kommentieren Sie das Bild:
   - Was könnten Sie sagen oder fragen, wenn Sie in diese Klasse kämen?
   - Was könnte der Schuldirektor sagen? Der Lehrer, der Hausmeister, ...?

Bachmann u. a. (1996b), 68

3. *Denken Sie bitte noch einmal über die erste Aufgabe nach: Was war Ihr erster Eindruck und wodurch ist er entstanden?*

Reflexion

Sicherlich haben Sie bemerkt, wie schwierig es ist, die zweite Aufgabe zu machen: Es erfordert sehr viel Konzentration, das Bild im Detail so zu beschreiben, dass man dabei nicht auch gleichzeitig interpretiert und das Bild bzw. die Situation bewertet. Die Bewertung einer Situation erfolgt ganz spontan, unbewusst und ist geprägt durch die jeweilige kulturelle Orientierung. Ein Verhalten von Lernenden wie das auf dem Foto in Beispiel 33 ist mit Sicherheit in vielen Kulturen nicht vorstellbar. Die spontane Reaktion muss dann negativ sein (*das ist ja unmöglich, unverschämt, unmoralisch, ...*). Wesentlich ist also, sich zunächst überhaupt der eigenen Reaktion bewusst zu werden und einmal zu versuchen, die normalerweise parallel ablaufenden Schritte *Wahrnehmung – Interpretation – Bedeutungszuweisung* bzw. *Bewertung* zu trennen.

• Stereotype*

Wie schon erwähnt, wird unsere Wahrnehmung (nicht nur bei visuell Wahrgenommenem) von unserem Vorwissen und unseren kulturspezifischen Werten und Prägungen geleitet. Auch unsere Bilder von anderen Ländern und Kulturen werden dadurch bestimmt.

Aufgabe 56

Sehen Sie sich bitte die folgende Karikatur an und lösen Sie die Aufgabe in der Arbeitsanweisung.

Beispiel 34

URTEILE & VORURTEILE **1**

1. Welche häufigen Deutschland-Klischees finden Sie in dieser Karikatur?
   Machen Sie eine Liste:

____

____

____

____

____

____

____

____

____

____

„Typisch deutsch?“ Karikatur: E. Heydemann. JUGENDSCALA

Pantis/Küster (1995), 17

Bestimmt kamen Ihnen viele der *Klischees* – wie es in der Arbeitsanweisung des Lehrbuchs heißt – bekannt vor, und wer weiß: Vielleicht teilen Sie sogar manche Einschätzung und glauben zum Beispiel, dass Bier trinken typisch deutsch ist? (Tatsächlich ist allerdings das am meisten konsumierte Getränk in Deutschland der Kaffee.) Vielleicht halten Sie es aber auch für ein völlig überholtes Vorurteil, dass die Deutschen, wie es die Karikatur nahe legt, militaristisch veranlagt seien. Wie auch immer, die Sozialpsychologie nennt solche allgemein verbreiteten Einschätzungen *Stereotype*.

Sozialpsychologisch gesprochen sind Stereotype gar nichts Negatives, sondern eine Art Muster, das uns hilft, Dinge schnell zu erfassen und zu kategorisieren. In einer neutraleren Formulierung können wir auch von *Schemata* sprechen: Sie helfen uns dabei, die Vielzahl von visuellen Einzelwahrnehmungen durch Generalisierungen zu ordnen und einzuteilen, indem verschiedene Einzelelemente zu einem größeren Ganzen zusammengefasst werden, z. B. alle Häuser, Kirchen, Moscheen usw. Stereotype oder Schemata erfüllen also eine wichtige kognitive und soziale Orientierungsfunktion.

Erst solche Schemata, die sich auch auf größere Ereignis- oder Handlungsabläufe beziehen können und dann wiederholt erfahrene Situationen (wie *Einkaufen* oder *Geburtstag feiern*) beschreiben, erlauben uns die Organisation unserer Wahrnehmung. Wir bauen sie im Laufe unserer Sozialisation als überindividuelle Orientierungsmuster auf und erwerben sie größtenteils gleichzeitig mit der Muttersprache.

Stereotype und Schemata unterstützen und steuern also das Verstehen, gleichzeitig sind sie aber gerade im interkulturellen Kontext auch eine Quelle von möglichem Miss- oder Nichtverstehen. Denn es ist nahe liegend, dass solche Fixierungen von kulturspezifschen Erfahrungen nicht ohne weiteres auf andere Kulturen übertragen werden können.

Das Vorwissen, auf das wir beim Verstehen anderer Kulturen zurückgreifen, ist aber keineswegs bei allen Angehörigen einer Kultur gleich. Der Zugang zur fremden Wirklichkeit wird auch durch gruppenspezifische Erfahrungen und Prägungen gelenkt: Deutschlehrerinnen zum Beispiel werden während ihrer langjährigen Ausbildung und Berufspraxis durch die jeweiligen landeskundlichen Inhalte ihres Deutschunterrichts und (Germanistik-)Studiums geprägt. Dabei kann etwa die Darstellung der deutschsprachigen Länder in einem bestimmten Lehrwerk oder die Vermittlung bestimmter subjektiver Aspekte durch Lehrende die Interessen, Interpretationsmechanismen und Themen – also das Deutschlandbild – der angehenden Lehrenden wesentlich beeinflussen.

Aufgabe 57

1. *Welche negativen/positiven Vorstellungen haben Sie von Deutschland?*

   ____

   ____

   ____

2. *Welche negativen/positiven Vorstellungen kennen Sie, die Ihr Land betreffen?*

   ____

   ____

   ____

Gerade in der Konfrontation mit anderen Kulturen erweisen sich stereotype Vorstellungen als bemerkenswert stabil. Wir möchten Ihnen dazu zwei Beispiele aus Lehrbüchern zeigen.

Aufgabe 58

Beispiel 35

Bitte sehen Sie sich das folgende Beispiel 35 an und versuchen Sie, die dort gestellten Aufgaben zu lösen.

Fremdwahrnehmung

1 Lesen Sie die folgenden Aussagen über Deutschland und die Deutschen. Erraten Sie das Herkunftsland des Sprechers/der Sprecherin. Ist es Japan, Griechenland oder sind es die USA?

A. „Ja, die Disziplin, die die Kinder schon lernen müssen. Das haben wir nicht. Oder die Pünktlichkeit, Genauigkeit und so. Deutsche Kinder müssen um sieben Uhr Sandmännchen angucken und schlafen gehen. Und um sieben Uhr muß alles still sein. Dann lassen sie die Kinder erst mal eine halbe Stunde schreien oder so, und dann sind sie zufrieden, weil das Kind rechtzeitig im Bett gewesen ist."

B. „Hier in Deutschland steht nichts auf den Straßen, man traut sich nicht unbedingt etwas runterzuschmeißen. Bei uns ist das anders; man denkt, auf eine Schachtel Zigaretten kommt es auch nicht drauf an."

C. „Hier in Deutschland ist es ganz üblich, daß man die Universität wechselt, man kann sich selber alles entscheiden."

D. „Dann habe ich in meinem ersten Brief zu meinen Eltern geschrieben: ich habe jetzt nur Dusche, keine Badewanne, ich weiß nicht, ob ich überlebe."

E. „Alles ist ein bißchen enger, und man kann nichts dagegen machen, weil es einfach so viele Leute gibt."

F. „Die Deutschen schließen die Türen, wenn sie in ein Zimmer reingehen, also um sich einen Privatraum zu schaffen."

G. „Es ist nicht einfach, mit Deutschen Freundschaften zu schließen. Aber wenn man dann befreundet ist, ist es enger und ernsthafter. Die Deutschen sprechen nicht so einfach mit fremden Leuten. Ich finde das besser, aber es ist nicht so angenehm. Ich mag das bei uns zu Hause: Jeder lächelt, es ist sehr angenehm, aber es fehlt einem eben etwas."

Lundquist-Mog (1996), 14

Reflexion

Wir tendieren dazu, Einzelbeobachtungen als Beleg für die „Richtigkeit" unserer Stereotype zu bewerten, wenn sie im Einklang mit unserem Vorwissen, unserem Vorurteil stehen. Wahrnehmungen dagegen, die nicht dazu passen, werden oftmals übersehen oder als Ausnahmen angesehen.

Für den interkulturellen Lernprozess gilt: Stereotype können nicht einfach abgebaut bzw. ihre Entstehung kann nicht vermieden werden. Das Ziel ist vielmehr, sich ihre Funktions- und Wirkungsweise zu vergegenwärtigen und bewusster damit umzugehen.

Vorurteile gibt es nicht nur anderen Ländern und Kulturen gegenüber – auch innerhalb einer Kultur bilden sich bestimmte Stereotype aus. Innerhalb Deutschlands gibt es diese Zuweisungen auch – besonders nach der Vereinigung – zwischen den *Wessis*, den Westdeutschen, und den *Ossis*, den Ostdeutschen aus der ehemaligen DDR. Das zeigt das folgende Beispiel 36 (S. 81).

C 1. **„Die anderen" und „wir selbst"**

a) *Worin besteht für den Taxifahrer wohl das „typisch Westdeutsche"?*

„Bei Ihnen merkt man doch sofort, daß Sie ein Wessi sind."

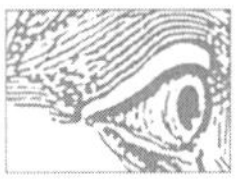

„die Westdeutschen":
Sie glauben immer, ...
......

Wie sieht er sich selbst (die Ostdeutschen)?

„wir Ostdeutschen":
Wir sind nicht so ...
Bei uns ...
......

b) *Welche Erlebnisse/ Erfahrungen können solche Aussagen erklären?*

„die anderen"

Erlebnisse, Erfahrungen bei/mit ihnen

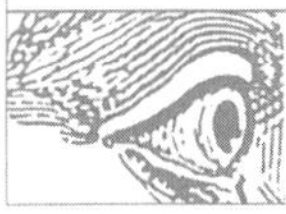

......
......

An welcher „deutschen Norm" wird das Verhalten der anderen gemessen?

„die Deutschen"

Selbstwahrnehmung

......
......

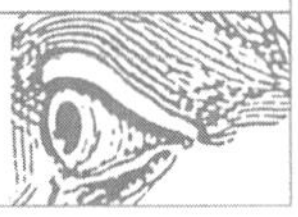

Die Deutschen über „die anderen"

Eismann u. a. (1996), 148

Die Beispiele 35 und 36 basierten auf dem Vergleich von Kulturen; eine differenzierte Analyse des Kulturvergleichs finden Sie in Kapitel 4.3 (S. 84ff.). Hinweis

4.2 Erwerb von Strategien zur Bedeutungserschließung

Die Bedeutung von einzelnen Wörtern bzw. Begriffen entsteht erst in den Lebenszusammenhängen einer Kultur – das haben Sie in Beispiel 18 (S. 49) gesehen, in dem es um die Bedeutung von *Haus* ging. Wörter erhalten ihre Bedeutung also erst durch den Gebrauch einer kulturellen Gruppe zu einer bestimmten Zeit und an einem bestimmten Ort.

> „Die Bedeutung von Wörtern hängt mit der Gesellschaft und Kultur zusammen, in der sie verwendet werden. Sie ist Ausdruck einer Konvention, einer allgemeinen Vorstellung, wie z. B. die Vorstellung von *höflich/unhöflich*, ob man beim *Frühstück* in Anwesenheit eines Gastes die Zeitung liest oder nicht etc. Diese konventionalisierte Vorstellung [...] beruht auf kulturspezifischen Erfahrungen, die auch als Orientierungsnorm empfunden werden [...]."
>
> Müller (1994), 109

Aufgabe 59

1. *Was ist Ihre persönliche Meinung: Finden Sie es unhöflich, beim Frühstück eine Zeitung zu lesen, wenn Sie nicht allein sind?*
2. *Fragen Sie doch auch Ihre Kolleginnen und Kollegen oder Ihre Familie oder Freunde nach deren Meinung. Erstellen Sie eine kleine Statistik, indem Sie Zahlen eintragen:*

Gefragt: _____ Leute.

_____ Leute finden das unhöflich.

_____ Leute finden das nicht unhöflich.

Im traditionellen Fremdsprachenunterricht werden die angebotenen Themen – auch das Thema *Frühstück* – eher auf der wörtlichen denotativen Bedeutungsebene angeboten (Übersetzung des Wortes), angereichert mit landeskundlichen Fakten, was „man" in Deutschland zum Frühstück isst. Die interkulturelle Didaktik hingegen zieht Konsequenzen aus dem Wissen, dass die soziokulturellen Bedeutungsdimensionen nicht unmittelbar erkennbar sind: Die anderen Bedeutungen und Normen von Sprechhandlungen, kommunikativen Funktionen der Fremdsprache und Verhaltensweisen in der Zielsprachenkultur sollen hier mithilfe von Strategien zur Bedeutungserschließung erforscht und transparent gemacht werden.

Wir möchten Ihnen an einem anderen Beispiel zeigen, wie Lernende für die Bedeutungsdimensionen eines sehr deutschen und schwer zu übersetzenden Begriffes sensibilisiert werden.

Aufgabe 60

1. *Lesen Sie bitte den folgenden Text (Beispiel 37).*
2. *Auf welche Weise werden die Lernenden in dem Beispiel an die Bedeutungsdimensionen des Begriffes „Heimat" herangeführt?*

Beispiel 37

Heimat, das ist, wenn ...

Leseverstehen

1 Machen Sie Ihr Kreuz überall dort, wo Sie der Aussage zustimmen können.

„Heimat", das ist für mich

- □ ein Land
- □ eine Stadt
- □ ein Dorf
- □ ein Haus
- □ ein Zimmer
- □ meine Familie
- □ die Erinnerung an meine Kindheit
- □ eine Farbe bzw. ein Farbklang
- □ ein Geschmack
- □ ein Geräusch
- □ ein Geruch
- □ nichts
- □ Freunde und Menschen, die ich gut kenne
- □ etwas, das es nicht mehr gibt
- □ etwas, auf das ich auch verzichten kann
- □ etwas, auf das ich nicht verzichten kann
- □ ...

2 Setzen Sie sich zu dritt oder zu viert zusammen. Stellen Sie fest, welche Gemeinsamkeiten und welche Unterschiede es in Ihrer Kleingruppe gibt. Suchen Sie eine, vielleicht nur kleine, Gemeinsamkeit und ergänzen Sie den folgenden Satz so, dass Sie alle zustimmen können:
Unter „Heimat" verstehen wir ...

Hasenkamp (1995), 37

Reflexion

Das übergeordnete Ziel bei der Bedeutungserschließung beim interkulturellen Lernen ist Ihnen vielleicht deutlich geworden: Es geht darum, die Lernenden zu sensibilisieren, dass die Bedeutung von Wörtern, Situationen und Sprechhandlungen in einer anderen Kultur anders sein kann – das klingt zwar sehr einfach, aber man verfällt spontan und unreflektiert immer wieder in die kulturelle „Falle“, von identischen Bedeutungen auszugehen. Sie haben folgende Strategien kennen gelernt, um diesen Automatismus zu durchbrechen:

- Erstellen einer kleinen Statistik (Aufgabe 59 zu dem Beispiel *Zeitung lesen beim Frühstück*): sich die eigenen Vorstellungen bewusst machen und durch Fragen bei anderen (der gleichen Kultur) eventuell zu revidieren. Das zeigt die Relativität einer Verhaltensweise schon in der eigenen Kultur.
- Assoziieren, welche Vorstellungen man selbst mit einem Begriff (Beispiel *Heimat*) verbindet und ob andere Menschen (aus der eigenen Kultur) andere Vorstellungen haben.

Die Reflexion über scheinbar Selbstverständliches (zunächst in der eigenen Kultur) wird Unsicherheit auslösen – aber eine Unsicherheit, die sensibilisiert für andere Kulturen, die auf dem Hintergrund der differenzierten Wahrnehmung der eigenen Kultur vielleicht auch gar nicht mehr so fremd und anders sind.

Aufgabe 61

Überprüfen Sie einmal das Lehrbuch, mit dem Sie unterrichten, auf Begriffe/Situationen, zu denen es sich Ihrer Meinung nach lohnen würde, ein Assoziogramm zu erstellen.

Zum Ende dieses Teilkapitels wollen wir an einem weiteren Beispiel illustrieren, wie Bedeutungserschließung schon auf einem sprachlich einfacheren Niveau möglich ist.

Aufgabe 62

Sehen Sie sich bitte das folgende Beispiel 38 an und beantworten Sie die Fragen in dem Lehrbuchausschnitt.

1. *Versuchen Sie sich zunächst in „deutsche Väter“ hineinzuversetzen.*
2. *Überlegen Sie dann, ob es vergleichbare Situationen in Ihrem Land gibt und wie die Reaktion „der Väter“ in Ihrem Land sein könnte.*

Beispiel 38

1. **Vaterrollen**

1

2

3

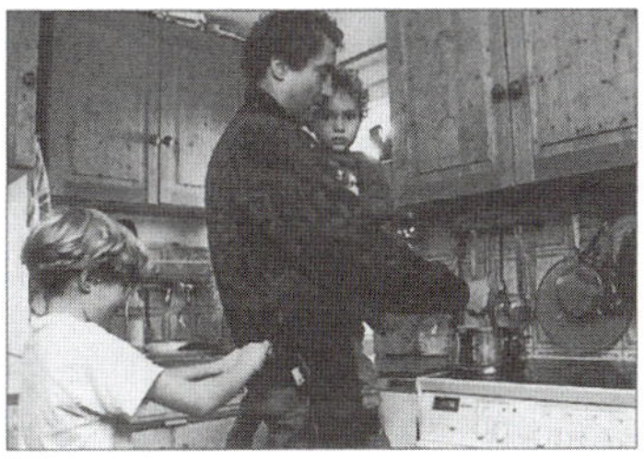
4

a) *Wie stellen Sie sich diese Väter vor?*

Vater:	**Illustration** 1	2	3	4
Rolle in der Familie:	......	......	......	......
Arbeitsteilung mit der Mutter:	......	......	......	......
Beziehung zu seinen Kindern:	......	......	......	......
Erziehungsprinzipien:	......	......	......	......

b) *Die Vaterrolle: Hat sie sich geändert? Wie?*

Väter

früher ....

heute ....

c) *Wie würden sich die Väter (1, 2, 3, 4) in diesen Fällen verhalten? Wie würde jeder seinen Standpunkt vertreten?*

Fall:

1. Der 17jährige Sohn erklärt, daß er die Schule nicht beenden und Musiker werden will.
2. Die 17jährige Tochter, die noch 2 Jahre bis zum Abitur hat, erklärt, daß sie ihren Freund, den die Eltern gut kennen, heiraten möchte.
3. Der 13jährige Sohn hat Freunde, die nach der Meinung des Vaters einen schlechten Einfluß auf ihn haben.
4. Die 13jährige Tochter kleidet sich für den Geschmack des Vaters zu extravagant und unpassend für ihr Alter.

Wie denken Sie selbst darüber?

Eismann u. a. (1996), 70

Reflexion

In Beispiel 38 wird dazu angeregt, über das Thema *Vaterrollen* umfassend nachzudenken: Einerseits bieten die Fotos die Möglichkeit, über unterschiedliche Erziehungsstile zu verschiedenen Zeiten zu sprechen. Andererseits ermuntern die geschilderten „Fallbeispiele", also reale Situationen, dazu, sich mit unterschiedlichen Reaktionsmöglichkeiten im Hinblick auf die Beispiele auseinander zu setzen. Da keine Antworten vorgegeben, sondern Fragen gestellt werden, sind alle individuellen und kulturspezifischen Reaktionen möglich. Und das betrifft nicht nur unterschiedliche Kulturen, sondern auch verschiedene gruppenspezifische Vorstellungen innerhalb einer Kultur, d. h., der Erziehungsstil der Immigranten in Deutschland ist häufig anders als der von in Deutschland Aufgewachsenen und der Erziehungsstil auf dem Land ist anders als der in der Stadt usw.

Sie haben damit eine weitere Strategie zur Bedeutungserschließung kennen gelernt: *die Festlegung von Kriterien* – in unserem Beispiel, was ein *guter Vater* ist.

Literaturhinweis

In Bachmann u. a. (1995b, 37 – 40) finden Sie noch weitere methodische Hinweise zu Strategien der Bedeutungserschließung.

4.3 Befähigung zum Kulturvergleich

Aufgabe 63

Bitte lesen Sie die Arbeitsanweisung in Beispiel 39, S. 85. Machen Sie dann eine kleine Tabelle, in der Sie die Pünktlichkeitsnormen Ihres Landes den – Ihrer Meinung und Erfahrung nach – deutschen Gewohnheiten gegenüberstellen.

Bei Ihnen:	*In Deutschland:*

Beispiel 39

Pünktlichkeit

Wo darf man etwas später kommen? Wo muss man pünktlich sein? Sortieren Sie und diskutieren Sie dann zu viert.

zum Theater ◆ zur Arbeit ◆ zum Kino ◆ in die Disko ◆ zum Arzt ◆ zum Unterricht ◆ zur Party ◆ ~~zum Essen~~ ◆ zum Rendezvous ◆ zum Zug ◆ zum Fußballspiel ◆ in die Oper ◆ ...

Man muss pünktlich zum Essen kommen

Wieso? Bei uns kann man auch später kommen. Das ist ganz normal.

etwas später	pünktlich	egal
	zum Essen	

Dallapiazza u. a. (1998), 79

Welchem Zweck dient der Vergleich zwischen den Pünktlichkeitsnormen der deutschen und der eigenen Kultur? In der Auseinandersetzung mit Phänomenen einer anderen Kultur geht es zunächst darum, den eigenen Standpunkt transparent zu machen, d. h., die beim Verstehen und Interpretieren wirksame eigene kulturelle Prägung zu erkennen und zu (er)klären. Sonst wird das Wahrgenommene verständnislos beschrieben, wie z. B. die Fabel *Der Löwe* (Aufgabe 7, S. 13) gezeigt hat.

Die **Befähigung zum Kulturvergleich** beinhaltet

➤ das Bewusstsein der Relativität der eigenen Wahrnehmung:
Bei Beispiel 39 wäre das die Einsicht „Ach so, nicht *alle* Deutschen sind *immer* pünktlich". Angestrebt wird also die Fähigkeit, sich von der eigenen Perspektive als der allein gültigen zu distanzieren. Erst von diesem distanzierten Standpunkt aus findet ein wirklicher interkultureller Vergleich statt.

➤ das Bewusstsein des Kulturvergleichs als Balanceakt:
Es besteht, wie wir schon festgestellt haben, die Gefahr, Einzelbeobachtungen zu verallgemeinern. Angestrebt wird also die Fähigkeit, den Kulturvergleich als einen ständigen Balanceakt zwischen Verallgemeinerung und Differenzierung zu begreifen.

➤ das Wissen darüber, *was* verglichen wird:
Liest man z. B. eine Statistik darüber, dass Spanien so viele Kneipen hat wie die übrigen Länder der europäischen Gemeinschaft zusammen, Schweden hingegen fast keine Kneipen hat, so könnte daraus der (falsche) Schluss gezogen werden, dass die Spanier sehr gesellig und die Schweden ungesellig sind. Das Vergleichskriterium ist in diesem Fall *soziale Kontakte*. Und die finden bei Schweden nicht in der Kneipe statt (vgl. Bachmann u. a. 1995a, 14).

➤ das Wissen um die soziokulturelle Bedeutung:
Insbesondere die konkreten Objekte der fremden Realität (z. B. Autos, Fahrräder) werden ja wegen ihres gleichen Aussehens oder ihrer gleichen Beschaffenheit leicht auch in ihrer sozialen Bedeutung für identisch gehalten, obwohl sie in anderen Gesellschaften eine andere Funktion und Bedeutung haben. Vergleiche dürfen sich also nicht auf die Betrachtung äußerlicher Gleichheiten oder Unterschiede beschränken, sondern müssen versuchen, die soziokulturellen Bedeutungsdimensionen zu erfassen.

Universalien

Unabhängig vom Kulturkreis gibt es elementare Bedürfnisse und Erfahrungsbereiche, die alle Menschen betreffen. Dazu gehören z. B. *Geburt, Erziehung, Wohnen* usw. Allerdings werden diese Erfahrungen in jeweils sehr unterschiedlichem Rahmen realisiert und auf ganz verschiedene Weise erlebt.

Ein Beispiel: *Partnerbeziehungen* kommen in allen Kulturen vor, drücken sich aber in den verschiedensten Arten des Zusammenlebens und in verschiedenen Möglichkeiten gesellschaftlich akzeptierter Beziehungen zwischen Menschen aus. So gibt es Kulturen, in denen ein Mann mehrere Frauen heiraten darf; in manchen Ländern dürfen Paare erst, wenn sie verheiratet sind, zusammenleben; in anderen Kulturen können sie unverheiratet zusammenleben; in vielen westlichen Gesellschaften sind Kinder nicht mehr selbstverständliches Ziel jeder Lebensgemeinschaft; in anderen ist die Zahl der Kinder beschränkt usw.

Aufgabe 64

Sammeln und notieren Sie bitte auf einem Extrablatt grundlegende Erfahrungen, die alle Menschen machen.

• Funktionale Äquivalenzen

An dem einfachen Beispiel des Begriffs *Haus* (Beispiel 18, S. 49) haben Sie sehen können, dass es nicht ausreichend ist, etwa gleich aussehende Objekte zu vergleichen. Wesentlicher ist der Vergleich der Funktionen, der anderen sozialen Bedeutung im jeweiligen kulturellen Kontext: Ein Auto kann (wie oft in Deutschland) ein Prestigeobjekt sein – und weniger nur ein bequemes Fortbewegungsmittel. Verallgemeinert ausgedrückt heißt das, dass der Maßstab des interkulturellen Vergleichs stimmen muss; wir müssen deshalb die Funktion betrachten.

Genauso wie einzelne Begriffe können in verschiedenen Kulturen auch unterschiedliche Handlungsabläufe eine ähnliche Funktion erfüllen: *jemanden näher kennen lernen zu wollen* kann in Deutschland z. B. durch eine Einladung zum (Nachmittags-)Kaffee in der eigenen Wohnung realisiert werden; das Äquivalent dazu wäre in Frankreich z. B. eine Einladung zum Apéritif.

Für die Spracharbeit besonders interessant sind *sprachliche Indikatoren* für den Vergleich von Kulturen. Sie kennen das vermutlich aus der Wortschatzarbeit, wo vor den „falschen Freunden" gewarnt wird. Das sind Begriffe, die phonetisch oder grafisch gleich oder ähnlich sind, aber eine unterschiedliche Bedeutung haben (wobei der interkulturelle Aspekt zudem meist nicht berücksichtigt wird):

Eine *Bar* in Deutschland ist meistens eine Art Nachtklub, *bar* in Spanien ist ein Lokal, in dem man schnell etwas trinkt oder eine Kleinigkeit zu essen bekommt.

Reflexion

Es kann also nicht alles miteinander verglichen werden. Wenn wir Elemente verschiedener Kulturen vergleichen, müssen wir nach der *Funktion* und Bedeutung dieser Elemente im Kontext der jeweiligen Kultur fragen. Erst auf diese Weise wird es möglich, *funktionale Äquivalenzen*, also Dinge, die die gleiche Funktion erfüllen, zwischen der eigenen und der fremden (z. B. deutschen) Kultur zu erkennen.

Aufgabe 65

Welche Funktionen haben die in der Übersicht beschriebenen Gesten in Ihrem Land?

Mit welchen Gesten drückt man in Ihrem Land folgende Funktionen aus?

Geste/... in Deutschland	***Funktion der Geste in Deutschland z. B.***	***Funktion der Geste in Ihrem Land***	***Geste in Ihrem Land für die Funktion***
die Hand schütteln	*Begrüßung Verabschiedung Bedauern*		*Begrüßung Verabschiedung Bedauern*
den Arm um die Schultern eines anderen legen	*Trost*		*Trost*
auf den Tisch klopfen	*Ärger Begeisterung*		*Ärger Begeisterung*

Wir möchten in unseren Überlegungen jetzt noch einen Schritt weitergehen: Natürlich ist es interessant, etwa zu fragen, welche Assoziationen Menschen verschiedener Kulturen zu *Café* haben: Was macht man da? Trifft man sich da mit Freunden, geht man da allein hin? usw. Noch interessanter ist jedoch die übergeordnete Fragestellung, an welchen Orten in der jeweiligen Kultur Kontakte aufgenommen werden, an welche Orte man sich zurückziehen kann usw.

Aufgabe 66

Bitte beantworten sie die folgenden Fragen für Ihr Herkunftsland:
An welche Orte kann man sich ungestört zurückziehen?
An welche Orte geht man, um Kontakte aufzunehmen?

• Barrieren in der interkulturellen Kommunikation

Aus Ihrer eigenen Erfahrung wissen Sie, dass es viele Kommunikationssituationen gibt, die problematisch sind oder auch misslingen. Sind an solchen Kommunikationsbarrieren Deutsche und Angehörige anderer Kulturen beteiligt, so liegt es oft nahe, das Misslingen auf Barrieren in der interkulturellen Kommunikation zurückzuführen. Es lohnt sich jedoch, solche Situationen genauer zu analysieren, um herauszufinden, ob es sich um interkulturelle Konflikte handelt oder um allgemeine Probleme, die immer wieder zwischen unterschiedlichen Menschen, unabhängig von ihrer Kultur, vorkommen.

Aufgabe 67

Bitte lesen Sie die folgenden vier Situationen, die sich so in Deutschland abgespielt haben.

1. Handelt es sich Ihrer Meinung nach um interkulturelle Barrieren?

① Eine Frau hat einige Freunde zu ihrem Geburtstagsfest eingeladen. Es gibt wunderbare Sachen zu essen. Nach dem Essen möchte eine Frau aus Griechenland gern eine Zigarette rauchen. Ihr wird gesagt, dass könne sie gern im Hausflur, vor der Wohnungstür machen. Die Frau aus Griechenland geht auf den Hausflur, raucht und sagt zu anderen: „Das ist doch keine Gastfreundschaft, mich aus der Wohnung herauszuschicken. Also, ich komme nie wieder hierher."

② In einem Stadtteil gibt es eine riesengroße Wiese. An den Sommerwochenenden sind auf dieser Wiese sehr viele Türken und grillen. Die deutschen Anwohner beschweren sich über den Rauch und den Gestank. Sie wollen, dass das Grillen auf der Wiese verboten wird.

③ Ein deutscher junger Mann besucht zum ersten Mal die Eltern einer marokkanischen Freundin. Er wird herzlich empfangen. Als er zum Teetrinken in das Wohnzimmer gebeten wird, geht er hinein, ohne sich die Schuhe auszuziehen. Nach dem Besuch sagt der Vater zu seiner Tochter: „Was ist denn das für ein Mensch? Er trägt uns den ganzen Straßendreck in die Wohnung. Das ist doch respektlos. Den darfst du nie wiedersehen."

④ Ein kleines ausländisches Mädchen läuft allein auf der Straße. Eine Frau spricht das Mädchen an. Es hat offensichtlich seine Schwester gesucht, diese nicht gefunden und findet auch den Weg nach Hause nicht mehr. Es kann nicht sagen, in welchem der vielen gleich aussehenden Häuser es wohnt. Als die Frau noch überlegt, was sie machen soll, hört sie laut rufende Stimmen. Es sind die Eltern des Mädchens, die ihre Tochter suchen. Die Frau bringt das Mädchen zu ihren Eltern. Der Vater schlägt das Kind und sagt: „Das darfst du nie wieder tun." Die Frau ist entsetzt.

2. *Wählen Sie bitte eine der vier Situationen aus und versetzen Sie sich in die verschiedenen an der Situation beteiligten Personen. Überlegen Sie sich ein Gespräch zwischen diesen Personen. Ziel des Gesprächs soll es sein, eine positive Lösung zu finden.*
3. *Stellen Sie sich vor, die geschilderten Situationen hätten sich nur unter Deutschen abgespielt. Würden Sie dann die Situation anders bewerten und den von Ihnen überlegten Gesprächsablauf anders gestalten? Begründen Sie bitte Ihre Meinung.*

Reflexion

Solche missglückten Kommunikationssituationen zeigen, dass es wichtig ist, wie die an der Kommunikation Beteiligten mit unterschiedlichen Verhaltensweisen oder Konflikten umgehen, ob und wie sie sie erkennen, worauf sie sie zurückführen und wie sie sie bewerten.

Ebenso wichtig ist – nicht nur in interkulturellen Situationen – auch die Fähigkeit, sich in die Situation des jeweils anderen einzufühlen, d. h. den schon angesprochenen Perspektivenwechsel vorzunehmen. Im Rahmen der interkulturellen Didaktik ist diese Fähigkeit zur Empathie* ein wesentliches Lernziel.

> „Empathie heißt den anderen verstehen, sich in ihn hineinversetzen zu können, seine Probleme mit seinen Augen zu sehen und Sympathie für ihn zu empfinden. Erziehung zur Empathie hat damit zuerst die Aufgabe, die Aufgeschlossenheit der Individuen zu fördern, sich mit den anderen, den Problemen der anderen und ihrer Andersartigkeit zu beschäftigen."
>
> Essinger/Graf (1984), 171

4.4 Kommunikationsfähigkeit in interkulturellen Situationen

Der schwierigste Punkt beim interkulturellen Lernen ist die Realisierung all dessen, was bisher gesagt wurde, in konkreten Kommunikationssituationen. Klar ist natürlich, dass man sich verständlich machen und verstanden werden möchte, aber das ist nicht immer einfach. Das beginnt schon mit dem Gesprächsverhalten in einer Kommunikationssituation:

Wie ist das in der eigenen Kultur:
- Darf man jemanden unterbrechen?
- Wie wirkt das?
- Reden alle zusammen?
- Wartet man ab, bis jemand seinen Gedanken zu Ende formuliert hat?
- Muss man jemanden unterbrechen, um überhaupt zum Reden zu kommen?

usw.

Wie ist das in der (jeweils) anderen Kultur? Welche Regeln gibt es da? Was ist höflich oder unhöflich? usw.

1. Machen Sie sich bitte zunächst das Gesprächsverhalten in Ihrem Land bewusst.

2. Lesen Sie dann die folgenden Regeln aus Beispiel 40.

Aufgabe 68

Beispiel 40

Benimm dich ◄- - - - - - - - **Kontaktpflege** 8 3

Sprecherwechsel

➤ MB, RM 1.3, S. 159

Im Gespräch mit gleichberechtigten Teilnehmern sollten folgende Regeln gelten:

– Alle haben dasselbe Recht, gleich oft und gleich lang zu sprechen.

– Jeder hat das Recht, seinen Gedanken zu Ende zu führen.

Melden andere Gesprächsteilnehmer sich zu Wort, sollte

– der Sprecher sich möglichst kurz fassen,

– ein anderer erst dann sprechen, wenn der Sprecher signalisiert, dass er fertig ist,

– eine Reihenfolge der Redebeiträge eingehalten werden.

Diese Regeln müssen aber im Alltag immer wieder neu ausgehandelt werden. Nützlich ist es daher, dazu die entsprechenden Signale zu verstehen und auch selbst geben zu können.

Signale für einen Sprecherwechsel:

– Wenn der Sprecher z.B. die Stimme senkt, langsamer spricht oder eine Sprechpause macht, kann er damit seine Bereitschaft zur Rede-Übergabe signalisieren. Durch Heben der Stimme mit entsprechendem Blickkontakt oder durch eine direkte Aufforderung kann er einen Sprecherwechsel einleiten.

Ein Zuhörer kann durch mehr oder weniger deutliche Signale das Rederecht für sich reklamieren:

– nonverbal: hörbar Luft holen, unruhig werden, Handbewegungen usw.;

– verbal: Äußerung von Einleitungsfloskeln, Entschuldigungen oder Zwischenrufen, z.B.:

„Dazu möchte ich ...", „Kann ich da vielleicht...", „Ich würde sagen ...", „Verzeihen Sie, Herr Meier, wenn ich ...", „Entschuldigung, darf ich mal ...", „Genau! Das hab ich ...", „Das stimmt aber nicht! Das ist ...", „Ach nee, da hat aber ...", „Nun muss ich aber mal unterbrechen: ...", „Vielleicht darf ich jetzt auch mal was sagen ..."

Der Sprecher kann dagegen signalisieren, dass er zur Redeübergabe (noch) nicht bereit ist:

– nonverbal: lauter weitersprechen, schneller werden, abwinken usw.

– verbal:

„Moment! ...", „Entschuldigung! ...", „Diesen Gedanken noch. ...", „Lassen Sie mich das eben noch zu Ende bringen. ...", „Ich war noch nicht fertig. ...", „Lassen Sie mich bitte ausreden. ...", „Bitte, unterbrechen Sie mich nicht! ...", „Quatsch doch nicht ständig dazwischen! ..."

Bahlmann u. a. (1998b), 97

3. Stellen Sie sich nun vor, jemand in Ihrem Land hält sich an diese Regeln:
– Was wären die Folgen?
– Würden Barrieren in der Kommunikation entstehen? Welche?

4. Spielen Sie verschiedene Situationen in einem Rollenspiel durch. Verwenden Sie dabei die in Beispiel 40 genannten Regeln. Besetzen Sie die Rollen

a) mit zwei Deutschen,
b) mit zwei ausländischen Teilnehmern,
c) mit einem deutschen und einem ausländischen Teilnehmer.

Beim interkulturellen Lernen wird zunehmend auch dem Bereich der nonverbalen Kommunikation verstärkte Aufmerksamkeit geschenkt, da sich Mimik, Gestik, Körperbewegungen usw. in verschiedenen Kulturen zum Teil sehr unterscheiden können und daher für direkte (= *face to face*) Kommunikationssituationen von großer Bedeutung sind.

Beispiel 41

E1 Andere Länder - andere Gesten

1. Der Fingerkuß

2. Die lange Nase

3. Das Vogelzeigen

4. Das Kreiszeichen

5. Der gestreckte Daumen

6. Die Hand vor der Stirn

a) Was bedeuten diese Gesten? Was vermuten Sie?

Beispiele:
Ich stelle mir vor, daß Geste 1 ... bedeutet.

Ich denke mir, daß Geste 1 für ... steht.

Ich habe mir überlegt, daß Geste 1 als ... gilt.

Nein, das glaube ich nicht. Geste 1 bedeutet wohl eher ...

Nein, auch nicht. Das ist weder eine Geste für ... noch für ..., das ist eine Geste für ...

b) Haben diese Gesten in Ihrem Land eine andere Bedeutung?

Beispiel:
Der Fingerkuß bedeutet bei uns „Das Mädchen gefällt mir."

Alles in Ordnung!
Klugheit
Prima!
Guten Tag!
Phantastisch!
Sehr gut!
Dummkopf!
Angst
Du bist dumm!
Frage?
Ich bin ein Dummkopf
Schadenfreude
o.k.
Achtung!
Ätsch!
Ohne mich!
Geh weg!
Alles ist gut gelaufen!

Auflösung für Deutschland:

1. phantastisch	4. prima
2. Ätsch! Schadenfreude	5. Alles ist gut gelaufen, alles in Ordnung
3. Du bist dumm!	6. Ich bin ein Dummkopf.

E2 Gesten für Gäste

Machen Sie bitte eine Liste mit Gesten für Deutsche, die in Ihr Land kommen! Zeichnen oder fotografieren Sie die wichtigsten Gesten, und geben Sie die Bedeutung an!

Mebus u. a. (1989), 36

Zusammenfassung

Landeskunde im interkulturellen Sinn

- geht von der Einsicht aus, dass Wahrnehmung und Interpretation der Zielkultur immer auf dem Hintergrund der jeweils eigenen Kultur stattfindet.
- bedeutet Verstehen über kulturelle Grenzen hinweg, das zu einer Entdeckungsreise in die andere Kultur wird, bei der gleichzeitig die eigenen kulturellen Voraussetzungen bewusst gemacht werden sollen.
- entwickelt und fördert den Aufbau von Wahrnehmungs- und Empathiefähigkeiten sowie Strategien der Bedeutungserschließung und Fertigkeiten im Umgang mit anderen Kulturen.

Kommunikative Kompetenz in interkulturellen Situationen ist eine aus verbalen und nonverbalen Elementen zusammengesetzte komplexe Fähigkeit, d. h. eine Kombination psychologischer und fremdsprachlicher Kompetenzen. Sie umfasst

- das Wissen darum, dass kommunikatives Handeln und Verhalten in verschiedenen Kulturen unterschiedlich sind,
- den Erwerb und die Anwendung von Strategien zur Bedeutungserschließung,
- die Fähigkeit, unterschiedliche kommunikative Stile zu identifizieren,
- den Erwerb von Strategien zur Analyse von Missverständnissen in der Kommunikation und
- die Bereitschaft zur Einfühlung in fremdkulturelle Perspektiven.

Die Zielsetzung von kommunikativer Kompetenz in interkulturellen Situationen ist die Verständigung zum Zweck sprachlichen Handelns:

- In einem gemeinsamen Sinngebungsprozess gestalten alle Beteiligten die Kommunikation als Personen mit ihren individuellen, gruppen- oder kulturspezifischen Erfahrungen aktiv mit.
- Sie handeln auf der Basis ihrer unterschiedlichen Hintergründe gemeinsam Bedeutungen aus.

> „In ihrer allgemeinsten Bestimmung bedeutet interkulturelle Erziehung die Vermittlung der Pluralität von Denkerfahrungen und der Historizität kultureller Erscheinungen [d. h., interkulturelle Gegebenheiten verändern sich im Lauf der Zeit]. Die freie Anerkennung des anderen in seiner Freiheit ist angesichts zunehmender globaler Abhängigkeiten und Bedrohungen weit mehr als ein moralischer Appell oder eine philosophische Aufforderung zu neuem Denken."
>
> Buttjes (1989), 117

5 Entwicklungstendenzen und Perspektiven

Überblick

Im letzten Kapitel dieser Fernstudieneinheit wollen wir versuchen, einen Überblick über die folgenden Fragen zu gewinnen: Welche Positionen finden wir heute im Bereich Landeskunde? Was wird derzeit diskutiert? Wie versuchen neuere Lehrwerke, faktische, kommunikative und interkulturelle Landeskundeansätze zu verbinden? Welche Entwicklungen zeichnen sich für die nächste Zukunft ab? Dazu stellen wir Ihnen einige konzeptionelle Überlegungen vor, zeigen methodisch-didaktische Tendenzen auf und fragen nach der Bedeutung der neuen Medien.

5.1 Der Kulturbegriff in der Landeskunde

Zumindest für die gegenwärtige deutschsprachige Didaktikdiskussion kann man von einem Konsens in folgendem Punkt sprechen: Sprachlernen ist immer auch gleichzeitig Kulturlernen.

Die neueren Lehrmaterialien für Deutsch als Fremdsprache spiegeln fast ausnahmslos diese Auffassung in mehr oder weniger starkem Maße wider. Gleichzeitig hat diese Auffassung aber auch zur Ausbildung von Konzepten wie dem der *erlebten Landeskunde** (s. Kapitel 5.3.4, S. 108ff.) oder zu der Idee des *D-A-CH*-Konzeptes (s. Kapitel 5.3.3, S. 104ff.) und anderen Entwicklungen geführt.

Erinnern Sie sich noch an das, was wir in Kapitel 1.2 (S. 11ff.) über *Kultur* gesagt haben? Wir haben dort davon gesprochen, dass die Definition dessen, was Kultur eigentlich ist oder sein soll, in den Siebzigerjahren des 20. Jahrhunderts revidiert wurde. Diese Revision wurde zwar in anderen wissenschaftlichen Disziplinen und nicht in der Fremdsprachendidaktik angestoßen, sie wurde jedoch schon bald auch für Deutsch als Fremdsprache übernommen. Vielleicht erinnern Sie sich auch daran, dass wir bereits mögliche Schwierigkeiten mit den unterschiedlichen Auffassungen von Kultur angedeutet haben.

Um diese Schwierigkeiten noch einmal zu verdeutlichen, haben wir in Aufgabe 69 das Inhaltsverzeichnis eines kommunikativ orientierten Lehrbuchs erfunden.

Aufgabe 69

Bitte streichen Sie aus dem folgenden fiktiven Inhaltsverzeichnis eines nicht existierenden Lehrwerks alle Lektionstitel, die nicht dem „klassischen" kommunikativen Ansatz entsprechen, wie Sie ihn in Kapitel 2.2 (S. 27ff.) kennen gelernt haben.

Lektion 1: *Hallo! Wie geht's?*
Sich begrüßen, sich vorstellen, Adressen und Telefonnummern austauschen

Lektion 2: *Wo ist das Sprachinstitut Deutsch-superfix?*
Nach dem Weg fragen, Wegbeschreibungen verstehen und selbst Auskunft geben

Lektion 3: *Deutschland ist schön*
Bilder von den bedeutendsten historischen Innenstädten

Lektion 4: *Im Restaurant „Zum Fischkopp"*
Bestellen, die Rechnung verlangen, bezahlen, jemanden zum Essen einladen

Lektion 5: *Guten Tag, Tante Emma!*
In verschiedenen Geschäften einkaufen können, sich über Produkte informieren, Preise verstehen

Lektion 6: *Schöner wohnen*
Anzeigen lesen und verstehen, Haus- und Wohnungstypen unterscheiden, Möbel benennen

Lektion 7: *Und jetzt sind **Sie** dran*
Projektunterricht zu Kultur, Gesellschaft und Mentalität der deutschsprachigen Länder mit einem Thema Ihrer Wahl

Lektion 8: *Hals und Beinbruch!*
Körperteile, Krankheiten benennen, sich beim Arzt anmelden, nach dem Befinden fragen, Schmerzen lokalisieren

Lektion 9: *Wenn einer eine Reise tut*
Erkundigungen auf dem Bahnhof und auf dem Flughafen einholen, Fahrkarten kaufen, Reisevorbereitungen treffen

Lektion 10: *Und wie ist das in Ihrem Land?*
Die eigene Kultur mit der deutschen Kultur vergleichen, Unterschiede beschreiben, ohne vorschnell zu werten

Lektion 11: *Meine Familie und ich*
Familienmitglieder und Verwandtschaftsverhältnisse benennen, über Vergangenes sprechen

Lektion 12: *Deutschland – Österreich – Schweiz: drei Länder, eine Sprache*
Sprachliche Besonderheiten in Deutschland, Österreich und der Schweiz

Reflexion

Mit Aufgabe 69 wollten wir Sie auf ein Paradox hinweisen:
Die *erweiterte* Definition dessen, was Kultur ist, führte einerseits dazu, dass der Kulturbegriff manchmal *reduziert* wurde – in vielen Lehrwerken für Deutsch als Fremdsprache auf Fragen des Alltags und des praktischen Lebens. Zahlreiche Aspekte des menschlichen Zusammenlebens jenseits der alltäglichen Handlungsmuster, aber auch individuelle Bedürfnisse und Interessen von Lernenden fielen dabei unter den Tisch.
Auf der anderen Seite bestand beim erweiterten Kulturbegriff die Gefahr der Beliebigkeit – d. h., der Einbezug aller Dimensionen des menschlichen Daseins unter den Begriff *Kultur* konnte natürlich auch ins Uferlose führen.

Aufgabe 70

Formulieren Sie bitte Ihre ganz persönlichen Bedenken oder Einwände gegen einen erweiterten Kulturbegriff, der unterschiedslos alle Phänomene menschlicher Gesellschaft und Zivilisation umfasst.

Um auf die Gefahr der Beliebigkeit des allumfassenden *erweiterten* Kulturbegriffs aufmerksam zu machen, arbeitete der Beirat Deutsch als Fremdsprache des Goethe-Instituts 1992 die schon erwähnten *25 Thesen zur Sprach- und Kulturvermittlung im Ausland aus* (s. Anhang A, S. 154ff.). Diese Thesen waren zwar als Leitlinien für die Arbeit des Goethe-Instituts gedacht, sollten aber darüber hinaus ein Diskussionsangebot für alle in diesem Bereich tätigen Personen und Institutionen sein und das Nachdenken über den *erweiterten Kulturbegriff* sowie über die Verbindung von Kultur, Sprache und Sprachunterricht anregen.

In der ersten These heißt es:

> „Ein ‚erweiterter Kulturbegriff', der seine Grenzen nicht kennt und keinerlei Korrektiv gegen Beliebigkeit enthält, ist als Grundlage der auswärtigen Kulturpolitik nicht geeignet. An seine Stelle sollte ein ‚offener Kulturbegriff' treten, der ethisch verantwortet, historisch begründet und ästhetisch akzentuiert ist."
>
> Beirat Deutsch als Fremdsprache des Goethe-Instituts (1992), 112

Nun werden Sie vielleicht zu Recht einwenden, dass der geforderte *offene* Kulturbegriff auch nicht präziser als der *erweiterte* ist. Das ist zwar richtig, wir sollten jedoch nicht übersehen: Hier wird der Versuch gemacht, überhaupt Einschränkungen bei der Bestimmung von Kultur vorzunehmen und damit erst wieder Kriterien für die Auswahl von (landeskundlichen) Inhalten im Unterricht Deutsch als Fremdsprache zu etablieren.

Die Kritik an der Reduktion des Kulturbegriffs auf alltägliche Handlungen (wie im kommunikativen Landeskundeansatz) wurde 1996 vom Generalsekretär des Goethe-Instituts sehr heftig (und in der Rezeption auch sehr umstritten) wieder aufgenommen:

> „Das Fachgebiet DaF (Deutsch als Fremdsprache) verharrt auch Mitte der neunziger Jahre zum Teil noch in didaktischen Positionen der siebziger Jahre: zum Befremden etlicher Deutschlernender überall auf der Welt, die durch ihre Höflichkeit gerade noch davon abgehalten werden, sich laut darüber zu wundern, daß in dem Land, dessen Kultur sie lieben und verehren, dessen Sprache sie sich mit beträchtlichem finanziellen und lebenszeitlichen Aufwand aneignen wollen, zahlreiche Lehrwerke ein allzu einseitiges, auf Alltagssituationen konzentriertes Bild vermitteln."
>
> Sartorius (1997)

Und der Autor schließt daraus, dass „die Zeit reif ist für neue konzeptionelle Überlegungen" (Sartorius 1997). Tatsächlich gibt es schon seit einiger Zeit eine ganze Reihe solcher Überlegungen und (Weiter-)Entwicklungen.

Zusammenfassung

Die Erweiterung des Kulturbegriffs weg von der „hohen Kultur" hin zu Alltagsphänomenen führte einerseits zur Beliebigkeit der ausgewählten Themen, andererseits zur Reduktion des Kulturbegriffs auf Alltagsphänomene. Letzteres provozierte teilweise sogar Rufe nach der Wiedereinführung traditioneller kultureller Werte, wie sie das 19. Jahrhundert in den deutschsprachigen Ländern aufgelistet hatte. Auch wenn es klar ist, dass es keinen Weg zurück gibt, ist der Ausgang der Diskussion doch noch offen. Die spannende Frage bleibt, wie Lehrwerke mit den beiden Polen einer faktischen und kommunikativ/interkulturellen Landeskunde umgehen. Wie Sie im Folgenden sehen werden, werden unterschiedliche Folgerungen gezogen.

5.2 Landeskundliche Konzepte in Lehrmaterialien

Wir haben bereits festgehalten, dass – zumindest in der deutschsprachigen Landeskundediskussion – Konsens über einen Punkt besteht: Sprache und Kultur sind nicht voneinander zu trennen.

> „Nur wenn Sprachenlernen als ‚Kulturlernen' begriffen wird, läßt sich Landeskunde als integraler Bestandteil von Sprachunterricht im Sinne eines interkulturellen Lernens entwickeln, erhält Deutschunterricht – über die Zielsetzung der kommunikativen Verwertbarkeit hinaus – die damit keineswegs gering geachtet werden soll – wieder eine zusätzliche Dimension: Kulturaufmerksamkeit (cultural awareness) zu entwickeln und zum Umgang mit Verschiedenheit beizutragen."
>
> Krumm (1998), 524

Wir möchten Ihnen nun drei Beispiele aus drei verschiedenen Lehrwerken zeigen. Sehen Sie selbst, wie diese Kultur- und Sprachlernen verbinden.

Aufgabe 71

Sehen Sie sich bitte Beispiel 42a und 42b (S. 95/96) an.
Was wird hier gelernt
*– in Bezug auf den **faktischen Landeskundeansatz?***

____

____

*– in Bezug auf den **kommunikativ/interkulturellen Landeskundeansatz?***

____

____

1. **Briefe**

Welche Informationen finden Sie hier? Notieren Sie.

1. ....
2. ....
3. ....
4. ....
5. ....

Woher kommt der Brief? der Absender / seine Anschrift
der Empfänger (Adressat) / seine Anschrift das Postdatum

2. **Briefmarken und Geschichte**

a) *Was war wann? Ordnen Sie zu. Notieren Sie a.–i.*

Epoche:		**Deutsche Geschichte:**
1. von 1871 bis 1918	d	a. das Dritte Reich
2. von 1914 bis 1918	___	b. die Bundesrepublik Deutschland
3. von 1919 bis 1933	___	c. die deutsche Einigung
4. von 1933 bis 1945	___	d. das Deutsche (Kaiser-)Reich
5. von 1939 bis 1945	___	e. der Zweite Weltkrieg
6. von 1945 bis 1949	___	f. der Erste Weltkrieg
7. von 1949 bis 1990	___	g. die Deutsche Demokratische Republik
8. von 1949 bis heute	___	h. die Weimarer Republik
9. am 3. Oktober 1990	___	i. die Alliierte Besatzungszeit

b) *Welche Briefmarke – welche Epoche? Notieren Sie (1.–9.).*

Neun Briefmarken – neun Epochen

A 8

B ___

Eismann u. a. (1993), 58

Beispiel 42b

D E F G H I

Der Poststempel – das Datum

3.

„Der dritte Oktober neunzehnhundertneunzig"

So schreibt man in Deutschland das Datum:
3. Oktober 1990
oder 3. Okt. 1990
oder 03.10.1990
oder 3.10.1990
oder 3.10.90 ____________

Welches Datum ist heute?
Notieren Sie.

Eismann u. a. (1993), 59

Reflexion

Das Beispiel 42 zeigt, dass auch bei geringen sprachlichen Kenntnissen landeskundliche Informationen vermittelt werden können: Hier dienen Alltagsgegenstände wie Briefe und Postkarten dazu, geschichtliche Daten zu illustrieren. Man spricht von einem *integrativen* Ansatz.

Aufgabe 72

Bitte sehen Sie sich die folgenden beiden Beispiele 43 und 44 (S. 97 – 99) an. Wird hier eine Verbindung zwischen sprachlichem bzw. kommunikativem/interkulturellem Lernen und Landeskunde hergestellt? Wenn ja, wie?

Notieren Sie bitte einige Stichpunkte.

Beispiel 43: ____

____

Beispiel 44: ____

____

Beispiel 43

1 Caspar David Friedrich: Der Kreidefelsen auf Rügen

1.1 Wie gefällt Ihnen das Bild?

Mir gefällt der Blick auf das Meer.

Ich weiß nicht. Das ist nicht mein Geschmack.

Ich finde das Bild schön. Es ist sehr romantisch.

Eine schöne Aussicht. Ist das die Ostsee?

Caspar David Friedrich, Kreidefelsen auf Rügen. Um 1818. Öl auf Leinwand 90.5 x 71 cm, Winterthur, Stiftung Oskar Reinhart.

Caspar David Friedrich wurde 1774 in Greifswald (Mecklenburg-Vorpommern) geboren und lebte nach seinem Kunststudium in Kopenhagen in Dresden (Sachsen). Nachdem Goethe ihn förderte, fand Friedrich nach 1804 breite Anerkennung. Seine Kunst wendete sich von der idealisierenden Italien- und Griechenlandsehnsucht seiner Vorgänger ab. Für ihn sollte die Kunst als „Mittlerin zwischen die Natur

und den Menschen" treten. Es ging ihm um die sorgfältige Beobachtung der Natur und die Darstellung von Naturstimmungen in seinen Bildern. Er ist einer der berühmtesten Maler der Romantik, einer europäischen Künstlerbewegung, die sich am Ende des 18. Jahrhunderts gegen die Klassik in der Literatur, Malerei und Musik wandte.
Einige berühmte Vertreter dieser Bewegung in Deutschland sind die Brüder Grimm, Novalis, August Wilhelm Schlegel, Joseph v. Eichendorff in der Literatur, Franz Schubert und Robert Schumann in der Musik sowie Phillipp Otto Runge und Caspar David Friedrich in der Malerei. Caspar David Friedrich starb am 7. Mai 1840 in Dresden.

1.2 Was sieht man auf dem Bild? Schreiben Sie die Buchstaben zu den Wörtern.

1. ☐ das Schiff
2. ☐ der Zweig
3. ☐ die Frau
4. ☐ das Meer
5. ☐ der Busch
6. ☐ der Ast
7. ☐ der Mann
8. ☐ der Fels
9. ☐ der Stock
10. ☐ der Wipfel

1.3 Beschreiben Sie das Bild.

Im Vordergrund	liegt/liegen	spitze, weiße Felsen.
Im Hintergrund	sitzt/sitzen	Bäume.
In der Bildmitte	sieht man	Äste.
Am oberen/unteren Bildrand	ist/sind	das Meer.
Vorne/Hinten rechts/links	steht/stehen	Segelboote.
Darunter/Darüber/Daneben	…	kleine Büsche.
Auf der rechten Seite	…	
Auf dem Bild		

1.4 Eine Kunststudentin interpretiert das Bild.

Monika Kaiser ist Kunststudentin. Sie hat sich mit den Bildern von Caspar David Friedrich beschäftigt. Sie sagt, dass der Künstler das Bild kurz nach seiner Hochzeitsreise auf der Insel Rügen gemalt hat. Er war damals sehr verliebt. In dem Bild kann man vielleicht deshalb die Form eines Herzens erkennen.

1.5 Sehen Sie sich das Bild noch einmal genau an. Finden Sie das Herz? Können Sie beschreiben, wo es liegt?

Funk/König (1999), 28/29

Dialog 2

Ich sehe *den* Hafen, *das* Rathaus und *die* Kirche.
Abenteuer Grammatik 3.1

■ Die Kirche hier ist die Michaeliskirche. Wir sagen in Hamburg „Michel". Komm, wir steigen gleich auf den Turm und sehen dann die Stadt von oben.
● Und auch das Rathaus?
■ Ja, auch das Rathaus.

Übung 6
Und was sehen Sie?

Hören Sie den Dialog. Bilden Sie jetzt selbst Dialoge. Arbeiten Sie bitte mit Ihrer Lernpartnerin / Ihrem Lernpartner.

das Auto
Nehmen Sie Wörter aus Übung 2 und Übung 5.

So können Sie das sagen:

▲ Ich sehe ...
▲ Sehe ich da das / den / die ...?
▲ Das ist ..., oder?

■ Ja, das ist ...
■ Ja, du siehst ...
■ Nein, da siehst du ...

Übung 7
Wie kommen Sie dahin?

„Ich fahre / gehe zum/zur ..." Arbeiten Sie mit Ihrer Lernpartnerin / Ihrem Lernpartner. Bilden Sie dann solche Dialoge mit den folgenden Wörtern.

Ihre Grammatikerklärungen 3.2

■ Ah, zur Volkshochschule. Und – wie kommen Sie dahin?
▲ Ich nehme das Auto.

▲ Ah, zum Rathaus. Und – wie kommst du dahin?
● Ich nehme das Fahrrad.

* Dazu noch keine Grammatikerklärungen —> Lektion 6.

*zur Volkshochschule	zum Rathaus	zum Arbeitsamt	zum Krankenhaus
zur Polizeidienststelle	zur Arztpraxis	zur Sparkasse	zur Post
zur Bushaltestelle	zum Schwimmbad	zum Parkplatz	zum See ...

das Auto ◆ die Straßenbahn ◆ der Bus ◆ die S-Bahn ◆ das Taxi ◆ das Fahrrad

Ich gehe zu Fuß.

Situation 3
Der Michel

■ Der Wievielte ist heute?
▲ Der 3. Oktober. Schade, der Turm hat noch zu.

43

Dienst (1998), 43

Reflexion

An den Beispielen 42 – 44 haben Sie sehen können, dass der Konflikt zwischen der Vermittlung von landeskundlichen Kenntnissen verbunden mit kommunikativer und interkultureller Landeskunde unterschiedlich gelöst wird – vielleicht aber auch gar nicht:

Beispiel 42 (S. 95/96 zu *Briefe*)
Nach den Lektionsauszügen, die Sie in Beispiel 42 gesehen haben, wird zwei Seiten später ein interkultureller Aspekt des Themas angesprochen – und zwar mit der Frage, ob es korrekt sei, Briefe zu öffnen, die an jemand anderen adressiert sind.

Beispiel 43 (S. 97/98 zu dem Bild von Caspar David Friedrich)
Die gezeigten Ausschnitte sind Teil einer Lektion, die *Ferien in Deutschland* thematisiert, ohne interkulturelle Aspekte anzusprechen.

Beispiel 44 (S. 99 zum Hamburger *Michel*)
Das Lehrwerk, aus dem dieses Beispiel entnommen wurde, ist nach den einzelnen Bundesländern gegliedert. In der Lektion, aus dem das Beispiel stammt, werden keine interkulturellen Aspekte angesprochen.

Es sei an dieser Stelle betont, dass die aufgeführten Beispiele nur der Illustration des in diesem Kapitel dargelegten Problems dienen und nichts Definitives über den landeskundlichen Ansatz des jeweiligen Lehrwerks aussagen.

Wir möchten abschließend noch zwei weitere Aspekte zu bedenken geben:

1. Ein Mittel, das Problem der Verknüpfung von landeskundlichen Kenntnissen mit kommunikativer und interkultureller Landeskunde zu lösen, sind kontrastiv angelegte Lehrmaterialien. Um den Lernenden zu verdeutlichen, dass nicht nur die korrekte Verwendung von grammatischen Formen über Verstehen und Verständigung entscheidet, kombinieren viele Lehrbücher die Vermittlung von sprachlichen Formen und Redemitteln mit der Schulung des richtigen Verhaltens.
2. Eine weitere Möglichkeit sind Lehrwerke, die für eine sprachlich oder kulturell begrenzte Region verfasst werden. Die Materialien, die in Deutschland produziert werden, sind im Allgemeinen für den globalen Markt gedacht; demgegenüber kann man für regional begrenzte Lehrwerke regionenspezifische, kulturkontrastive Kriterien für die Themenbestimmung und -präsentation erarbeiten.

Kontrastierung und *Regionalisierung* bieten Perspektiven für eine didaktische Neuorientierung der Landeskunde zum Beispiel durch die Bestimmung von regionalen, kulturspezifischen Curricula für Lehrwerke. Aber auch in der Aus- und Fortbildung von Lehrkräften liegen in der Entwicklung regionaler kulturkonstrativer Ansätze vielversprechende Möglichkeiten. So wurden beispielsweise für den deutsch-polnischen Bereich Deutsch als Fremdsprache ein regionalspezifsches *Landeskunde-Curriculum an den Lehrerkollegs in Polen* (Badstübner-Kizik/Radziszewska 1998) und ein Arbeitsbuch zur deutschen Landeskunde zum Einsatz in Fortbildungskursen für polnische Deutschlehrende entwickelt.

5.3 Konzeptionelle Überlegungen

5.3.1 *Die Deutschen in ihrer Welt* – das Tübinger Modell einer integrativen Landeskunde

In diesem Teilkapitel möchten wir Ihnen ein Landeskundekonzept vorstellen, das an der Universität Tübingen ausgearbeitet wurde und große Bedeutung für die Weiterentwicklung des Landeskundeunterrichts gewonnen hat. Besonders interessant ist das so genannte *Tübinger Modell* nicht zuletzt deshalb, weil auf zwei Ebenen gearbeitet wurde: einerseits auf der Ebene theoretisch-akademischer Forschung, andererseits auf der Ebene der unterrichtspraktischen Umsetzung. Forscher aus historischen, sozial- und kulturwissenschaftlichen Disziplinen beschäftigten sich mit landeskundlichen Themenbereichen und fassten ihre aus unterschiedlichen Perspektiven gewonnenen Erkenntnisse in dem Band *Die Deutschen in ihrer Welt* (Mog 1992) zusammen. Der

Begriff der integrativen Landeskunde* bezieht sich hier also weniger auf das Zusammenspiel von Sprach- und Landeskundevermittlung als vielmehr auf die Zusammenarbeit unterschiedlicher Fachwissenschaften.

Ende der Achtzigerjahre des 20. Jahrhunderts, als man sich an der Tübinger Universität an die Arbeit machte, gab es schon lange keine Liste von landeskundlichen Themen mehr, deren Aufnahme in Lehrmaterialien für den Unterricht Deutsch als Fremdsprache als selbstverständlich und notwendig angesehen wurde, wie dies zu Zeiten des faktischen Landeskundeverständnisses der Fall war. Die Situation, die die Tübinger vorfanden, als sie ihr Modell entwickelten, fasst Althaus zusammen:

> „Der sinnvolle Abschied von einem Themenkanon hat zu einer Neufassung landeskundlicher Themenkomplexe geführt, in deren Mittelpunkt kulturell-gesellschaftliche Fragestellungen stehen, die in der Regel auf inter- oder transkulturelle Handlungskompetenz zielen und in enger Verbindung mit der Sprachvermittlung stehen. Zu kritisieren ist die tendenzielle Vernachlässigung des kunsthistorischen, geographischen, politischen, ökonomischen und historischen Basis- und Fachwissens."
>
> Althaus (1999), 30

Das Tübinger Modell ist kulturkontrastiv angelegt: Die Situation in Deutschland wird mit den Gegebenheiten in den USA verglichen. Untersuchte Aspekte waren u. a.:

- das Alltagsleben der Deutschen,
- soziale und politische Strukturen der Bundesrepublik,
- deutsche Mentalitätsmuster,
- Bilder und Wahrnehmungsmuster von anderen Ländern, Orten und Menschen,
- Raum- und Zeiterfahrung,
- unterschiedliche Lebensstile,
- das Verhältnis von *Privat* und *Öffentlich*.

Um Ihnen einen kleinen Einblick in die Arbeitsweise der Tübinger zu geben, greifen wir das Thema *Raumerfahrung* (allerdings sehr verkürzt) heraus:

Das deutsche Gebiet war lange in viele kleine Einheiten zersplittert, die sehr selbstständig waren und autonom viele Entscheidungen treffen konnten (Schulsystem, Fürsorge, Eheschließung, Geschäftswesen usw.). Diese räumliche Enge bestimmte die religiöse, politische und kulturelle Lebenswelt und die Wertorientierung der Menschen (vgl. Althaus/Mog 1992, 46). Die Raumerfahrung führte zu einem großen Sicherheitsbedürfnis, verbunden mit einer starken Abgrenzung gegen die anderen kleinen Einheiten, gegen das „fremde Draußen" (vgl. ebd., 49).

Nach Meinung der Tübinger Forscher weckte die territoriale Zersplitterung jedoch gleichzeitig heftige kollektive Fantasien nach nationaler Identität – das führte zu einem „Ritual der Naturverehrung", das sich auch heute noch in der Bedeutung des Waldes für die Deutschen widerspiegelt und das vielen Ausländern sehr fremd ist (vgl. ebd., 50). Beispiel 45 (S.102) zeigt Ihnen, wie diese Ideen didaktisch umgesetzt wurden.

Reflexion

In dem Buch *Die Deutschen in ihrer Welt* wird außerdem zu Recht darauf aufmerksam gemacht, dass auch Ziele kommunikativen und interkulturellen Lernens eine Unterstützung durch Informationen und Kenntnisse brauchen. Verstehens- und Handlungsfähigkeit und auch kulturelle Kompetenz entwickeln sich zwar aus Empathie, aus dem Sich-eindenken- und Sich-einfühlen-Können, benötigen aber immer auch Sachkenntnis.

Die Resultate der Forschungstätigkeit der Tübinger wurden für den Unterricht Deutsch als Fremdsprache mit US-amerikanischen Studierenden kulturkontrastiv didaktisiert. Die Frucht dieser Arbeit können Sie in dem Arbeitsbuch *Typisch deutsch?* (Behal-Thomsen u. a. 1993) finden, aus dem das folgende Beispiel 45 stammt.

Der deutsche Wald

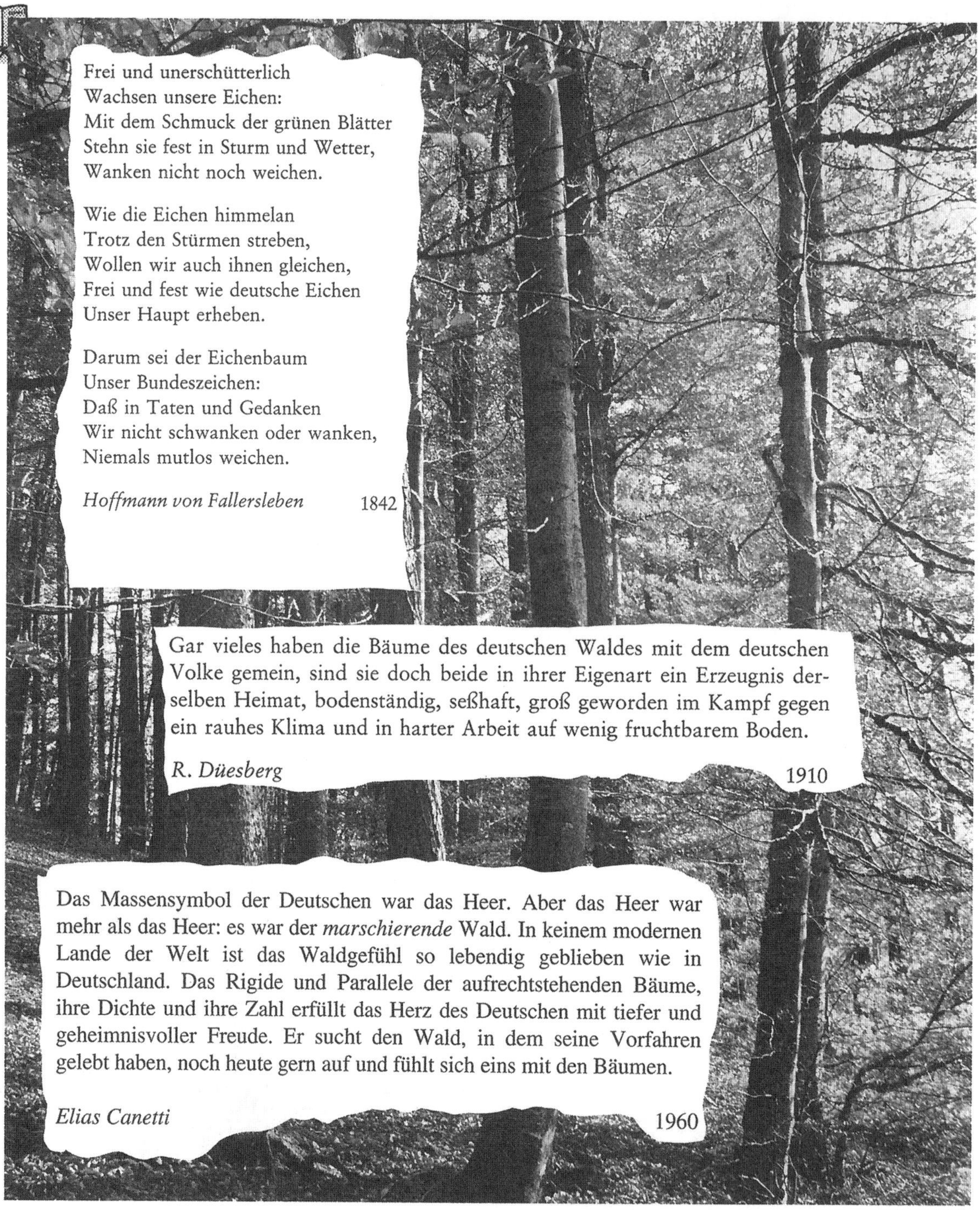

Frei und unerschütterlich
Wachsen unsere Eichen:
Mit dem Schmuck der grünen Blätter
Stehn sie fest in Sturm und Wetter,
Wanken nicht noch weichen.

Wie die Eichen himmelan
Trotz den Stürmen streben,
Wollen wir auch ihnen gleichen,
Frei und fest wie deutsche Eichen
Unser Haupt erheben.

Darum sei der Eichenbaum
Unser Bundeszeichen:
Daß in Taten und Gedanken
Wir nicht schwanken oder wanken,
Niemals mutlos weichen.

Hoffmann von Fallersleben 1842

Gar vieles haben die Bäume des deutschen Waldes mit dem deutschen Volke gemein, sind sie doch beide in ihrer Eigenart ein Erzeugnis derselben Heimat, bodenständig, seßhaft, groß geworden im Kampf gegen ein rauhes Klima und in harter Arbeit auf wenig fruchtbarem Boden.

R. Düesberg 1910

Das Massensymbol der Deutschen war das Heer. Aber das Heer war mehr als das Heer: es war der *marschierende* Wald. In keinem modernen Lande der Welt ist das Waldgefühl so lebendig geblieben wie in Deutschland. Das Rigide und Parallele der aufrechtstehenden Bäume, ihre Dichte und ihre Zahl erfüllt das Herz des Deutschen mit tiefer und geheimnisvoller Freude. Er sucht den Wald, in dem seine Vorfahren gelebt haben, noch heute gern auf und fühlt sich eins mit den Bäumen.

Elias Canetti 1960

1. Welche Parallelen werden zwischen dem deutschen Nationalcharakter und dem deutschen Wald bzw. der deutschen Eiche gezogen?

2. In welchen Bereichen verkörpert sich Ihrer Meinung nach für die USA die nationale Identität?

Behal-Thomsen (1993), 122

5.3.2 Die *ABCD-Thesen*

Eines der Defizite, das viele Lehrende lange Zeit an Landeskundematerialien bemängelten, war die fast ausschließliche Ausrichtung auf die Bundesrepublik Deutschland bzw. auf die DDR. Die beiden kleineren Länder Schweiz und Österreich kamen in den landeskundlichen Materialien kaum oder nur klischeehaft verzerrt vor.

Um nach Lösungen für diese Mängel zu suchen, trafen sich 1988 Vertreter aus den damaligen vier deutschsprachigen Staaten: Österreich (A), die Bundesrepublik Deutschland (B), die Schweiz (CH) und die DDR (D) bildeten eine Arbeitsgruppe, die sich mit dem Themenkomplex *Landeskunde der deutschsprachigen Staaten* befasste. (Mit dem Fürstentum Liechtenstein gab es eigentlich ein fünftes – heute ein viertes – deutschsprachiges Land, das jedoch zunächst wegen seiner Besonderheiten ausgeklammert blieb.)

Die Konstellation dieser Länder war aus politischen Gründen (der Konkurrenz zwischen der DDR und der BRD) natürlich schwierig; deshalb konzentrierte man sich darauf, den kleinsten gemeinsamen Nenner zu finden. In diesem Fall bedeutete das, nicht in erster Linie über Inhalte des Landeskundeunterrichts zu diskutieren, sondern den Blick auf Fragen aus den Bereichen Materialentwicklung, Lehreraus- und Lehrerfortbildung sowie Methodik/Didaktik zu richten.

Drei Ziele ergaben sich aus der Diskussion in der *ABCD*-Gruppe:

1. Es sollten Thesen zur Rolle der Landeskunde im Deutschunterricht ausgearbeitet werden.
2. Es wurde eine Buchreihe zu den deutschsprachigen Ländern geplant.
3. Man vereinbarte eine stärkere Kooperation bei der Fort- und Weiterbildung von Unterrichtenden im Bereich Deutsch als Fremdsprache.

Die in der Folge ausgearbeiteten *ABCD-Thesen* (s. Anhang B, S. 156ff.) wurden 1990 veröffentlicht. Sie sind unterteilt in *allgemeine Grundsätze, didaktisch-methodische Grundsätze* sowie *Möglichkeiten der Kooperation*. Die Einleitung zu den Thesen finden Sie in der folgenden Aufgabe.

Aufgabe 73

Wir haben eingangs über den Konsens in der Landeskundediskussion der deutschsprachigen Länder gesprochen. Unterstreichen Sie nun bitte in den Einleitungssätzen zu den „ABCD-Thesen" die Gesichtspunkte, die dem beschriebenen Konsens entsprechen.

„0 Was ist Landeskunde?

Landeskunde im Fremdsprachenunterricht ist ein Prinzip, das sich durch die Kombination von Sprachvermittlung und kultureller Information konkretisiert und durch besondere Aktivitäten über den Deutschunterricht hinaus wirken soll, z. B. durch Austausch und Begegnung. Insofern ist Landeskunde kein eigenes Fach. Landeskunde ist nicht auf Staatenkunde und Institutionenkunde zu reduzieren, sondern bezieht sich exemplarisch und kontrastiv auf den deutschsprachigen Raum mit seinen nicht nur nationalen, sondern auch regionalen und grenzübergreifenden Phänomenen. Ein solches Verständnis widerspiegelt das Konzept des sich herausbildenden ‚Europa der Regionen'."

ABCD-Thesen (1990), 60

Sie sehen, in den Einleitungssätzen zu den *ABCD-Thesen* ist im Grunde die lange Entwicklungsgeschichte der Landeskunde komprimiert. In den weiteren Thesen (die in Anhang B, S. 156ff. vollständig abgedruckt sind) können Sie nachlesen, welche Lehren man aus den Erfahrungen mit dem Landeskundeunterricht gezogen hat; Lehren hat man aber auch aus gesellschaftlichen Veränderungen und den damit verbundenen veränderten Bedürfnissen für das Fremdsprachenlernen gezogen.

Die Bedeutung der Arbeitsgruppe und der *ABCD-Thesen* ist nicht zu unterschätzen, denn:

> „Wenn auch die [...] Thesen – trotz der inzwischen erfolgten politischen Umbrüche – noch stark von einem nationalstaatlichen Nebeneinander geprägt sind und deshalb einen addivitiven Aspekt nahe legen, markieren sie doch einen Paradigmenwechsel weg vom Objekt und Inhalt der Landeskunde hin zum Methodischen: Um sich über das ‚Was' im Detail nicht streiten zu müssen, bemühten sich die Teilnehmenden um das ‚Wie' landeskundlichen Lernens und schufen so die theoretische Grundlage für eine übernationale Zusammenarbeit und eine regionale Orientierung."
>
> Hackl u. a. (1998b), 8

Aus den *ABCD-Thesen* entwickelte sich schon bald das so genannte *D-A-CH*-Konzept, das inzwischen in viele (nicht nur landeskundliche) Publikationen Eingang gefunden hat: **DACH** ist die Zusammenziehung der ersten Buchstaben der Länder **D**eutschland, Österreich (= **A**ustria) und Schweiz (= **CH**).

5.3.3 Das *D-A-CH*-Konzept

Aufgabe 74

Bitte sehen Sie sich die folgenden Beispiele 46 und 47 (S. 104/105) an.

1. *Um was für eine* ***Textsorte*** *handelt es sich?*

   Beispiel 46: ____________________

   Beispiel 47: ____________________

2. *Welche* ***Aufgabenstellungen*** *werden gegeben?*

   Beispiel 46: ____________________

   Beispiel 47: ____________________

3. *Welchem* ***landeskundlichen Ansatz*** *würden Sie die Beispiele zuordnen?*

   Beispiel 46: ____________________

   Beispiel 47: ____________________

Beispiel 46

Österreich, das Urlaubsland

Osterreich ist das bevorzugte Urlaubsland der Deutschen. Unter den Urlaubsländern rangiert es an erster Stelle. Was zieht die Deutschen nach Österreich? Als Nachbarland ist es nicht zu weit. Außerdem kann man dort noch verhältnismäßig preiswert leben. Darüber hinaus bietet es vielfältige Schönheiten der Natur: Hochgebirge, viele Seen und Naturschutzgebiete, und dazu eine bekannt gute Küche und sehr guten Wein. Man findet in Österreich viele Kunstschätze: Dome, Kirchen, Schlösser und viele andere historische Bauwerke. Die Hauptstadt Wien übt einen unwiderstehlichen Reiz aus, vor allem, weil sie auch eine Künstlerstadt ist und weil die Wienerinnen so hübsch sind. Man kann gar nicht alles aufzählen, was die Deutschen an Österreich so lieben. Sicher kommt es aber auch daher, daß Deutschland mit Österreich eine lange gemeinsame Geschichte und Kultur verbindet. Und was ebenfalls wichtig ist, man versteht die Leute dort, denn sie sprechen Deutsch wie die Deutschen und stehen ihnen in ihrer Mentalität und ihrem Charakter sehr nahe.

Fragen zum Text

1. Warum mögen die Deutschen Österreich als Urlaubsland?
2. Was bietet Österreich den Touristen?
3. Was für Attraktionen hat die Stadt Wien?
4. Welche Sprache wird in Österreich gesprochen?

Griesbach (1996), 170

Informationstext

1. Wirtschaft in (D) (A) (CH)

Landschaft
Bankwesen Bodenschätze
Erdgas Milchprodukte Erdöl
Uhrenindustrie Tourismus
~~chemische Industrie~~ Obst
Stahlindustrie Kohle
Wasserenergie

a) Schreiben Sie die Wörter rechts unter die Symbole.

b) Welche Symbole passen zu Deutschland, Österreich oder der Schweiz?

c) Lesen Sie den Text, und ergänzen Sie die Ländernamen.

__________________ ist bekannt für schöne Landschaften, Tourismus, das Bankwesen, die Uhrenindustrie und Milchprodukte, z. B. Käse und Schokolade. Die landwirtschaftliche Fläche ist nur 25 %. Im Norden gibt es große Chemiewerke. __________________ hat kaum Bodenschätze und muss Erdöl und Erdgas importieren, aber auch Autos und chemische Grundstoffe. Die wichigste Energiequelle ist Wasser. __________________ exportiert unter anderem Maschinen, pharmazeutische Produkte und Uhren. Im Jahr 1995 gab es 5 % Arbeitslose. Sehr viele Arbeitnehmer kommen aus dem Ausland (25 %).

__________________ ist auch bekannt für schöne Landschaften und verdient viel Geld mit dem Tourismus. 45 % sind landwirtschaftliche Fläche. Es gibt wenig Bodenschätze, aber Eisen- und Stahlindustrie im Norden. __________________ exportiert u. a. elektrische Maschinen, Holz und Papier und importiert z. B. Autos, elektronische Geräte und Bekleidung. Im letzten Jahr gab es 6 % Arbeitslose, und ca. 8 % der Arbeitnehmer waren aus dem Ausland.

d) Schreiben Sie jetzt einen Text über Deutschland wie oben mit folgenden Informationen:

bekannt für Autos, Maschinenbau und chemische Industrie – exportiert viel – wenig Bodenschätze: etwas Kohle, Salz, kaum Erdgas – wenige Menschen in der Landwirtschaft – importiert elektronische Geräte und Computer, auch landwirtschaftliche Produkte, besonders Gemüse und Obst – ca. 11 % Arbeitslose (1995) – etwa 10 % ausländische Arbeitnehmer

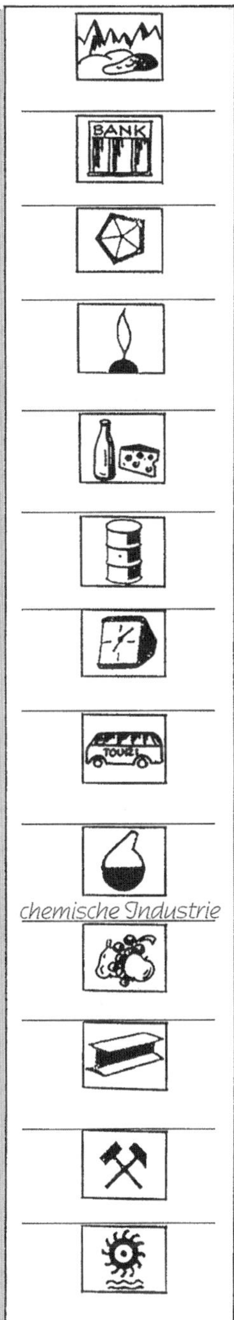

e) Beantworten Sie die Fragen.

1. Wo gibt es besonders viele Arbeiter aus dem Ausland?
2. Wo ist die Arbeitslosigkeit relativ hoch?
3. Welche Bodenschätze nennt der Text? Kennen Sie weitere?
4. Was haben die drei Länder gemeinsam?

2. Ihr Heimatland

Schreiben Sie einen Text über Ihr Heimatland wie oben (maximal 60 Wörter).

Vorderwülbecke/Vorderwülbecke (1995), 122

Reflexion

An den Beispielen 46 und 47 können Sie zweierlei ablesen:

1. In den letzten Jahren hat sich eine allmähliche Abkehr von der nationalkulturellen – d. h. nur auf Deutschland bezogenen – Landeskunde vollzogen. So bringt etwa das Lehrwerk *Stufen International*, dem Beispiel 47 entnommen ist, systematisch in allen seinen drei Bänden Informationen über Deutschland (D), Österreich (A) und die Schweiz (CH) und macht auf regional unterschiedlichen Sprachgebrauch aufmerksam.
2. Aber Landeskunde heißt in unserem Beispiel vor allem faktische Landeskunde, also sachliche Informationen über die drei *D-A-CH*-Länder. Tatsächlich kann man vielen Umsetzungen der *D-A-CH*-Idee vorhalten, dass es sich um eine weitgehend formalistische Einbeziehung der deutschsprachigen Länder handelt, ohne die Pluralität der Sprache und Kultur im deutschsprachigen Kulturraum wirklich für interkulturelles Lernen fruchtbar zu machen.

Dennoch steckt im *D-A-CH*-Konzept – trotz der bisher nicht sehr weit entwickelten Didaktisierungen – der produktive Ansatz, nationalkulturelle Fixierungen und Stereotypisierungen durch Kontrastierung, Regionalisierung und Vergleich zu vermeiden.

Möchten Sie vielleicht selbst einen Versuch machen und sehen, wie gut Sie sich – sprachlich gesehen – in *D-A-CH* auskennen? In *Memo*, einem Buch zum Wortschatztraining, finden die Lernenden auch Beispiele dafür, dass in den deutschsprachigen Ländern ein und dieselbe Sache unterschiedlich bezeichnet wird:

Beispiel 48

Regio-Boxen

In den deutschsprachigen Ländern gibt es manchmal für ein und dieselbe Sache unterschiedliche Wörter. Dafür gibt es in MEMO die Regio-Boxen. Diese Boxen enthalten, was in Deutschland, Österreich bzw. in der Schweiz als Standarddeutsch gilt. Sie helfen Ihnen bei der Lektüre von deutschsprachigen Texten oder beim Aufenthalt in einem dieser Länder.

A	CH	D
das Sakko	der Kittel / die Jacke	das Jackett / die Jacke / der/das Sakko
die Kleidung / das Gewand	die Kleidung / die Kleider	die Kleidung / die Kleider
das Unterhemd	das Leibchen	das Unterhemd

Häublein u. a. (1995), 5

Wir haben für Sie in der folgenden Aufgabe eine Regio-Box aus *Memo* manipuliert.

Aufgabe 75

Bitte ordnen Sie den in Deutschland verwendeten Begriffen die regionalen Ausdrücke aus Österreich und der Schweiz zu.

Ausdrücke in Österreich (A)	*Ausdrücke in der Schweiz (CH)*
1) das Gebäck/die Semmel	**7) das Dessert**
2) das Hendl	**8) das Morgenessen**
3) der Rahm/das Obers	**9) das Poulet**
4) der Topfen	**10) das Weggli**
5) die Nachspeise	**11) der Quark**
6) das Frühstück	**12) der Rahm**

in Deutschland	*in A*	*in CH*
das Brötchen	1) die Semmel	
das Frühstück		
das Hähnchen		
der Quark		
die Nachspeise		
die Sahne		

nach: Häublein u. a. (1995), 44

War es schwer, die Antwort zu finden? Wahrscheinlich wäre es schwieriger gewesen, wenn wir Sie gebeten hätten, auch Ausdrücke aus der Schweiz oder Österreich zu notieren. Aber das hätten auch die meisten Deutschen nicht lösen können; auch die wissen nämlich meist nicht so genau, wie man etwas im Nachbarland bezeichnet.

Reflexion

Dieser kleine Versuch hat uns ein Problem gezeigt, das in dem Bestreben liegt, alle deutschsprachigen Länder gleichberechtigt in den Landeskundeunterricht mit einzubeziehen: Bei faktischer oder informationsbezogener Landeskunde verdreifacht bzw. vervierfacht sich die Menge der Informationen, da man sich außer über Deutschland über zwei (Österreich, Schweiz) oder drei weitere Länder (Liechtenstein) Faktenwissen aneignen muss. Mit dieser Schwierigkeit hatte ja auch schon – trotz der ausschließlichen Orientierung auf Deutschland – der faktische Landeskundeansatz zu kämpfen. Wir hatten bei unserer Besprechung dieses Landeskundekonzepts festgestellt, dass dort weder Vollständigkeit noch Aktualität gewährleistet sein können.

Aber: Wissen denn Muttersprachler „alles" über ihre eigene Kultur und die der Nachbarn? Sind sie mit allen Phänomenen der drei deutschsprachigen Gesellschaften vertraut? Natürlich nicht, und dennoch können sie miteinander kommunizieren. Es kann also nicht Ziel des *D-A-CH*-orientierten Unterrichts sein, den Lernenden Informationen in möglichst großem Umfang zu vermitteln. Der Ausweg, den das *D-A-CH*-Konzept vorschlägt, heißt: Die Lernenden sollen Methoden des *selbstständigen Wissenswerwerbs* trainieren.
Auf die Praxis des Unterrichts Deutsch als Fremdsprache bezogen heißt das: Aus der Fülle der Wissensgebiete werden solche ausgewählt, die für breite Lernergruppen relevant sein dürften bzw. an denen etwas *exemplarisch* erarbeitet werden kann.

In sehr bescheidenem Maß finden die *D-A-CH*-Ideen auch Eingang in die Wörterbücher Deutsch als Fremdsprache und in die neue Prüfung *Zertifikat Deutsch* (1999).

Beispiel 49

• **Pa·ra·dei·ser** [para'dajzɐ] <-, -> *der* (ÖSTERR) Tomate ~ *ernten*

Hecht (1999), 283

• **To·ma·te** [to'ma:tə] <-, -n> *die* (= ÖSTERR *Paradeiser*) rotes fleischiges Gemüse *~n essen* ***Komp: -nketschup, -nmark, -nsalat***

Hecht (1999), 380

• **Top·fen** ['tɔpfn̩] <-s> *kein pl der* (SD, ÖSTERR) Quark *mit ~ gefüllte Pfannkuchen*

Hecht (1999), 381

• **Quark** [kvark] <-s> *kein pl der* **1.** (= ÖSTERR *Topfen*) ein Lebensmittel aus Milch, das die Form eines weißen, festen Breis hat *gern ~ essen* **2.** (*umg pej*) Quatsch, Unsinn *Erzähl doch keinen ~!* ***Komp: -speise***

Hecht (1999), 301

In *Langenscheidts Großwörterbuch DaF* (Götz u. a. 1998) finden sich zwar etwa die Einträge *Paradeiser* oder *Topfen*, aber bei den bundesdeutschen Einträgen wie etwa *Tomate* findet sich kein Hinweis auf die entsprechende österreichische Variante.

Zusammenfassung

Fassen wir die wichtigsten Gesichtspunkte des *D-A-CH*-Konzepts zusammen.
Der Umstand, dass Deutsch in mehreren Ländern gesprochen wird, eröffnet dem Fremdsprachenunterricht Chancen, die er bisher nicht genutzt hat. Die andere Wirklichkeit des Zielsprachenlandes tritt den Fremdsprachenlernenden nicht nur als das *eine* „Andere" gegenüber, sondern bietet *verschiedene* Ansichten und Perspektiven.

Der Blick auf die Pluralität der deutschen Sprache und Kultur ermöglicht also jene Mehrperspektivität, die in der interkulturellen Didaktik als eines der wichtigsten pädagogischen Ziele gilt.

Das *D-A-CH*-Konzept fordert einen Landeskundeunterricht,

- der ein differenziertes Kaleidoskop des deutschsprachigen Raumes mit nationalen und regionalen Besonderheiten vermittelt,
- der deutschsprachige Wirklichkeit nicht eindimensional, sondern multiperspektivisch und vielfältig darstellt,
- der die deutsche Sprache einbettet in die gesellschaftlichen Bezüge aller drei Länder (wir erinnern uns: Sprachlernen heißt Kulturlernen!).

Das *D-A-CH*-Konzept haben wir Ihnen als wichtigste didaktische Konsequenz der *ABCD-Thesen* für den Unterricht Deutsch als Fremdsprache und die Lehrwerkproduktion vorgestellt. Dass die deutsche Sprache nicht mehr einseitig auf die Bundesrepublik Deutschland bezogen wird, zeigt sich auch in der zwölften *ABCD*-These:

> „Die Vielfalt von regionalen Varietäten der deutschen Sprache stellt eine wichtige Brücke zwischen Spracherwerb und Landeskunde dar. Diese Vielfalt darf nicht zugunsten einheitlicher Normen (weder phonologisch, noch lexikalisch, noch morphosyntaktisch) aufgegeben, sondern soll für die Lernenden am Beispiel geeigneter Texte und Materialien erfaßbar werden.“
>
> ABCD-Thesen (1990), 61

In der Linguistik spricht man von der *Plurizentrik* des deutschsprachigen Raumes und meint damit die Tatsache, dass es zwar eine deutsche Standardsprache gibt, jedoch mit nationalen bzw. regionalen Unterschieden. Diese Unterschiede oder *Varietäten* sind gleichrangig, d. h., ob ich nun *Januar* oder wie in Österreich *Jänner* sage, hängt von meinem regionalen Bezug oder Standpunkt ab.

Zertifikat Deutsch

Sie haben schon verschiedene Beispiele gesehen, wie diese regionalsprachliche Vielfalt allmählich ihren Niederschlag in Publikationen für Deutsch als Fremdsprache findet. Zusehends berücksichtigen auch Prüfungen die Varietäten der deutschen Sprache: Jüngstes Beispiel dafür ist das *Zertifikat Deutsch* (1999), eine Ihnen vielleicht bekannte internationale Prüfung für Deutschlernende am Abschluss der Grundstufe.

Das bisherige *Zertifikat Deutsch als Fremdsprache* (1977) wurde in verschiedenster Hinsicht revidiert und in Zusammenarbeit von Deutschen, Schweizern und Österreichern zu der trinationalen Prüfung *Zertifikat Deutsch* weiterentwickelt. In der neuen Fassung spiegeln z. B. die Hör- und Lesetexte die plurizentrische Struktur der deutschen Sprache wider.

5.3.4 *Erlebte Landeskunde*

Landeskunde erleben – das klingt wie das Gegenteil von grauer Theorie, klingt spannend und reizvoll, finden Sie nicht? Versuchen Sie einmal sich auszumalen, was *erlebte* Landeskunde in der Praxis konkret bedeuten mag: Was tut man, sieht man, hört man?

Aufgabe 76

Bitte sammeln Sie Ideen dafür, wie man Landeskunde erleben kann.

Im Lösungsschlüssel zu Aufgabe 76 (S. 143) haben wir für Sie eine ganze Reihe von Möglichkeiten aufgelistet, wie man unserer Meinung nach Landeskunde erleben kann. Die Liste ist jedoch nur ein Vorschlag und keineswegs vollständig, und Ihnen sind bestimmt Dinge eingefallen, die wir nicht aufgezählt haben.

Das Goethe-Institut hat solche Möglichkeiten der direkten Begegnung eines Fremdsprachenlernenden oder -lehrers mit der Gesellschaft und Kultur des Zielsprachenlandes systematisiert und bereits in den Achtzigerjahren des 20. Jahrhunderts zu einem Konzept des landeskundlichen Lernens im Sprachunterricht und in der Lehrerfortbildung ausgebaut.

Zentrales Anliegen ist in diesem Konzept die unmittelbare Begegnung mit Land und Leuten. Doch lesen Sie zunächst einmal nach, warum das Prinzip der *erlebten Landeskunde* angewandt wird.

> „Will man eine wirkungsvolle Begegnung mit Deutschland vermitteln, dann können diese Seminare auch nicht so wie früher ablaufen, dass man in sterilen Tagungsstätten untergebrachten Lehrern eine lange Reihe von Referenten vorsetzt, die im Frontalreferat über an sich ja gar nicht uninteressante Themen wie etwa das deutsche Schulwesen, Umweltverschmutzung, Städtebau, Sozialversicherung an den Zuhörern vorbeireferieren. Heute sind andere, die Teilnehmer stärker einbeziehende Veranstaltungsformen im *learning-by-doing*-Verfahren [Lernen durch Tun/Aktivitäten] weitaus erfolgreicher."
>
> Müller (1996), 33

Dabei, so fährt Müller fort, werden „Fortbildungsstrategien entwickelt, die weitaus besser als in der Vergangenheit zur Bildung eines vielseitigen, differenzierten, in Selbsterfahrung gewonnenen Deutschlandbildes führen". (Müller 1996, 33).

Wie sehen diese Fortbildungsstrategien aus? Im Zitat werden sie als *learning-by-doing*-Verfahren bezeichnet, und gemeint sind damit handlungs- und erfahrungsorientierte Veranstaltungsformen, bei denen die Seminarteilnehmer (ausländische Lehrerinnen und Lehrer aus unterschiedlichsten Ländern) selbst aktiv werden. Dazu gibt es konzeptionelle Schwerpunkte, von denen wir Ihnen zwei vorstellen möchten.

Mittmachtag

Wie Sie bereits gelesen haben, versteht der kommunikative Ansatz Landeskunde als „Alltags- und Leutekunde". Kenntnis vom Leben der Menschen in deutschsprachigen Ländern bekommen Seminarteilnehmer zum Beispiel durch den *Mitmachtag*. An diesem Tag begleiten je 1 oder 2 Lehrerinnen eine in Deutschland, Österreich oder der Schweiz lebende Person durch ihren (Berufs-)Alltag. Manchmal haben die ausländischen Gäste sogar die Gelegenheit, ein wenig mitzuarbeiten.
Am Ende des Mitmachtages werden alle Erlebnisse in der Seminargruppe ausgetauscht, sodass ein landeskundliches Erfahrungsmosaik entsteht. Durch diesen direkten Einblick in deutsche Tagesabläufe finden die Teilnehmer Kontakt zur Wirklichkeit des Aufenthaltsortes und gewinnen unmittelbare Erkenntnisse und Erfahrungen, wie sie kein Vortrag vermitteln kann.

Bedeutungserkundung

Ein weiteres Verfahren der *erlebten Landeskunde*, die *Bedeutungserkundung*, knüpft an soziokulturelle Dimensionen von Wörtern und Themen an, wie Sie das in Beispiel 18 (S. 49) zum *Haus* und in Kapitel 4.3 (S. 84ff.) gesehen haben. Die Teilnehmer wählen dazu einen Begriff oder ein Thema, von dem sie herausfinden sollen, was er/es für verschiedene Menschen an verschiedenen Orten und vielleicht sogar zu verschiedenen Zeiten bedeutet: das Wort *Feierabend* zum Beispiel, das laut Lexikon das Ende der Arbeitszeit bzw. die Zeit nach der beruflichen Arbeit beinhaltet. Beim Beobachten und Befragen von Menschen zu diesem Begriff stellt sich dann eventuell heraus, dass viele Leute nach Feierabend erst recht arbeiten oder besonders aktiv werden.

Auch dem Konzept *erlebte Landeskunde* liegt also ein Verständnis von Lernen als einem ganzheitlichen Prozess zugrunde.

Aufgabe 77

Lesen Sie bitte den folgenden Ausschnitt und markieren Sie darin alle Argumente aus der Lerntheorie, die zur Begründung für „erlebte Landeskunde" angeführt werden.

> „Die Kompetenzanforderungen an Fremdsprachenlehrer als Mittler zwischen Kulturen weisen zunehmend über die Vermittlungsfähigkeit rein sprachlicher Fertigkeiten hinaus und wandeln

sich gerade im Bereich Landeskunde. Seit man erkannt hat, dass interkulturelle Verständigung nicht auf die grammatikalisch korrekte Verwendung einer Fremdsprache reduziert werden kann, gilt es im Fremdsprachenunterricht, für den Lernen über kulturelle Grenzen hinweg der grundlegende Ausgangspunkt ist, dieser Einsicht Rechnung zu tragen. Für Lehrkräfte geht es also darum, über die Vermittlung sprachlicher Fertigkeiten hinaus für Unterschiede zwischen Kulturen zu sensibilisieren und vor allem ‚Sprache und Kulturlernen' als Einheit zu vermitteln. Dafür sind sprachliche und kulturelle Kompetenzen erforderlich. Eine Voraussetzung dafür wird sein, dass die Lehrenden zunächst für sich selbst die Einsicht gewinnen, dass menschliches Denken, Verstehen, Bewerten und Handeln in verschiedenen Kulturen unterschiedlich ausgeprägt und geleitet wird, und daraus die Konsequenzen für den eigenen Unterricht ziehen.

In unseren Seminaren werden keine vorgefertigten Inhalte durch Referenten vermittelt. Landeskundliches Lernen geht vielmehr von den Teilnehmern selbst aus. Erlebte Landeskunde bedeutet das Zusammenspiel von eigenen Aktivitäten und deren Reflexion. Zentrales Verfahren ist die Projektarbeit: die Teilnehmer erkunden in authentischen Situationen Orte, Begriffe und Themen und werten die gewonnenen Erkenntnisse aus. Sie handeln also als Forschende, die in der anderen Kultur eigene Erfahrungen machen, diese zu ihrem jeweiligen Vorwissen und ihrer Vorerfahrung in Beziehung setzen, das selbst erarbeitete neue Wissen reflektieren und davon ausgehend die Konsequenzen für die eigene Unterrichtstätigkeit diskutieren.

[...] Erlebte Landeskunde bezieht also die ganze Lehrerpersönlichkeit mit ein und integriert forschende, entdeckende und kreative Elemente in den Lernprozess."

Goethe-Institut (1997), 22f.

Allerdings ist *erlebte Landeskunde* als handlungs- und erfahrungsorientiertes Lernverfahren nicht darauf beschränkt, in den Zielsprachenländern (also Deutschland, Österreich und der Schweiz) durchgeführt zu werden. Es gibt mannigfaltige Möglichkeiten, die Lernenden in ihren Heimatländern konkrete landeskundliche Erfahrungen machen zu lassen.

Manche Autoren verwenden den Begriff *erlebbare Landeskunde* für handlungsorientierte Lernformen, die im Unterricht außerhalb der deutschsprachigen Länder praktiziert werden:

> „Erlebbare Landeskunde nennen wir zur besseren Unterscheidung das Herstellen von Situationen, in denen ähnliche methodische Schritte wie in der Erlebten Landeskunde möglich sein sollen – jedoch außerhalb des Zielsprachenlandes! Hierher gehören verschiedene Formen von Simulationen, Inszenierungen, Planspielen, Literaturrecherchen u. a."

Hackl (1998a), 62

5.4 Methodisch-didaktische Tendenzen

Die wissenschaftlichen Entwicklungen in Methodik und Didaktik des Fremdsprachenunterrichts wirken sich natürlich auch auf die Inhalte des Landeskundeunterrichts und die Vermittlungsformungen aus. Denken Sie an das Beispiel 24 (S. 64) *Suchen und finden*: Es wies zwar inhaltlich weitgehend Übereinstimmung mit den Themen der faktischen Landeskunde auf, war jedoch methodisch und hinsichtlich des Lernziels ganz anders konzipiert.

Im Folgenden wollen wir die methodischen Veränderungen der Ihnen schon bekannten Landeskundeansätze mit einigen Beispielen illustrieren.

Aufgabe 78

1. *Bitte beurteilen Sie das folgende Beispiel 50a.*
   Was für eine Art von Landeskunde wird hier vermittelt?
2. *Wie würden Sie mit Beispiel 50a unterrichten? Bitte skizzieren Sie einige Ideen.*

____

____

____

Beispiel 50a

Berlin hat ca. 3,5 Millionen Einwohner. Berlin liegt an der Spree.

Der größte deutsche Seehafen ist Hamburg, der größte Flughafen ist Frankfurt.

Die wichtigsten Parteien in der Bundesrepublik sind die CDU, die SPD, die FDP und die Grünen.

Mittenwald ist bekannt als Stadt der Geigenbauer.

Die besten Lebkuchen kommen aus Nürnberg.

Die Nordsee-Insel Helgoland gehört seit 1890 zu Deutschland.

Der Regierungschef in Deutschland ist der Bundeskanzler. Der erste deutsche Bundeskanzler war Konrad Adenauer.

Der höchste Berg in Deutschland ist die Zugspitze. Sie ist 2963m hoch.

Die deutschen Großlandschaften sind die Norddeutsche Tiefebene, die Mittelgebirgszone, das Süddeutsche Schichtstufenland, das Alpenvorland und die Alpen.

Die größten Flüsse Deutschlands sind die Donau und der Rhein.

Die berühmtesten deutschen Dichter sind Schiller und Goethe.

Deutschland gibt es seit 1871. Vorher gab es viele kleine Staaten.

Die „Beatles" begannen ihre Laufbahn in Hamburg.

Der Komponist Ludwig van Beethoven wurde in Bonn geboren.

Die Bundesrepublik Deutschland hat 16 Bundesländer.

In Bayreuth finden jedes Jahr die Wagner-Festspiele statt.

Die Loreley ist ein Felsen hoch über dem Rhein.

Der berühmteste Jahrmarkt in Deutschland ist das Oktoberfest in München.

Eine Spezialität der schwäbischen Küche sind Linsen und Spätzle.

Der Fußballspieler Franz Beckenbauer spielte lange für Bayern München.

Die Hauptstadt der Schweiz ist Bern.

Die Regierung der Schweiz heißt Bundesrat, Staatsoberhaupt ist der Bundespräsident.

Die größte Stadt der Schweiz ist Zürich.

Der Glacier-Express, ein berühmter Zug, fährt von St. Moritz nach Zermatt.

Die ersten Kantone der Schweiz waren Uri, Schwyz und Unterwalden.

In der Schweiz spricht man vier Sprachen: Deutsch, Italienisch, Französisch und Rätoromanisch.

Die großen europäischen Flüsse Rhein und Rhone entspringen in der Schweiz.

In der Schweiz bezahlt man mit Franken. Ein Franken sind 100 Rappen.

In der Schweiz wächst Wein bis in 600 m Höhe.

Erst seit 1971 dürfen in der Schweiz auch Frauen wählen.
Die Hauptstadt von Österreich heißt Wien. Dort wohnen ca. 1,5 Millionen Einwohner.
Der Komponist Wolfgang Amadens Mozart ist in Salzburg geboren.
Salzburg ist die Musikhauptstadt Österreichs.
Bis 1918 regierte ein Kaiser Österreich.
Ein Fünftel der Österreicher lebt in der Hauptstadt Wien.
In Österreich leben im Durchschnitt 93 Menschen auf einem Quadratkilometer.
In Österreich bezahlt man mit Schilling. Ein Schilling sind 100 Groschen.
In der Wiener Hofburg befinden sich heute mehrere Museen und Ministerien.
1529 und 1683 belagerten die Türken Wien.
Der höchste Berg Österreichs ist der Großglockner mit 3798 Metern Höhe.

nach: Sion (1995), 28/29

Aufgabe 79

1. *Lesen Sie jetzt bitte den Vorschlag, den die Autoren für die Arbeit mit Beispiel 50a machen*

Beispiel 50b

VORBEREITUNG:

Kopieren Sie die Sätze von Seite 28 und zerschneiden Sie das Blatt so, dass auf jedem Streifen ein Satz zu stehen kommt. Achten Sie darauf, dass Sie für jeden Teilnehmer mindestens einen Streifen zur Verfügung haben.

UNTERRICHTSVERLAUF:

1. Verteilen Sie die Streifen mit den Sätzen. Wenn Sie mehr Streifen als Teilnehmer haben, können Sie einigen Teilnehmern auch zwei Streifen geben. Haben Sie weniger Streifen als Teilnehmer, lassen Sie jeweils zwei Lerner an einem Streifen arbeiten. Bei großen Klassen empfiehlt es sich, zwei oder drei Gruppen (mit jeweils gleichem Material) zu bilden.
2. Sagen Sie den Lernern, dass sie sich den Inhalt ihres Satzes merken, aber nicht an andere weiterleiten sollen. Dabei ist es nicht wichtig, den genauen Wortlaut zu behalten, es geht vielmehr um die im Satz enthaltene Information. Erklären Sie – jedem einzelnen – eventuell unbekannte Wörter. Lassen Sie es aber nicht zu, dass sich die Lerner Notizen machen. Sammeln Sie die Streifen anschließend ein.
3. Fordern Sie nun die Lerner auf umherzugehen und den anderen den Inhalt ihres Satzes mitzuteilen. Geben Sie nur spärliche Anweisungen. Lassen Sie den Lernern genug Zeit, um die Informationen auszutauschen, aber überschreiten Sie nicht den Zeitpunkt, an dem sich Langeweile auszubreiten beginnt.
4. Fordern Sie die Lerner auf, wieder ihre Plätze einzunehmen. Nun bitten Sie sie, eine Zusammenfassung dessen zu machen, was sie an Informationen erhalten haben. Das kann in Einzelarbeit oder in Partnerarbeit geschehen.
5. Im Anschluss daran vergleichen die Lerner ihre Aufzeichnungen mit denen anderer Teilnehmer bzw. Paare. Schließlich wählt die Gesamtgruppe eine/n „Sekretär/in“, der/die eine gemeinsam zu erarbeitende Endversion an die Tafel schreibt. Wenn der Wunsch danach vorhanden ist, können Sie – zum Vergleich – Kopien der Originalversion verteilen.

VARIANTE:

Wenn Sie die Landeskunde der Schweiz und Österreichs in den Mittelpunkt stellen wollen, bieten sich die Sätze von Seite 29 als Kopiervorlage an.

nach: Sion (1995), 27

2. *Vergleichen Sie Ihre Ideen aus Aufgabe 78 mit den Vorschlägen der Autoren.*
3. *Welche Unterrichtsaktivitäten werden in Beispiel 50b angeregt? Unterstreichen Sie diejenigen, die Sie am interessantesten finden.*

Sehen Sie sich nun noch ein anderes Lehrbuchbeispiel an, um herauszufinden, wie sich die Vermittlung von landeskundlichen Informationen in methodischer Hinsicht wandelt.

Aufgabe 80

Bitte überlegen Sie: Was macht den Unterrichtsvorschlag in Beispiel 51 für Lernende reizvoll – reizvoller als beispielsweise die Lektüre eines Textes mit denselben Informationen?

Beispiel 51

3 Superlative – Wo findest du diese Informationen?

- Der höchste Berg in Deutschland/in Österreich/in der Schweiz ...
- Die größte deutsche Insel ...
- Die größte Stadt in Österreich/in Deutschland/in der Schweiz ...
- Der längste Fluss in Österreich/in Deutschland/in der Schweiz ...

4 Macht selbst Aufgaben wie in Aufgabe 3.

Aus dem „Guinness-Buch der Rekorde":

Bratwurst: 1715 m lang. 1073,6 kg schwer, Metzgermeister Marcel Kraus (*1962), Thalwil (CH), 29. August 1991. (Nach Original Thüringer Rezeptur): 1638 m. Fleischermeister Karl-Heinz Siebert; Erfurt (Thüringen), 22. Juni 1991.

Brezel: 508 kg, 10 m lang, 6 m breit. Brezelbäckerei Ditsch GmbH, Kinderfest des Bundeskanzlers, 17. September 1992.

Funk u. a. (1994), 105

Reflexion

Auch in diesem Unterrichtsvorschlag (Beispiel 51) sind – wie in Beispiel 50b – die Lernenden nicht Gefäße, die von den Unterrichtenden mit Wissen gefüllt werden, sondern sie beteiligen sich aktiv und produktiv an der Gestaltung des Unterrichts. Dadurch verändert sich natürlich auch die Rolle der Lehrenden: Sie stehen nicht im Mittelpunkt des Unterrichtsgeschehens, sind nicht die Quelle, aus der der Lernstoff sprudelt, sondern initiieren, organisieren und moderieren die Lernprozesse ihrer Lernenden.

Die Verlagerung des Schwerpunkts vom Lehrenden auf die Lernenden, vom rezeptiven Lernerverhalten zur Förderung der Lerneraktivität gehört zu den zentralen Forderungen der neueren Lernforschung. Dies wirkt sich auch auf die Methodik und Didaktik des Landeskundeunterichts aus.

5.4.1 Literatur und Landeskunde

Im Zusammenhang mit der Frage nach der Definition von Kultur wird auch immer wieder über die Rolle von Literatur im Fremdsprachenunterricht diskutiert. Interkulturelle Landeskunde beispielsweise hat Literatur, die eine Zeit lang fast ganz aus den Lehrwerken für Deutsch als Fremdsprache verschwunden war, neu bewertet und ihr sogar zentrale Aufgaben für die Entwicklung interkulturellen Verstehens zugesprochen. Allerdings bedeutet dies keine Rückkehr zu den alten Vermittlungsformen und Inhalten von Literatur im Sprachunterricht.

Aufgabe 81

Nutzen Sie in Ihrem Unterricht literarische Texte zu landeskundlichem Lernen? Wenn ja, wie?

Aufgabe 82

Vergleichen Sie bitte die folgenden Beispiele 52 bis 54 (S. 114 – 116), die aus Lehrmaterialien für Deutsch als Fremdsprache stammen, und notieren Sie dann Ihre Anworten zu den Fragestellungen unter 1. und 2. in die Tabelle unter den Beispielen.

1. *Welche Rolle wird den Lernenden in den drei Beispielen zugedacht?*
2. *Wozu werden die Texte benutzt?*

Beispiel 52

Fragen zur Wortgruppe: Dichtung Lesetext

[...]

HERR BERGER: Wozu gehören Lieder und Gedichte (**s Gedicht**)?

PETER: Lieder und Gedichte gehören zur lyrischen Dichtung oder zur Lyrik.

HERR BERGER: Zu welcher Gruppe gehören Lustspiele (**lustig > e Lust**) und Romane (**r Roman**)?

PETER: Sie gehören zu zwei verschiedenen Gruppen, nicht zu einer. Der Roman ist eine epische Dichtung, das Lustspiel eine dramatische.

HERR BERGER: Wozu zählen die Erzählungen und Trauerspiele?

PETER: Eine Erzählung ist eine epische Dichtung, ein Trauerspiel eine dramatische.

HERR BERGER: Was weißt du über *Minnesänger* und *Meistersinger?*

PETER: Minnesänger waren adelige Dichter des Mittelalters (**adelig** = *aristokratisch*). Auf den Burgen der Ritter trugen sie ihre Dichtungen und Lieder vor (**r Ritter**). Ihre Sprache war die mittelhochdeutsche Sprache. *Walther von der Vogelweide* und *Wolfram von Eschenbach* sind die bekanntesten deutschen Minnesänger. Die Meistersinger sind bürgerliche Sänger am Anfang der neuhochdeutschen Zeit. In den Singschulen der großen Städte wurden ihre Lieder gesungen. Einer der bedeutendsten Meistersinger war *Hans Sachs* in Nürnberg.

HERR BERGER: Kennst du Opern mit Minnesängern und Meistersingern?

PETER: Minnesänger sind die Hauptpersonen in Richard Wagners Oper *„Tannhäuser und der Sängerkrieg auf der Wartburg"*. Meistersinger spielen die Hauptrollen in der Wagneroper *„Die Meistersinger von Nürnberg"*.

Kessler (1981), 100

Beispiel 53

8. Goethe. Aus „Italienische Reise" (gekürzt).

München, 6. September 1786

Den fünften September halb ein Uhr mittags reiste ich von Regensburg ab. Um sechs Uhr morgens war ich in München, und nachdem ich mich zwölf Stunden umgesehen (habe), will ich nur weniges bemerken. In der Bildergalerie fand ich mich nicht einheimisch; ich muß meine Augen erst wieder an Gemälde gewöhnen. Die Skizzen von Rubens haben mir große Freude gemacht.

Man klagt hier über Kälte und Nässe. Ein Nebel, der für einen Regen gelten konnte, empfing mich heute früh vor München. Den ganzen Tag blies der Wind sehr kalt vom Tiroler Gebirge. Als ich vom Turm dahin sah, fand ich es bedeckt und den ganzen Himmel überzogen.

Verzeihung, daß ich so sehr auf Wind und Wetter achthabe: der Reisende zu Lande, fast so sehr wie der Schiffer, hängt von beiden ab. Nun soll es auf Innsbruck.

Was lasse ich nicht alles rechts und links liegen, um den einen Gedanken durchzuführen, der fast zu alt in meiner Seele geworden ist!

Setzen Sie dieses Stück in die indirekte Rede! Beginnen Sie: Goethe schreibt, er ....

Klee-Gerken (1957), 153

Was der Jokel alles hatte

Übung 5
Was hatte Jokel?

a. Lesen Sie hier ein Kapitel aus „Jokel, Jula und Jericho" von Christine Nöstlinger. Lesen Sie fortlaufend. Bleiben Sie nicht stehen, schlagen Sie nichts im Wörterbuch nach.

Text 3

Der Jokel hatte einen Vater und eine Mutter, einen kleinen Bruder und eine große Schwester, eine Großmutter und ein Omilein.
Der Jokel hatte eine Zündholzschachtelsammlung* und ein dickes Briefmarkenalbum, eine alte Autorennbahn und eine neue. Er hatte siebenundsechzig Modellautos und ein Indianergewand* mit einem Kopfschmuck aus echten Adlerfedern.
Der Jokel hatte ein Kinderzimmer mit einer Tapete, auf die waren Donald Ducks gedruckt und die Panzerknacker und Micky-Mäuse und goldene Geldberge, auf denen Dagoberts hockten.
Der Jokel hatte ein Fernglas, fünf zerlegte Armbanduhren und einen kaputten Wecker, zwei Koffer voll Bausteine, rote Hosenträger und siebenunddreißig Bücher.
Der Jokel hatte einen dunkelblauen Samtanzug. Den mußte er tragen, wenn er mit seiner Mutter auf Besuch ging.
Der Jokel hatte immer Durst.
Der Jokel hatte Angst, wenn er in der Nacht munter wurde und alles um ihn herum war ganz dunkel und still.
Der Jokel hatte drei Freunde: den Andreas, die Karin und die Sissi. Einen Goldhamster, in einem Käfig, hatte der Jokel auch.
Und der Jokel hatte oft Glück:
Wenn er ohne Fahrkarte Straßenbahn fuhr, kam nie ein Kontrolleur.
Wenn ihm eines der teuren Weingläser beim Limonadetrinken in Scherben ging, gelang es ihm, die Glasscherben in ein Papier zu wickeln und in einen Mistkübel* zu werfen, ohne daß es die Mutter, das Omilein oder die große Schwester merkten.
Und wenn er beim Fußballspielen im Hof nicht ins Klopfstangen-Tor, sondern in das offene Fenster der Hausmeisterin schoß, kam die Hausmeisterin in den Hof und keppelte* auf den Andreas los. Oder auf ein anderes Kind.
Gegen den Jokel hatte sie nie einen Verdacht.
Und die Hausübungen* in Rechnen, die mußte der Jokel nur hinschreiben. Ausrechnen brauchte er sie nicht. Seine große Schwester sagte ihm die Rechnungen an. Samt den Lösungen. Weil die Mutter von ihr verlangte: „Hilf dem Jokel!"
Außerdem hatte die eine Großmutter vom Jokel, die, zu der er „Omilein" sagte, ein Zuckerlgeschäft. Der Jokel hatte mehr Schokolade und mehr Zuckerln* und Schnitten*, als er essen konnte. In der Schule, in den Pausen, verteilte der Jokel oft Zuckerln und Schokolade und Schnitten. Das machte ihn sehr beliebt bei den Kindern.
(Der Jokel hatte natürlich noch eine Menge anderer Sachen. Hier sind nur die aufgeschrieben, die dem Jokel wichtig waren.)

Zündholz (A/CH) = Streichholz (D)
-gewand (A/CH) = hier -kostüm (D).
Mistkübel (A) = Abfalleimer (D) = Kehrrichtkübel (CH)
Hausübungen (A) = Hausaufgaben (D)

keppeln = schimpfen

Zuckerl: Das ist ein Bonbon. Die Österreicher benutzen gern ein *-erl* am Ende. Diese Verkleinerung ist aber nicht immer eine Verkleinerung. Ein „Tascherl" ist eine kleine Tasche, ein „Hunderl" ist ein kleiner Hund, ein „Momenterl" ein (kleiner) Moment, aber ein „Schwammerl" ist ein Pilz und der muss nicht klein sein. (A)
Die Schweizer benutzen zur Verkleinerung oft das *-li:* So heißt das Bonbon bei ihnen *Zeltli*.

Schnitten: eine Art von dünnen Waffeln, die gefüllt sind (Neapolitaner).

Abenteuer Grammatik 1
Ihre Grammatikerklärungen 3

b. Lesen Sie die Geschichte noch einmal und markieren Sie alles, was der Jokel hatte.

Dienst u. a. (1998), 273

Beispiel 54b

Österreich

c. Arbeiten Sie jetzt mit Ihrer Lernpartnerin / Ihrem Lernpartner. Sortieren Sie dann die Dinge unter den folgenden Aspekten. Entscheiden Sie sich bitte gemeinsam immer für eine Lösung.

materielle Werte	*ideelle Werte*

Übung 6
Wie ist Jokel?

a. Können Sie sich den Jokel jetzt vorstellen? Wie würden Sie ihn beschreiben?

b. Wenn Sie an Jokel denken, würden Sie dann sagen, dass er eine glückliche Kindheit hat?

Übung 7
Kindheit

Arbeiten Sie jetzt zu dritt. Beschreiben Sie in der Gruppe Ihre Kindheit. Benutzen Sie das Präteritum, wenn möglich. Vergleichen Sie dabei Ihre Kindheit mit der Kindheit von Jokel.

Übung 8
Lesen

a. Jokel hatte auch Bücher. Hat er gern gelesen? Wir wissen es nicht.
Aber wie ist das mit Ihnen: Lesen Sie gern? Haben Sie als Kind gern gelesen?
Was haben Sie gelesen?
Was lesen Sie jetzt? Zeitungen, Zeitschriften, Bücher?
Oder sehen Sie lieber fern?
Verbringen Sie Ihre Freizeit gern am Computer?

b. Machen Sie sich zu den einzelnen Fragen Stichpunkte. Bilden Sie zwei Arbeitsgruppen und erzählen Sie.

c. Schreiben Sie jetzt mit Ihren Stichpunkten einen schriftlichen Bericht.

Übung 9
Wo lesen sie am liebsten?

a. Zuerst ein bisschen Wortschatz. Setzen Sie die Wörter in Klammern ein.

1. Julia steht auf Romeo. Sie ___ auf ihn ___. (abfahren)
2. In Büchern kann man von einer Seite auf die andere ___. (blättern)
3. Wenn man ins Wasser springt, ___ man ins Wasser ___. (eintauchen)
4. Kinder essen gerne schnell viel Schokolade. Sie ___ sie. (verschlingen).
5. Wenn ich abends ins Bett gehe, ___ ich mich mit der Bettdecke ___. (zudecken).

b. Sie hören jetzt fünf Personen, die Ihnen erzählen, wo sie am liebsten lesen. Ordnen Sie die Leseorte den Texten (Texte 4) zu:

Text ___: lesen im Grünen: ___
Text ___: lesen im Zug: ___
Text ___: lesen beim Essen: ___
Text ___: im Bett lesen: ___
Text ___: lesen am Wasser: ___

274

Dienst u. a. (1998), 274

Notieren Sie nun bitte Ihre Antworten.
Beispiel 52:

___

___

___

Beispiel 53:

____

____

____

Beispiel 54:

____

____

____

Reflexion

Die „Fragen zur Wortgruppe: Dichtung" in Beispiel 52 lassen vermuten, wohin die Beschäftigung mit Literatur im Unterricht gehen soll: Man spricht über sie wie Literaturwissenschaftler es tun, dafür werden den Lernenden die akademischen Termini zur Verfügung gestellt.
In Beispiel 54 sollen sich die Lernenden aktiv mit dem literarischen Text auseinander setzen. Eine solche stark subjektive Auseinandersetzung mit Literatur ist sicherlich auch in gewisser Weise respektlos: Man steht nicht ehrfürchtig vor ihr, sondern macht sie sich zu eigen.

Wenn Sie mehr über die Rolle der Literatur im Fremdsprachenunterricht wissen möchten, können Sie sich mit den folgenden zwei Fernstudieneinheiten beschäftigen: *Landeskunde und Literaturdidaktik* und *Lesen als Verstehen.* ⟹

5.4.2 Netzwerk und Themennetz

Zu Anfang von Kapitel 5 haben wir festgestellt, dass in der Landeskundediskussion weitgehend Konsens über den unauflöslichen Zusammenhang von Sprache und dazugehöriger Kultur besteht. Ein weiterer Punkt, über den man sich inzwischen einig zu sein scheint, ist die Unmöglichkeit, landeskundliches Wissen vollständig und abgeschlossen zu unterrichten. Gleichzeitig verlangen die Lernforscher, Unterrichtsformen anzuwenden, die die Lernenden in den Mittelpunkt stellen.

Trotz dieser Schwierigkeiten bleibt aufseiten der Lehrenden die Notwendigkeit, grundlegendes Wissen über die Zielsprachenländer zu vermitteln, und aufseiten der Lernenden existiert das Bedürfnis und das Interesse, sich mit Fakten und Informationen aus den Zielkulturen zu beschäftigen. Wie kann man im Unterricht Deutsch als Fremdsprache mit diesem Widerspruch umgehen? Zwei Ansatzpunkte bieten sich dafür an:

1. Während zu Zeiten des faktischen Landeskundeansatzes das Lehrbuch die landeskundlichen Inhalte festlegte, kann man nun versuchen, selbst eine Auswahl nach Kriterien zu treffen, die
   - nicht nur aus dem Kanon der „hohen Kultur", sondern aus allen Bereichen gesellschaftlichen Lebens stammen,
   - von aktuellen Ereignissen und Umständen ausgehen,
   - spezifische Interessen und Wünsche der Lernenden berücksichtigen.

Und man kann versuchen,

2. die eigene Unterrichtsmethodik zu verändern.

• Themenauswahl

Schauen wir uns den ersten Ansatzpunkt – die Frage nach der Auswahl von Themen für den Landeskundeunterricht – genauer an. Dieter Penning berichtet von seinem Deutschunterricht und listet dabei einen stattlichen Katalog von landeskundlichen

Themen auf, die allesamt für seine Zielgruppe wichtig und relevant seien. Dann kommentiert er seine Themenliste:

> „Ein systematischer Durchgang durch all diese Themen wäre in keiner Gruppe zu leisten und auch unsinnig, weil es Vollständigkeit und Abgeschlossenheit auf dem Gebiet der Landeskunde nicht gibt."
>
> Penning (1995), 630

Also muss eine Auswahl getroffen werden, aber von wem? Penning fährt fort:

> „Vielmehr muß man sich jedes Themenangebot als ein assoziatives Geflecht oder auch Netzwerk vorstellen, in dem alles mit allem zusammenhängt und letztlich die Lernerinteressen die Auswahl und die Fragehorizonte bestimmen."
>
> Penning (1995), 630

Einem landeskundlichem Netzwerk liegt oft ein bestimmtes aktuelles Ereignis zugrunde (ein Film, der Tod einer berühmten Persönlichkeit, Wahlen, die Diskussion um Einwanderung usw.), von dem die Lernenden gehört haben und das sie interessiert.

Das Netzwerk – d. h. eine Sammlung von Aspekten, die mehr oder weniger nah mit diesem Ereignis zusammenhängen – kann auf zwei Arten entstehen:

1. Sie als Lehrende machen den Lernenden ein Angebot zu einem bestimmten Thema und schlagen die das Kernthema berührenden Aspekte vor. Die Lernenden wählen aus dem Angebot das aus, was sie interessiert.

   Am Beispiel der Entscheidung des deutschen Bundestages für Berlin als Hauptstadt könnte das Netzwerk so aussehen:

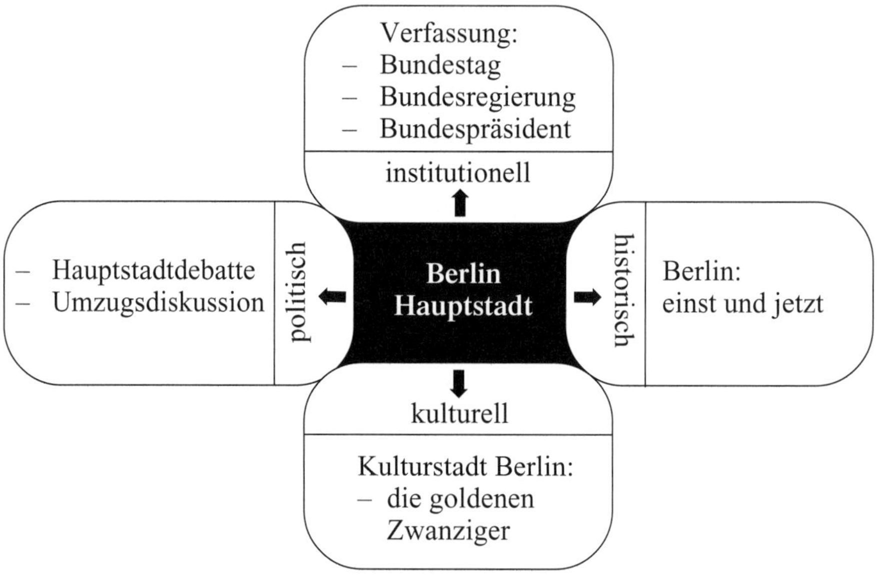

sehr verkürzt nach: Penning (1995), 631

Für das, was Penning *Netzwerk* nennt, hat sich inzwischen der Begriff *Themennetz* durchgesetzt. Diesen Terminus finden wir nicht nur im Sprachunterricht, sondern auch im Zusammenhang mit der Ausbildung von Deutschlehrerinnen und -lehrern, etwa im neuen Landeskunde-Curriculum für die Deutschlehrerausbildung in Polen:

> „Um konkrete Themen für die Seminararbeit zu finden, schlägt das Curriculum vor, von der Erfahrungs- und Lebenswelt der Lernenden auszugehen und in diesem Kontext gemeinsame Themen zu finden, die für den/die Einzelne/n bzw. die konkrete Gruppe von (weit verstandener) existenzieller Bedeutung sind. Es handelt sich also um *generative Themen* (nach Paulo Freire), d. h. um Themen, aus denen sich im Lauf der Kursarbeit immer wieder andere relevante Themen ableiten lassen. Im Verlauf des Unterrichts kann daraus ein Themennetz entstehen."
>
> Badstübner-Kizik (1998), 13f.

• Veränderung der Unterrichtsmethodik

Kommen wir nun zur Frage der Unterrichtsmethodik. Die schon angesprochene Schwierigkeit liegt darin, die landeskundlichen Inhalte auszuwählen und die Wissensmenge in den Griff zu bekommen und gleichzeitig andere Formen der Vermittlung zu finden.

> „Konzepte auf der Grundlage von ‚Wissensvermittlung‘ sind zudem extrem lehrer- bzw. lehrwerkzentriert. Das Lehrwerk bzw. die Lehrenden als Gewährspersonen garantieren die Richtigkeit und Notwendigkeit des Kontext-Wissens. Als Lehrende bestimmen sie die Themen und die jeweilige Perspektive, unter der diese zu behandeln sind.“
>
> Hackl u. a. (1998b), 8

Wir haben schon darauf hingewiesen und auch Beispiele aus Lehrwerken gezeigt, in denen ein veränderter methodischer Zugang realisiert wird: Nicht mehr das Lehrbuch bzw. die Lehrenden allein sind die Quelle für landeskundliche Information.

Aufgabe 83

Wie sollten Ihrer Meinung nach Unterrichts- und Arbeitsformen beschaffen sein, um im Landeskundeunterricht nicht „totes Wissen“ fern von den Bedürfnissen und Interessen der Lernenden zu vermitteln? Wie könnten Sie die Lernenden auf die deutschsprachigen Länder neugierig machen und auf ihre Interessen eingehen?

Reflexion

Sie haben gesehen, dass Themenauswahl und Unterrichtsmethodik in engem Zusammenhang stehen. Bestimmte Inhalte lassen sich besser und lernpsychologisch gesehen erfolgreicher in Gruppen-, Partner- und Einzelarbeit als im Frontalunterricht erarbeiten. Es sind also veränderte Sozialformen erforderlich, wenn man die Lernenden in den Mittelpunkt stellt. Wir möchten Ihnen daher einige wesentliche **Kriterien** für lernerzentrierten*, handlungsorientierten*, schüleraktiven Unterricht nennen:

- ➤ *Lerneraktivierung:* Durch handlungs- und projektorientierte Aufgaben gestalten die Lernenden den (Landeskunde-)Unterricht aktiv und produktiv mit.
- ➤ *Lernerzentrierung:* Die Lehrenden stehen nicht mehr im Mittelpunkt des Unterrichtsgeschehens, sondern die Lernenden nehmen so viele Aufgaben wie möglich in die eigenen Hände.
- ➤ *Lernerautonomie*:* Die Lernenden werden an der Auswahl von Themen und Inhalten beteiligt, es wird Raum für ihre Interessen geschaffen; sie sollen lernen, ihren Kenntnisstand selbst einzuschätzen.
- ➤ *Lernen mit allen Sinnen:* Die Lernenden stellen gemeinsam Produkte her, sie lernen in und außerhalb des Klassenraums, nutzen Medien aller Art usw.
- ➤ *Soziales Lernen:* Die Lernenden kooperieren, tauschen sich aus, alle sprechen mit allen, machen die Erfahrung, dass sie gemeinsam mehr wissen und können, als wenn sie allein arbeiten würden.

Aufgabe 84

Versuchen Sie nun bitte selbst, ein landeskundliches „Themennetz“ zusammenzustellen. Wir schlagen Ihnen als Thema „Grenzen“ vor.

Lassen Sie Ihren Gedanken freien Lauf und notieren Sie auf ein Blatt Papier alles, was Ihnen zu dem Begriff „Grenze“ einfällt.

Versuchen Sie die gefundenen Gedanken zu strukturieren: Was passt zusammen? Was bildet einen Themenkomplex? Was führt zu einem neuen Thema?

Wenn Sie das Thema für Ihren Unterricht vorbereiten möchten, so überlegen Sie auch, welche Sozialformen für die Durchführung sinnvoll sind.

5.4.3 Landeskunde und neue Medien

Netzwerk, Themennetz, Informationen – diese Begriffe aus dem vorigen Teilkapitel sind Ihnen wahrscheinlich aus einem anderen Kontext vertraut, nämlich aus der Welt der Computer und der neuen (Kommunikations-)Medien. Es ist kein Zufall, dass sie auch Eingang in den Fremdsprachenunterricht bzw. die Didaktik der Landeskunde gefunden haben.

Es ist längst unübersehbar, dass wir in der so genannten Informationsgesellschaft leben, und dieser Tatsache können sich auch Schule und Unterricht nicht entziehen. Mehr denn je stehen wir alle vor der Notwendigkeit, aus der täglich anschwellenden Informationsflut, die gedruckt und über Radio, Fernsehen, Internet zu uns kommt, das für uns Wichtige herauszufiltern und es zu verarbeiten.

Alle Institutionen, in denen gelernt und gelehrt wird, müssen umdenken: Statt schnell veraltendes Wissen zu vermitteln, müssen diese Einrichtungen das Lernen lehren. Nicht nur als Kinder und junge Leute brauchen wir *lebenslanges Lernen*.

Mithin muss sich auch der Fremdsprachenunterricht fragen, welche Verfahren, Mechanismen und Techniken zur Aneignung von Fakten und Daten er anbieten und nutzen will. Einige der Antworten darauf stellen unserer Meinung nach die in Kapitel 5.4.2 (S. 117ff.) skizzierten neuen Umgangsweisen mit den Themen des Sprachunterrichts dar bzw. die handlungsorientierten Unterrichtsansätze.

• Zur Rolle der neuen Medien in der Landeskunde

Der Computer und verwandte technische Errungenschaften sind dabei, nahezu alle Aspekte unseres Lebens grundlegend zu verändern. Die wichtigste Rolle für den Fremdsprachenunterricht spielt dabei zweifellos das Internet und – damit zusammenhängend – der elektronische Versand digitaler Daten:

- Das Internet stellt eine riesige, unendlich scheinende Informationsquelle dar, die im Prinzip überall auf der Welt allen Menschen gleichzeitig zur Verfügung steht.
- Alles, was sich elektronisch speichern lässt, kann über Telefonkabel blitzschnell überallhin gelangen. Besonders verbreitet ist der Versand elektronischer Briefe *(E-Mails)*. Auch Fotos, Bilder, Hörtexte, Musik, Videos usw. lassen sich in Form von digitalen Dateien einfach und billig verschicken.

Wenn wir uns in diesem Teilkapitel der Fernstudieneinheit mit neuen Medien befassen, so meinen wir hier in erster Linie diese zwei Dinge, nämlich das Internet und die *E-Mail*-Korrespondenz.

Aufgabe 85

> *Sicher sind auch Sie mit den neuen Medien schon vielfach in Berührung gekommen.*
> *Bitte vergegenwärtigen Sie sich, welche Erfahrungen Sie mit Internet und E-Mail schon gemacht haben. Welchen Beitrag können Ihrer Meinung nach diese Medien zum Fremdsprachen- bzw. Landeskundeunterricht leisten?*

Im Hinblick auf den Fremdsprachenunterricht kann das Internet mindestens drei **Funktionen** erfüllen:

➤ Man kann dort zumeist ohne großen Aufwand und Kosten aktuelle Informationen finden; es ist also ein *Informationsmedium*.

➤ Man kann ohne großen Aufwand und Kosten eigene Materialien ins Netz stellen und veröffentlichen, es ist also auch ein *Publikationsmedium*.

➤ Man kann mit Menschen in aller Welt schnell, spontan und unkompliziert in Kontakt treten, wobei Ländergrenzen und Entfernungen im Prinzip keine Rolle spielen; das Internet ist damit ein *Kommunikationsmedium*.

Wie sieht das konkret aus? Wir haben drei Beispiele aus der Praxis des Fremdsprachenunterrichts mit dem Internet für Sie zusammengestellt.

Lesen Sie bitte die folgenden drei Projektbeschreibungen und überlegen Sie, welche der drei beschriebenen Funktionen als Informations-, Publikations- oder Kommunikationsmedium das Internet in jedem Projekt jeweils in erster Linie erfüllt. *Projekt 1:* ____________________ *Projekt 2:* ____________________ *Projekt 3:* ____________________

Aufgabe 86

Projekt 1

1988 wurde das *European Schools Project* (ESP) ins Leben gerufen, dessen Ziel es war, den Unterricht zu verbessern, indem man die außerschulische Realität ins Klassenzimmer hereinholte. Für die damalige Zeit revolutionär war die Idee, dabei mit *E-Mails* zu arbeiten. Thomas Peters u. a. entwickelten für das ESP das Projekt *Das Bild der Anderen*, bei dem sich Deutsch lernende Schüler aus den Niederlanden und aus Dänemark per *E-Mail* über Dinge ihres alltäglichen Lebens austauschten.

Beispiel 55

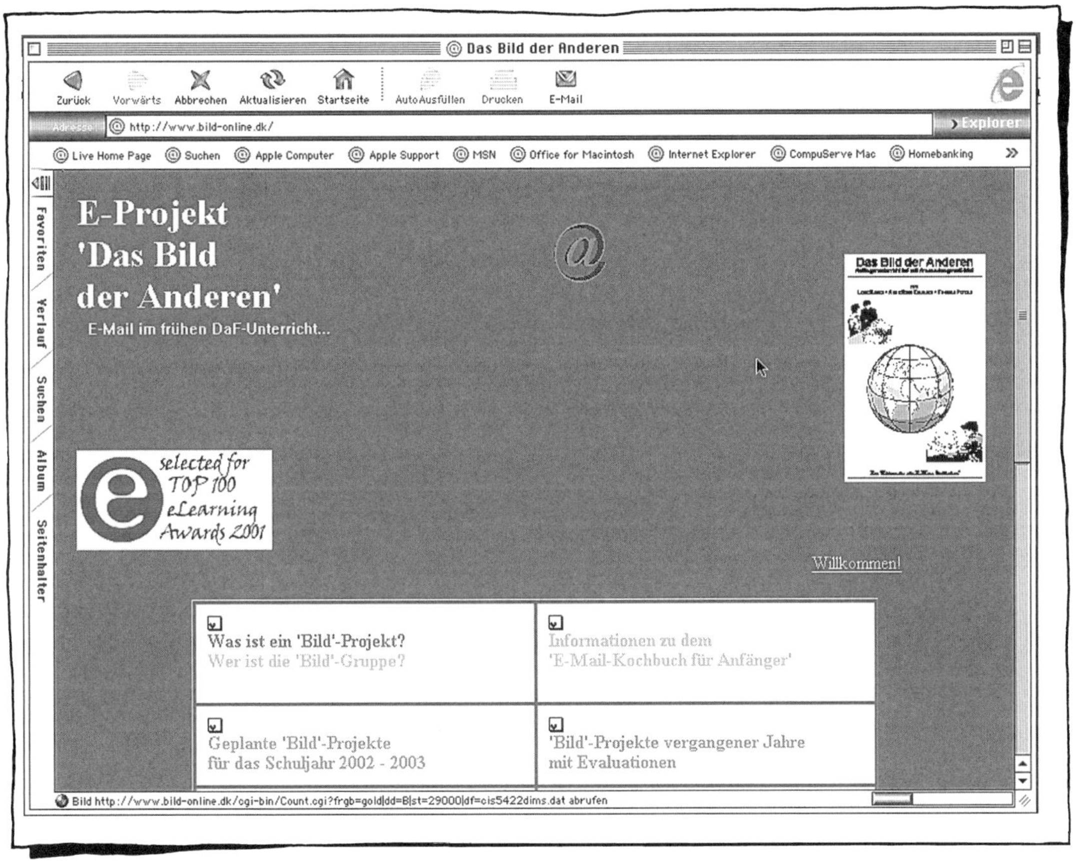

Peters u. a.; http://www.bild-online.dk

Inzwischen sind – als Resultat der fortgesetzten intensiven Zusammenarbeit der dänischen und niederländischen Lehrenden im Bereich Deutsch als Fremdsprache – Unterrichtsmaterialien für die Vorbereitung und Durchführung eines *Bild-der-Anderen*-Projektes entstanden. Es ermöglicht Lernenden mit einer geringen Sprachkompetenz sowohl Informationen über sich selbst zu geben als auch Auskünfte über den Partner einzuholen:

> „Wie im üblichen Anfängerunterricht stehen die Deutschlerner in einem Bild-Projekt selbst im Mittelpunkt. Die Themen sind deshalb wie in den meisten Lehrbüchern für Anfänger: Ich – Meine Familie – Meine Freunde – Meine Haustiere – Meine Hobbys/ Interessen – Schule usw. Die Korrespondenz ist so organisiert, dass die Schüler sozusagen die benötigten Redemittel erst dann in die Hand bekommen, wenn sie sie brauchen. [...]

Die Schüler schreiben gern und freuen sich sehr, wenn sie Mail erhalten. Sie bemühen sich, gute Briefe zu schreiben, denn sie wissen ja, dass konkrete Personen ihre Briefe lesen und beantworten werden. Sie erfahren, dass sie sich mit ihrer neuen Fremdsprache echte Kontakte beschaffen können und nicht nur für den Lehrer schreiben."

Peters u. a. (1998), 13

Projekt 2

Auswanderung aus Europa – Einwanderung in die USA ist ein fächerübergreifendes binationales Schulprojekt, dessen Aufgaben und Ziele so beschrieben werden:

„1. Jeweils eine deutsche und eine amerikanische Arbeitsgruppe, d. h. Schüler an einer deutschen bzw. Schüler an einer amerikanischen Schule, arbeiten zusammen.
Ziel: Teamfähigkeit und Fähigkeit zur Lösung von methodischen und sachlichen Problemen einüben.

2. Das Schicksal von Einzelpersonen ist jeweils der Ausgangspunkt. Jede Person wird gemeinsam von deutschen und amerikanischen Schülern bearbeitet, wobei die deutschen die Zeit vor der Auswanderung, die amerikanischen die Zeit nach der Einwanderung übernehmen. Die Fragen nach den genaueren Umständen der Auswanderung ergeben sich dabei von selbst, z. B. die nach Motiven, Finanzierung, Reiserouten, Häfen, Überfahrt, Ankunft, Integrationsproblemen im neuen Land.
Ziel: Gelegenheit zur Recherche in unterschiedlichen Medien; Fragen zur allgemeinen Geschichte provozieren.

3. Die Schüler beziehen die Informationen aus unterschiedlichen Medien: Bücher, Zeitschriften, Video, CD-ROM, Internet. Sie stoßen bei der Recherche auf historische Fragen, die auf die Grundfrage hinauslaufen: ‚Wie waren die Verhältnisse in Deutschland, Europa und Amerika?'
Ziel: Die Schüler beschäftigen sich mit dem Quellenmaterial und entwickeln dabei ihre eigenen Fragestellungen."

Donath: www.englisch.schule.de/DaF.htm

Projekt 3

Am Goethe-Institut Barcelona führt eine Lehrerin ein Internetprojekt mit ihrer Klasse durch. Die Kursteilnehmer, die gerade anfangen Deutsch zu lernen, erstellen gemeinsam eine Homepage.

„Die KT [Kursteilnehmer] sollten sich mit je einem geschriebenen Text (max. eine Bildschirmseite) und einem frei gesprochenen Hörtext (max. eine Minute) vorstellen. Die Texte der KT, die in individueller Arbeit zu Hause oder in Gruppenarbeit im Unterricht entstanden, wurden nach und nach ins Netz gestellt. [...]

Die Aufgabenstellung folgte mehr oder weniger dem Lehrwerk [...]. Es sollte eine Auswahl typischer Texte, die im Laufe eines Anfängerunterrichts entstehen, im Internet gezeigt werden, mit dem Ziel eine sicht- und hörbare Progression zu dokumentieren. Natürlich war vorauszusehen und beabsichtigt, dass durch den Anreiz der Veröffentlichung die Textproduktion bei einigen KT angekurbelt ... würde."

Wollny (1999), 18f.

Die Aufgliederung in drei zentrale Funktionen des Internets bedeutet selbstverständlich nicht, dass diese Funktionen in der Unterrichtsrealität voneinander getrennt sind; in aller Regel werden – je nach Unterrichtseinsatz oder Projekt – verschiedene Funktionen genutzt werden. Sehen wir uns also weitere Möglichkeiten in der Praxis an, um mehr zu erfahren über den landeskundlichen Nutzen des *WWW* (so wird das Internet auch oft genannt, als Abkürzung für das englische *World Wide Web*, also weltweites Netz).

• Landeskundliche Informationen: Internet-Portale

Für eine sinnvolle Nutzung der im Internet zur Verfügung stehenden Datenmenge müssen den Lernenden Techniken vermittelt werden, damit sie mit der Fülle der Informationen sinnvoll umgehen können, sie müssen also z. B. lernen zu recherchieren, auszuwählen, zu gewichten und zu präsentieren. Das (Auswendig-)Lernen von Daten und Fakten ist nur noch in sehr begrenztem Umfang sinnvoll.

Die im Netz bereitgestellten Wissensmengen haben sich jedoch in solchem Maß vergrößert, dass sich in den letzten Jahren eine Tendenz zu so genannten Portalen herausgebildet hat. Ein Portal ist – um im Bild zu bleiben – ein thematischer Eingang ins Internet, der Sie dahin führt, wohin Sie wollen. Sie treten durch z. B. ein Deutsch-als-Fremdsprache-Portal (d. h., Sie wählen eine entsprechende Internetadresse) und finden als Erstes Wegweiser, die Ihnen den Internetdschungel strukturieren. Zum Beispiel

- bietet Ihnen die Internetseite der Zentralstelle für das Auslandsschulwesen eine ausführliche Auswahlliste von Startseiten rund um die Bundesrepublik Deutschland an (unter ***www.dasan.de***, s. Beispiel 56, S. 123);
- sammelt und sortiert das Institut für Internationale Kommunikation Düsseldorf alles, was Lehrenden beim Deutschunterrichten nützlich ist (unter den Adressen ***www.deutsch-als-fremdsprache.de*** bzw. ***www.wirtschaftsdeutsch.de***, s. Beispiel 57, S. 124);
- hilft das Goethe Institut Inter Nationes auf seinen Seiten die wirklich DaF-relevanten Informationen im *WWW* zu finden. Außerdem finden sich auf der Homepage des Goethe-Instituts auch immer anregende Projekte aus der Praxis auch des landeskundlichen (Sprach-)Unterrichts und es werden Gelegenheiten zum Ausprobieren und Mitmachen angeboten (unter ***www.goethe.de*** bzw. ***www.inter-nationes.de***, s. Beispiel 58, S.124).

Beispiel 56

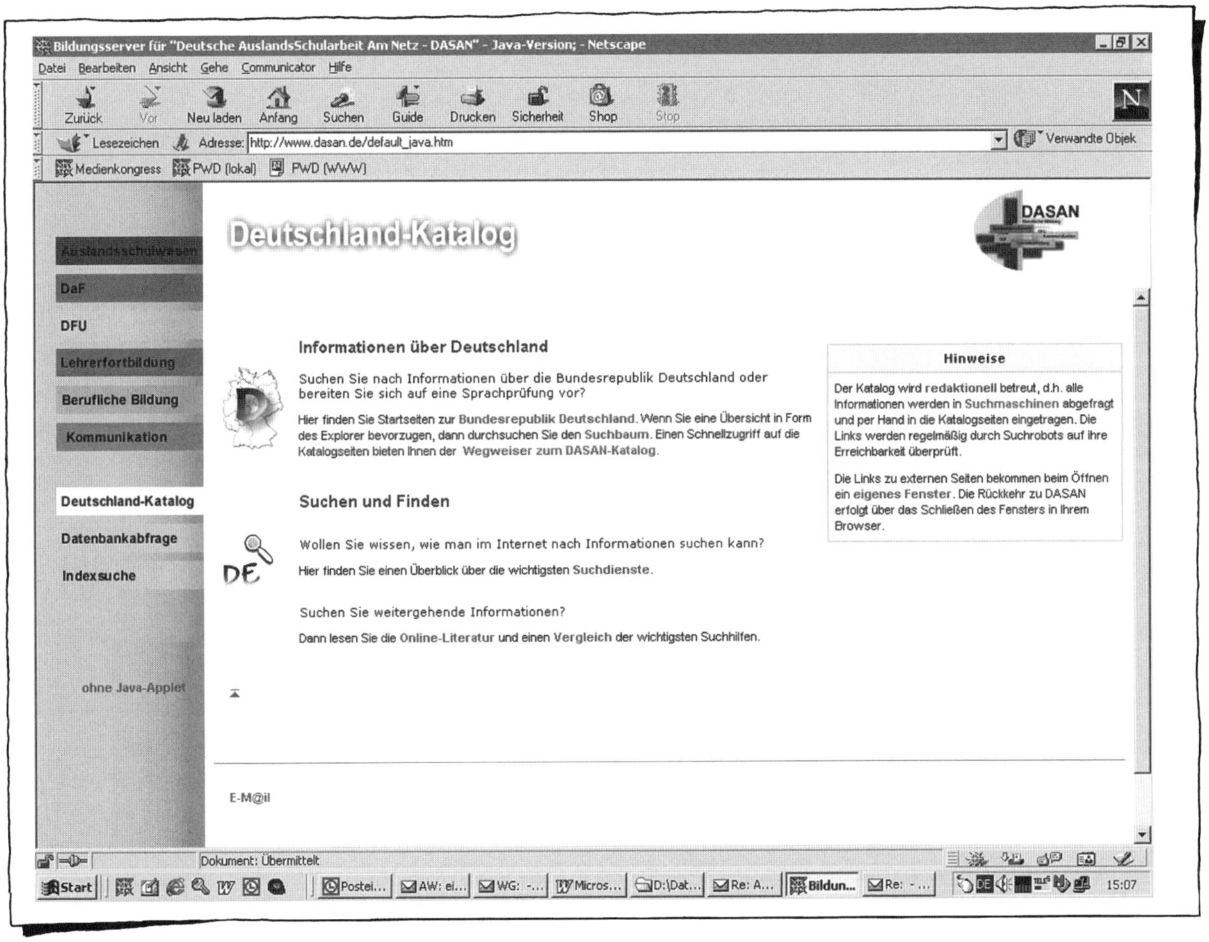

ZfA-Bildungsserver; www.dasan.de

Beispiel 57

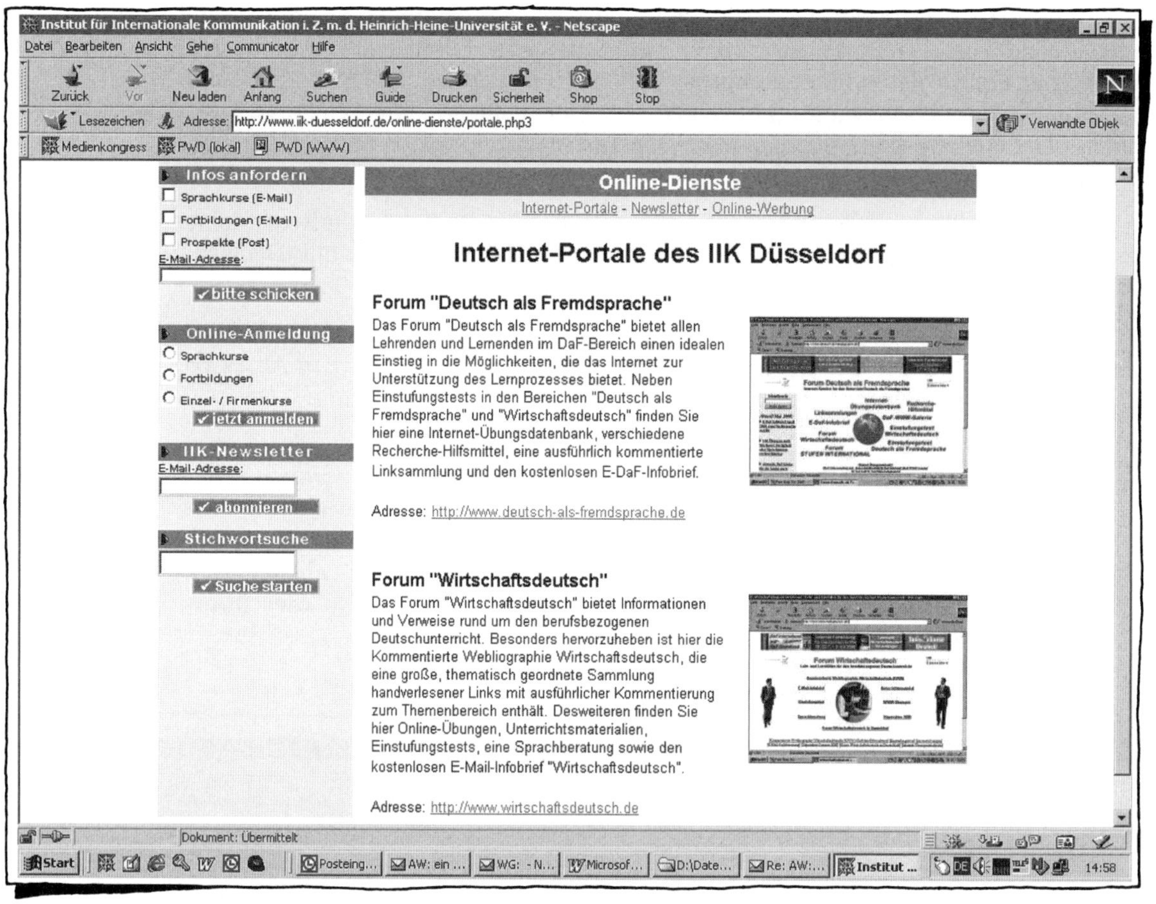

IIK Düsseldorf; www.wirtschaftsdeutsch.de

Beispiel 58

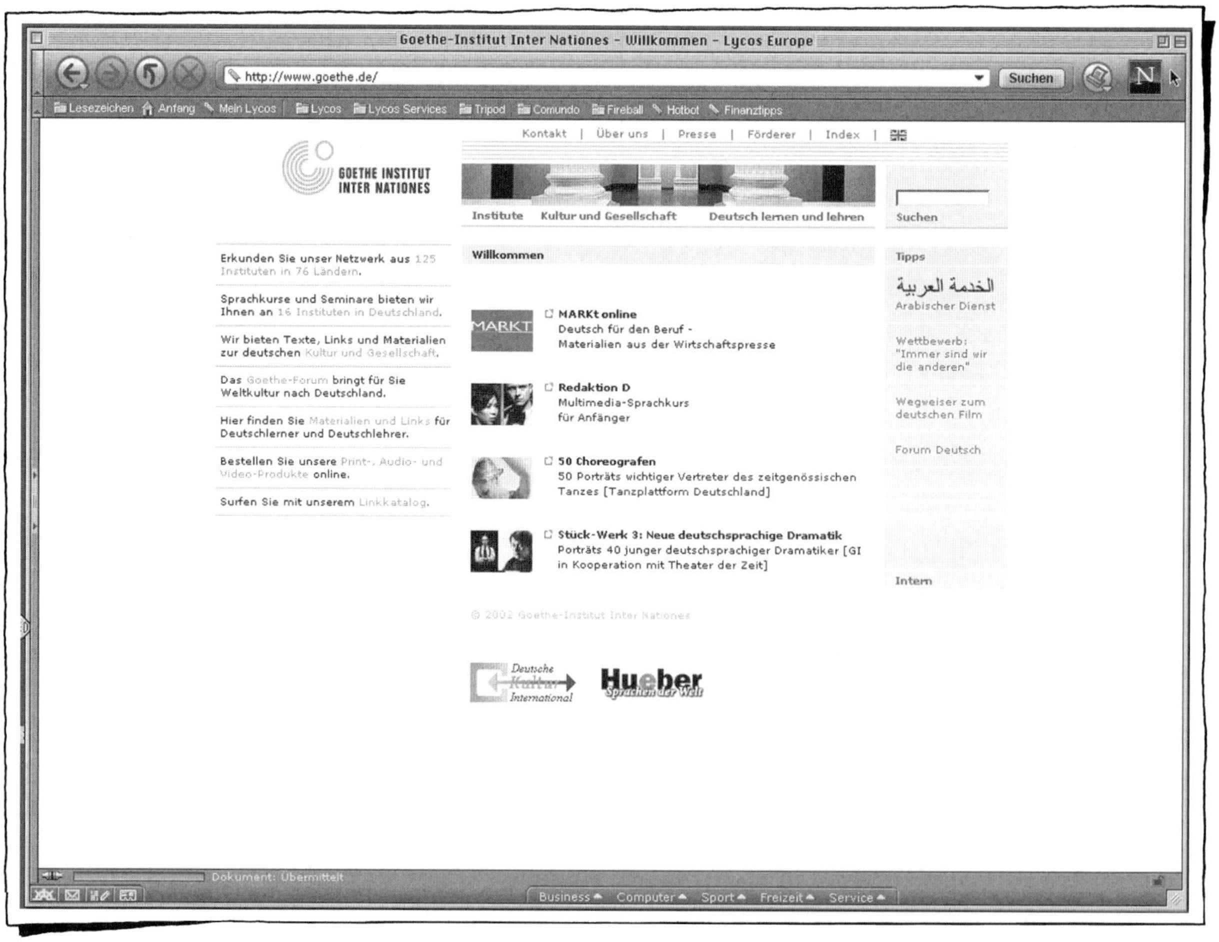

Homepage des Goethe-Instituts; www.goethe.de

Das Internet als Informationsmedium ermöglicht selbstständige Recherchen zum Beispiel für projektorientierte Arbeitsformen. Es steht Lernenden und Lehrenden in gleicher Weise zur Verfügung. Das Internet kann also Faktenwissen vermitteln, das den Lernenden hilft, Lösungen für die im Unterricht gestellten Probleme zu finden. Dadurch wird die Lernerautonomie gefördert, da die Lehrenden oder das Lehrbuch nicht mehr das Monopol für die Bereitstellung von Fakten, Themen und Texten haben.

Die Forderung nach einem solchen handlungsorientiertem Unterricht ist keineswegs neu. Schon in der so genannten Reformpädagogik in den Zwanzigerjahren des 20. Jahrhunderts wurden solche didaktischen Forderungen aufgestellt. Aber die neuen Medien erleichtern die Realisierung dieser pädagogischen Ansätze.
Außerdem trägt der Fremdsprachenunterricht auf diese Weise zur Ausbildung von Schlüsselkompetenzen wie selbstständigem, selbst verantwortlichem Handeln und zur Medienkompetenz bei, die die modernen Gesellschaften brauchen und deren Vermittlung Industrie und Wirtschaft von den Schulen verlangen.

• Interkulturelle Kommunikation: das Beispiel *Odyssee*

Wir wollen uns nun ein Beispiel ansehen, wie man das Internet im Hinblick auf *E-Mail*-Korrespondenz und (wenn möglich) Recherchen im Internet im Fremdsprachenunterricht einsetzen kann. Auf den *WWW*-Seiten des Goethe-Instituts finden Sie das von Ronald Grätz entwickelte *E-Mail*-Spiel *Odyssee*. Die Regeln für das Spiel werden im Internet beschrieben, man meldet sich **online** an.

Die Spielbeschreibung:

> **„Odyssee – ein interkulturelles E-Mail-Suchspiel**
>
> Der Name Odyssee ist das Programm: Nicht das Ziel ist wichtig, sondern das Unterwegs-Sein, das ‚andere Länder Entdecken und verstehen Lernen'.
>
> Die Regeln:
>
> 4 – 5 Klassen schicken sich einmal pro Woche Post. Die Lernenden wissen aber in den ersten drei Wochen nicht, wo auf der Welt die anderen sind. Jede Klasse erhält einen Codenamen (z. B. Schneewittchen, Goethe). Zu den Codenamen wird später gegenseitig informiert.
>
> Die Themen:
>
> Sie sind in den ersten 3 Wochen vorgegeben (z. B. *Aus unserer Stadt kommt eine berühmte Persönlichkeit*). Aufgabe ist es, anhand der Informationen in den erhaltenen Briefen herauszufinden, woher sie kommen. Die eigenen Texte müssen natürlich ebenfalls verschlüsselt werden.
>
> In der 4. Woche werden die nicht entdeckten Orte bekannt gegeben, Hintergrundinformationen zum eigenen Codenamen gegeben und die Verschlüsselung erklärt.
>
> In der 5. Woche wird eine Stellungnahme zu den theoretischen Texten abgegeben. In der 6. Woche erfolgt die Spielauswertung und Verabschiedung."

Grätz (1999), 25

Im Folgenden finden Sie detaillierte Anweisungen und ein Beispiel von der Internetseite des Projektes:

> „Heute beginnt das Odyssee-Suchspiel. Hier sind die Themen der ersten E-Mails.
> Suchen Sie sich bitte ein Thema aus, das Sie in einer Gruppe bearbeiten möchten.
>
> Unsere Stadt ist/liegt/hat ... (auch Wetter)
> Aus unserer Stadt kam/kommt ... (Persönlichkeit, Tradition, Erfindung)

Wenn ich aus dem Fenster sehe, ... (typische Häuser, Wahrzeichen [Material, Farbe])
Regionale Feste und Feiertage in den nächsten sechs Wochen:
Bei uns wohnen besonders viele Ausländer aus ... Das kommt daher, dass ...
Was bei uns besonders wichtig ist: (Verhaltensweisen: man sollte/man sollte nicht)"

Beispieltext

„Man nennt unsere Stadt in unserem Land das Tor zur Welt. Von Tor kann man nicht sprechen, es ist bildlich gemeint. Wir liegen nicht direkt dort, wo es zur Welt geht, sondern im Landesinneren.
Wir haben hier eine Bahn. Genauer gesagt, wir haben zwei Bahnen: eine für Pferderennen und eine etwas andere, aber ebenso berühmte. Da rennt man weniger, wahrscheinlich, weil man nicht mehr kann. Es gibt ein berühmtes Lied darüber. Vielleicht kennt ihr es.
Unser Wahrzeichen ist grün – nicht ganz grün, aber ein Teil ist grün. Man kann hineingehen. Es liegt mitten in der Stadt, die übrigens zwei große Seen hat. Habt ihr eine Idee?"

Grätz; www.goethe.de/oe/mos/odyssee/index.htm

Aufgabe 87

Möchten Sie raten, um welche Stadt es sich handelt? Tipp: Sie liegt in Deutschland.

Reflexion

Wenn Sie die Beschreibung des *Odyssee*-Suchspiels gelesen haben, werden Sie sich vielleicht fragen, warum man dazu überhaupt einen Computer benutzen soll: Briefe kann man doch mit der traditionellen Post verschicken. Das ist zwar richtig, aber die Vorteile des *E-Mailens* liegen auf der Hand: Die Texte können in Sekundenschnelle verschickt werden, der Unsicherheitsfaktor Postweg entfällt, die Lernenden müssen nicht wochenlang auf Antwort warten, sondern erhalten in der folgenden Unterrichtsstunde oder Unterrichtswoche bereits wieder Post.
Die Vorzüge von Internet und *E-Mail* lassen sich dabei sogar nutzen, ohne dass Computerklassenräume zur Verfügung stehen. Anders gesagt: Um den (Landeskunde-)Unterricht und interkulturelles Lernen mithilfe der neuen Medien attraktiv zu gestalten, muss nicht jeder Lernende einen Computer vor sich stehen haben. Es genügt unter Umständen, wenn der oder die Lehrende Zugang zu einem *E-Mail*-fähigen Computer hat.
Interessanter ist es bei diesem Spiel allerdings, wenn auch die Lernenden die Möglichkeit haben, im Internet zu recherchieren und dort Material und Informationen für ihre verschlüsselten Texte suchen können.

Aufgabe 88

Der Autor des Spiels nennt in seiner Spielbeschreibung die Lern- und Lehrziele, die er mit „Odyssee" erreichen will. Wir nennen Ihnen einige der Ziele, die er auflistet. Bitte lesen Sie die Punkte und überlegen Sie, wie und warum welche Elemente des Spiels das jeweils genannte Ziel fördern.

Lernziele/Lehrziele von „Odyssee" (Auswahl):

„1. Die Verantwortung für den eigenen Lern- und gemeinsamen Unterrichtsprozess soll auch beim Lerner liegen.
2. Es sollen Reaktionen auf das Fremde angeregt werden und dazu, sich über Sachverhalte interkulturell auszutauschen.
3. Es sollen E-Mail und Internet als zusätzliches produktives Unterrichtsmedium mit hohem Kommunikationswert und als landeskundliche Quelle erfahren werden.

4. Es sollen die sprachlichen Fähigkeiten und Fertigkeiten durch Authentizität der Kommunikation und funktionale Anwendung von Grammatik gesteigert werden.
5. Sprache soll handlungsorientiert erlebt und angewendet werden.
6. Der offene Umgang mit eigenen Fehlern soll gefördert werden und als Weg zur Sprachrichtigkeit bewusst gemacht werden."

Grätz; www.goethe.de/oe/mos/odyssee/index.htm

Reflexion

In diesem Projekt werden alle sprachlichen Fertigkeiten integrativ und in einer authentischen Kommunikationssituation geschult, nämlich

- Lesen (z. B. Texte der Partnerklasse, Recherchematerialien),
- Sprechen (z. B. Diskussion darüber, in welcher Stadt die Partnerklasse ist oder was man ihr schreiben soll),
- Hören (z. B. Diskussionsbeiträge der anderen Lernenden anhören),
- Schreiben (z. B. verschlüsselte Texte für die Partnerklasse schreiben).

Aber auch landeskundliches Lernen findet statt:

- Die Partnerklassen beschreiben ihre Stadt, vielleicht auch ihr Land, sodass landeskundliche Fakten übermittelt werden.
- Die Lernenden reflektieren über ihre eigenen kulturellen Besonderheiten, die sie der Partnerklasse darlegen wollen, bzw. versuchen anhand von kulturellen Merkmalen der Partnerklasse deren Wohnort herauszufinden.
- Durch das Rätsel wird die Neugier auf die anderen und damit auf die andere Kultur geweckt und gefördert. Hervorzuheben ist dabei besonders, dass dieses interkulturelle Interesse durch Interaktion von Lernenden untereinander entsteht, nicht durch Lehrer- oder Lehrbuchvorgaben.

• Didaktisierte authentische Materialien: *jetzt online*

Ein weiterer großer Reiz des Internets besteht darin, dass es für den landeskundlichen Deutsch-als-Fremdsprache-Unterricht eine unendliche Menge an authentischen Materialien bereithält: Fahrpläne, Speisekarten, Stadtpläne, Touristenprospekte, Anzeigen, Formulare usw. Das ganze Textsortenspektrum der kommunikativen Didaktik und viel, viel mehr ist – wenn man weiß, wo – *online* verfügbar.

Damit stellt sich jedoch gleichzeitig ein Problem: Wenn Lernende selbstständig im Internet recherchieren, stoßen sie auf Materialien, die in ihrem sprachlich-kulturellen Schwierigkeitsgrad natürlich nicht vorhersehbar und die didaktisch nicht aufbereitet sind. Unter Umständen kann das dazu führen, dass Lernende nicht unbedingt gerne auf fremdsprachigen Internetseiten surfen, weil es zu anstrengend wird. Deshalb gibt es im Internet mittlerweile auch eine Reihe von Angeboten, die authentische *WWW*-Ressourcen durch Didaktisierung erschließen.

Ein Beispiel dafür ist die Online-Ausgabe des Jugendmagazins *jetzt* der *Süddeutschen Zeitung*, die im Auftrag des Goethe-Instituts Inter Nationes für Lernende von Deutsch als Fremdsprache aufbereitet wird. Sie wendet sich an Jugendliche in Deutschland und ist damit für Deutsch lernende junge Leute sehr attraktiv. Deshalb gibt es unter der Adresse ***http://www.goethe.de/z/jetzt/*** Angebote, in denen die für Lernende oft anspruchsvollen Artikel „verdaulich" gemacht werden. Dadurch können Lernende diese selbstständig nutzen. Schwerpunkte sind dabei Leseverstehen, Lesestrategien, eigenständiges Schreiben und Medienkompetenz.

Landeskundlich interessant und für den Sprachunterricht relevant ist der Bereich der Arbeitswelt und in Hinsicht auf jugendliche Lernende besonders unter der Fragestellung: „Was erwartet mich eigentlich in der Arbeitswelt?" Dazu möchten wir Ihnen ein Beispiel aus *jetzt online* zeigen, in dem es um Schlüsselqualifikationen für das Berufsleben geht.

Beispiel 59

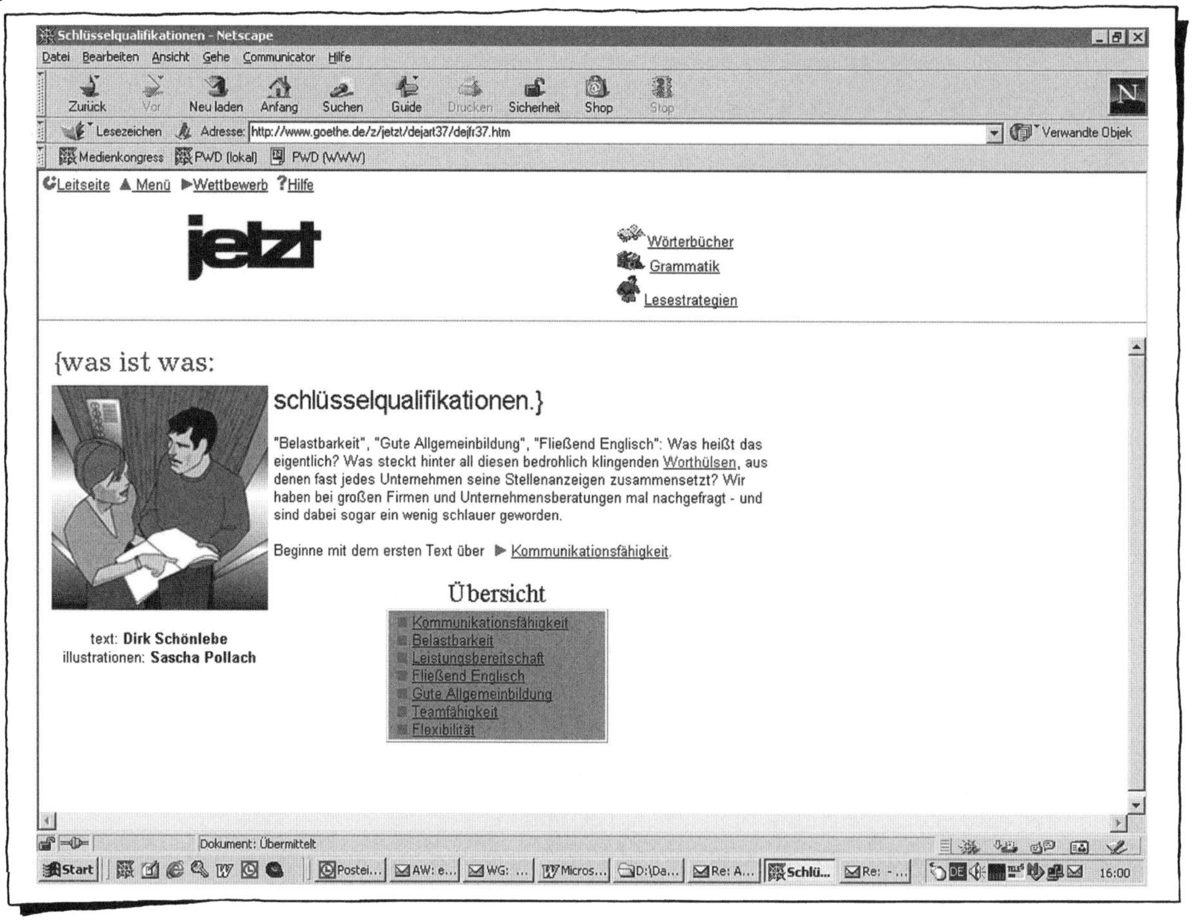

Schönlebe; www.goethe.de/z/jetzt

Aufgabe 89

Bitte lesen Sie den folgenden Artikel und überlegen Sie, wie er für die selbstständige Nutzung durch Ihre Lernenden aufbereitet werden kann.

1. *Welche Hilfen zur Gliederung der Textmenge würden Sie geben?*
2. *Welche Verständnishilfen sind nötig?*
3. *Welche Aufgaben können Sie zum landeskundlichen Leseverstehen formulieren?*
4. *Welche über den Text hinausführenden Aufgaben könnten Sie stellen?*

„Kommunikationsfähigkeit

Du telefonierst gerne und viel? Erzählst gute Witze und kommst auf Partys leicht mit fremden Menschen ins Gespräch? Glückwunsch. Aber mit Kommunikationsfähigkeit, wie Unternehmen sie definieren, hat das wenig zu tun. Wer ständig und viel redet, wirkt eher anstrengend als kommunikationsfähig. Dafür sind gefragt: genau zuhören können, präzise argumentieren und sein Wissen gerne mit anderen teilen. Auch ganz wichtig: den richtigen Umgang mit Kollegen, Untergebenen und dem Chef finden und gezielt kritisieren können. Was das genau bedeutet? Darüber müssen wir uns noch mal unterhalten.

Belastbarkeit

Gleichzeitig mit dem Büro in London, dem Flughafen und der Buchhaltung telefonieren zu können, während der Hausmeister im Hintergrund Schränke rückt, vor der Tür zwei Verhandlungspartner warten und die Freundin am Abend bekocht werden will: Das ist Belastbarkeit. Dabei soll man nicht den Überblick verlieren, die Aufgaben alle gut erledigen und mit Termindruck umgehen können. Andererseits muss man auch Langeweile ertragen, wenn mehrere Wochen am Stück immer dasselbe zu erledigen ist. Und man sollte irgendwie damit fertig werden, wenn der Kollege ein Idiot ist, Stellen abgebaut werden oder Gespräche mit besserwisserischen Kunden anstehen. Alles zusammen also halb so wild.

Leistungsbereitschaft

Als Letzter abends das Büro verlassen und ein voll gestopfter Schreibtisch sind noch keine glaubhaften Beweise für echte Leistungsbereitschaft. Und der Spruch ‚Das ist nicht mein Bier' hilft manchmal bei Verwechslungen in der Kneipe, nicht aber, wenn im Büro ein Problem auftaucht. Dass man sich vorstellen kann, auch mal mehr oder am Wochenende arbeiten zu können, ist wichtig und die Fähigkeit, sich selbst ein Ziel stecken zu können. Anfangen könnte man ja damit, niemals zu sagen ‚Das ist nicht mein Bier'.

Fließend Englisch

Englisch-Leistungskurs haben und jedes Backstreet-Boys-Album auswendig können heißt leider noch nicht, fließend Englisch zu beherrschen. Erst wer fehlerfrei und annähernd im Tempo seiner Muttersprache bei Alltagsthemen mitreden kann, erfüllt diese Anforderung. Viele Unternehmen gehen davon aus, dass dafür ein einjähriger Austausch mit einem englischsprachigen Land genügt. ‚Arbeitsfähiges Englisch' meint, dass Grundlagen vorhanden sind und nur das praktische Training fehlt. ‚Verhandlungssicheres Englisch' bedeutet, dass man auch Fachvokabeln beherrscht. Einziger Trost: Es kann also kaum jemand wirklich gut Englisch, auch wenn das fast jeder von sich behauptet.

Gute Allgemeinbildung

Wer täglich Zeitung liest und bei Trivial Pursuit nicht immer der Letzte ist, ist schon ganz gut dabei. Die Unternehmen wollen keine betriebsblinden Fachidioten, sondern Mitarbeiter, die auch mitbekommen, was sich jenseits des Arbeitsplatzes tut. Warum? Damit man mit fremden Menschen leichter ins Gespräch kommt – das ist immer gut fürs Geschäft. Ob Politik, Kultur, Wirtschaft oder Sport: Die wichtigsten Ereignisse sollte man kennen und beurteilen können. Dazu kommt ein gewisses Grundverständnis und Hintergrundwissen über den eigenen Kulturkreis. Entscheidend ist nicht, alle Sinfonien von Beethoven zu kennen. Aber man sollte wissen, dass er welche geschrieben hat, und zwar nicht als MP3-Version. Auch gut zu wissen: dass der Thesenanschlag von Luther kein terroristischer Akt war und Hannibal kein anderes Wort für Menschenfresser ist.

Teamfähigkeit

Manche Unternehmen werten es als Hinweis für Teamfähigkeit, wenn man in einem Orchester spielt oder eine Mannschaftssportart betreibt. Die eigene Leidenschaft für Hallen-Halma und den schwarzen Gurt in Karate muss man beim Bewerbungsgespräch dennoch nicht verschweigen. Es kommt einfach darauf an, sich in ein Team integrieren zu können, ein gemeinsam gestecktes Ziel erreichen zu wollen. Teamspieler sind zwar selbstbewusst, versuchen aber trotzdem, Erfolge auch als den Erfolg der ganzen Abteilung darzustellen. Man soll genauso gewillt sein, sich helfen zu lassen, wie anderen zu helfen. Und natürlich sollte die eigene Position im Team nicht die des fünften Rades sein. Im Idealfall also nichts weniger als eine gesunde Mischung aus Gerhard Schröder, Tick, Trick, Track und Mutter Theresa.

Flexibilität

Nichts ist so beständig wie der Wandel. Und damit muss man umgehen können. Die Feststellung ‚Das war schon immer so' oder ‚Das haben wir noch nie so gemacht' bringt einen selten weiter. Wenn zum

Beispiel ein Kollege krank wird und seine Arbeit übernommen werden muss, sollte man sich anpassen können. Sich willenlos jeder Situation zu fügen, ist aber falsch. Wichtig die Erkenntnis, dass es kaum mehr einen Beruf gibt, der über Jahre hinweg in unveränderter Form ausgeübt werden kann – zum Glück, denn so stellen wir uns die Hölle vor. Flexibilität bedeutet übrigens nicht, ständig umziehen zu müssen. Das ist Mobilität. Und es bedeutet auch nicht, zu allem immer ja und amen zu sagen. Das ist Rückgratlosigkeit."

Schönlebe; www.goethe.de/z/jetzt

Reflexion

Es bietet sich natürlich an, die Zwischenüberschriften als Gliederungshilfen zu nehmen. Das wird auch auf den Internetseiten vorgeschlagen. Im Originaltext gibt es auch Illustrationen zu diesen Qualifikationen, deshalb besteht die erste Aufgabe darin, jede Illustration einem Begriff zuzuordnen. Außerdem kann man während der Textlektüre Worterklärungen aufrufen, die dann neben dem Text erscheinen. Unsere Vorstellungen, besonders zu den landeskundlichen Aspekten, finden Sie im Lösungsschlüssel (S. 144).

Im Internet gibt es eine sehr interessante weiterführende Aufgabe, die
- auf authentische Materialien zurückgreift (eine Datenbank bzw. eine Stellenanzeige),
- eine Situation simuliert, die für die Lernenden real werden kann (Bewerbung in einem deutschsprachigen Land),
- dadurch motiviert, dass man an einem Wettbewerb teilnehmen und etwas gewinnen kann.

Das zeigt Ihnen das folgende Beispiel 60.

Beispiel 60

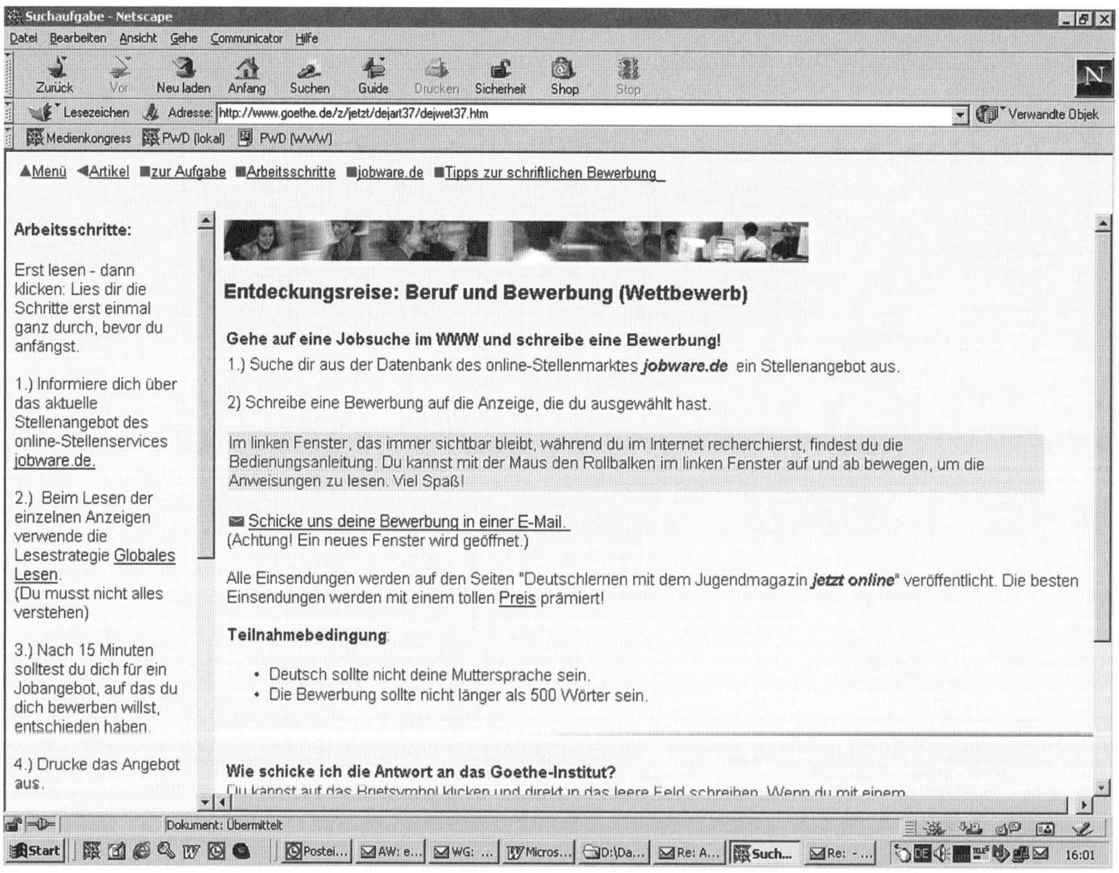

www.goethe.de/z/jetzt

Am besten surfen Sie gleich mal durchs Internet und schauen sich alles an.

5.5 Landeskunde – „eine unendliche Geschichte“

Nun sind Sie am Ende der Fernstudieneinheit *Didaktik der Landeskunde* angelangt. Lassen wir noch einmal Revue passieren, womit wir uns darin beschäftigt haben:

Zuerst haben wir die verschiedenen Entwicklungsetappen der Konzepte von Landeskunde in ihrer chronologischen Abfolge kennen gelernt. Nach dem chronologischen Überblick haben wir festgestellt, dass die historisch aufeinander folgenden Ansätze von Landeskunde einander nicht einfach abgelöst haben; vielmehr sind sowohl der faktische als auch der kommunikativ-interkulturelle Landeskundeansatz nach wie vor im Deutsch-als-Fremdsprache-Unterricht und in Unterrichtsmaterialien präsent, allerdings teilweise unter veränderten methodisch-didaktischen Vorzeichen.

Somit handelt es sich also nicht unbedingt um die Umsetzung von geschlossenen, einheitlichen Landeskunde*konzepten*, wenn wir Elemente dieser verschiedenen Entwicklungsetappen des Begriffs *Landeskunde* in Lehrmaterialien und im Unterricht wiederfinden. Folgerichtig verwenden Autorinnen und Autoren auch oft andere Bezeichnungen dafür. Deshalb wollen wir abschließend eine alternative Beschreibung von landeskundlichen Orientierungen vorstellen.

➤ **Informationsbezogene oder explizite Landeskunde**

Hier finden wir im Wesentlichen die Ausrichtung wieder, die wir beim faktischen Landekundeansatz kennen gelernt haben: Landeskunde transportiert hier Informationen und Fakten, allerdings nicht mehr mit dem Anspruch auf Vollständigkeit und Systematik, und es gibt auch keinen verbindlichen Themenkanon mehr. Der Akzent liegt heute vielmehr auf der Vermittlung von Orientierungswissen für die Lernenden. Das bedeutet auch, dass sich die Themen, über die informiert wird (oder über die sich Lernende im lernerzentrierten Unterricht informieren), nach den Lebensumständen, Bedürfnissen und Interessen der Lernenden richten sollen.

➤ **Handlungsbezogene oder anthropologische Landeskunde**

Dieser Aspekt von Landeskunde geht davon aus, dass Kommunikation sprachliches und nichtsprachliches Handeln ist und deshalb – neben den sprachlichen Mitteln – Verhaltensweisen, Einstellungen, Werte und Wertungen der Zielsprachenkultur transparent werden müssen. Andernfalls besteht die Gefahr, dass es zu Kommunikationsstörungen bis hin zum Misslingen der Kommunikation kommt.

➤ **Sprachbezogene oder implizite Landeskunde**

Meinen ein Grieche und eine Deutsche das Gleiche, wenn sie z. B. von einem *Café* sprechen? Sprachbezogene Landeskunde soll Lernende dafür sensibilisieren, dass und welche kulturellen Dimensionen Wörter bzw. sprachliche Kommunikation haben.

Landeskunde – „eine unendliche Geschichte“ hat Andreas Pauldrach (1992) seinen Aufsatz in der Zeitschrift *Fremdsprache Deutsch* überschrieben. Tragen Sie durch die Arbeit mit Ihren Lernenden dazu bei, dass diese Geschichte immer weitererzählt werden kann. Dazu wünschen wir Ihnen viel Freude beim Entdecken, Ausprobieren und Erfahren.

6 Lösungsschlüssel

Für einige Aufgaben werden Sie hier keinen Lösungsvorschlag finden. Das ist vor allem bei den Aufgaben der Fall, in denen **Sie direkt** angesprochen werden, und bei den Aufgaben, in denen Sie über Ihre Erfahrungen nachdenken oder in denen nach **Ihren Vermutungen** und **eigenen Theorien** gefragt wird. Wenn für diesen Aufgabentyp Lösungen angeboten werden, so handelt es sich um einen **möglichen Lösungsvorschlag**.

Aufgabe 3

① passt zu Aussage Nr. 3
③ passt zu Aussage Nr. 6, 9
⑤ passt zu Aussage Nr. 2
⑦ passt zu Aussage Nr. 8
⑨ passt zu Aussage Nr. 7

② passt zu Aussage Nr. 13
④ passt zu Aussage Nr. 12
⑥ passt zu Aussage Nr. 1
⑧ passt zu Aussage Nr. 11

Aufgabe 5

traditioneller Kulturbegriff

1. die Orgelwerke von J. S. Bach
4. die Werke des Malers Albrecht Dürer
6. die Gedichte von Ingeborg Bachmann (1926 – 1973)
14. der Roman „Wilhelm Meisters Lehr- und Wanderjahre“ von J. W. Goethe
17. das Rokokoschloss Sanssouci in Potsdam

erweiterter Kulturbegriff

2. ein Konzert der Rolling Stones
3. ein Buch mit dem Titel „Authentische Biografie einer unterdrückten Hausfrau“
5. Umweltprobleme durch den automobilen Tourismus in den österreichischen Alpen
7. ein Kochrezept für Schweizer Käsefondue
8. Graffiti von der Berliner Mauer
9. politische Karikaturen
10. Fernsehwerbung für Autos
11. eine Statistik über das Freizeitverhalten in Deutschland
12. Gedichte von Lernenden im Internet
13. ein Bericht über die Arbeitsatmosphäre in einem Großkonzern
15. die Zahl der Kindergartenplätze in einer Großstadt
16. ein Jazzkonzert in einem Lokal

Aufgabe 8

Worterklärungen:

generyt sein: etwas hat einen aufgeregt/geärgert; *schwer genervt sein:* etwas hat einen sehr/besonders aufgeregt/geärgert

Trendding: das Ding, das im Trend liegt; etwas, was besonders modisch ist

Chauvi: von *Chauvinist*; ein Mann, der ein übertriebenes Selbstwertgefühl zur Schau trägt (besonders den Frauen gegenüber)

Mega-Chauvi: ein ganz besonderer *Chauvi*

Bock haben auf: zu etwas Lust haben; *total Bock haben auf:* besonders viel Lust zu etwas haben

das ist der Hammer: etwas ist besonders toll oder unmöglich (heftig, wie ein Schlag mit einem Hammer)

sauspät: sehr spät

geil: toll; *supergeil:* besonders toll

Thema: Sachliche Informationen über die Bundesrepublik Deutschland. Aufgabe 9
Aufgabenstellung: Fragen nach Fakten, also überprüfbarem Wissen.

Das Beispiel könnte unserer Ansicht nach in ein Schulbuch für das Fach Geschichte oder Gesellschaftskunde passen – vielleicht haben Sie auch Geographie gewählt. Es ist nicht erkennbar, welchen Zusammenhang die Inhalte zum Kontext des Unterrichts Deutsch als Fremdsprache haben. So wie die Informationen präsentiert werden – isoliert, ohne Einbettung in den Sprachunterricht – scheint das Beispiel eher in ein anderes Fach zu passen. Aufgabe 10

Aufgabe 11

1. Mögliche Stichwörter:
   Beispiel 2 (*Den Rhein entlang*):
   Weg des Rheins von der Quelle bis zur Mündung; andere Flüsse, die in den Rhein fließen; einige Funktionen des Rheins (Grenze, Tourismus, Verkehrsader, Trinkwasserreservoir, Industrie).
   Beispiel 3 (*Deutschland ein Autoland*):
   BRD ist Export-/Importland; europäischer Verkehr (Industrie und Tourismus) durch Deutschland; statistische Zahlen zur wirtschaftlichen Rolle des Autos; materielle und menschliche Kosten des Autoverkehrs, weitere statistische Zahlen rund um Auto und Verkehr.
2. In Beispiel 1 werden nur Fakten abgefragt. In Beispiel 2 werden die Interessen der Lernenden einbezogen (eigene Reise planen). In Beispiel 3 wird ein Vergleich mit dem eigenen Land angeregt.

Aufgabe 12

2. Richtig: 1, 2, 3. Falsch: 4, 5.

Aufgabe 15

Mögliche Fragen: Wie viele Kinder hat eine Familie normalerweise? Wie ist die Beziehung Eltern – Kinder? Wer gehört zur Familie alles dazu? Wie viele Generationen leben unter einem Dach zusammen? Wie ist überhaupt die Beziehung der Generationen untereinander? Wann heiratet man? Welche Rolle spielt das Heiraten? Wann bekommen die Leute Kinder? Was passiert bei einer Scheidung? Wann ist man eine Familie? Gehören Haustiere zur Familie? Heiraten alle Leute? Wie eng ist das Verhältnis zur Verwandtschaft? Zu welchen Anlässen kommen die Verwandten zusammen? Wie begeht man Familienfeiern? Wie und wo leben Familien?

Aufgabe 16

1. Die Personen dieser Familie werden nur in ihrer verwandtschaftlichen Funktion genannt.
2. Aus der Sicht eines Sohnes wird beschrieben, aus welchen lebenden oder schon verstorbenen Angehörigen sich „unsere Familie" zusammensetzt: die Mutter, der Vater, eine Tochter, ein Sohn, die Großeltern, zwei Tanten, ein Onkel, Nichten und Neffen, Vettern und Kusinen. Die Personen dieser Familie haben keine Namen und werden nicht näher charakterisiert.
3. Als landeskundlichen Hinweis finden wir nur die Bemerkung, dass die (Kern-) Familie in Stuttgart lebt und dass die Großeltern auch in Stuttgart wohnen. Aus dem zweiten Umstand kann man schließen, dass die Großeltern nicht selbstverständlich am gleichen Ort wie ihre Kinder leben, sonst müsste das nicht extra erwähnt werden.

Aufgabe 17

1. Sicher haben Sie gleich erkannt, dass es in dem Text um zwei Dinge geht: die Einführung der Possessivartikel und des Wortschatzes *Familie*.
2. Die Unterschiede sind minimal. Nach wie vor ist der Text „um die Grammatik herum" geschrieben; damit man das gleich erkennt, sind die Possessivartikel fett gedruckt, die Verben unterstrichen. Eine reale Familie existiert nicht.

Aufgabe 18

Funktion des Bildes	ja	nein
1. illustriert das Dargestellte	x	
2. Sprechanlass (Man könnte fragen: „Wer ist der Vater?“ usw.).	x	
3. Dekoration, Motivation	x	
4. unterstützt das Gedächtnis		x
5. Semantisierung		x
6. authentischer Eindruck		x
7. lenkt vom Text ab		x
8. sensibilisiert für andere Kultur		x

Aufgabe 20

Person A: Im Austausch mit Kolleginnen und Kollegen in einer Autofabrik dürften für den mexikanischen Ingenieur Hören und Sprechen besonders wichtig werden.
Person B: Um eine Doktorarbeit an einer deutschen Universität zu schreiben – und das heißt natürlich auch, die dazugehörige wissenschaftliche Literatur lesen zu können – stehen Lesen und Schreiben im Vordergrund.

Für beide sind außerdem alltägliche, aber auch fachspezifische Redemittel sowie ein Fachwortschatz relevant.

Aufgabe 21

1. ***ein Telegramm aufgeben*** (was heute kaum noch getan wird)

Beispiel 8	Beispiel 9
ein Formular ausfüllen	ein Formular ausfüllen
Adresse deutlich schreiben	Man sieht die Felder, die man ausfüllen muss (Abbildung eines Formulars).
Preis pro Wort	Gesamtpreis
Zeit bis zur Übermittlung an Empfänger	

2. **Gesamtgestaltung**

Beispiel 8	Beispiel 9
a) Abbildungen	
Zeichnung eines Schalters, an dem es Briefmarken gibt und man Telegramme aufgeben kann.	Authentische Materialien (z. B. Paketkarte); Information, dass es verschiedene Schalter gibt; Orientierung, wie ein Postamt organisiert ist. (Die Fantasiefigur am Schalter taucht im gesamten Lehrwerk kontinuierlich auf.)
b) Verhältnis Text – Bild	
Die erste Frage im Text ist seltsam, da am Schalter ja angeschrieben ist, dass man Telegramme aufgeben kann.	Text und Bild sind aufeinander abgestimmt: Authentische Materialien erleichtern das Textverständnis.
c) Rollendarstellung	
Die Rollen der Beteiligten sind ziemlich klar charakterisiert: Der Postkunde ist sehr unsicher, scheint sich gar nicht auszukennen und gehorcht dem strengen Postbeamten wider-	Neutrale Rollen.

Beispiel 8	Beispiel 9
spruchslos. Obwohl der Dialog durch den unsicheren Kunden wohl die Perspektive eines Ausländers einnehmen soll, der sich nicht auskennt, erhält ein Deutschlernender nur minimale Vorschläge für die sprachliche oder sachliche Gestaltung eines Postbesuchs.	
d) sprachliche Mittel Der Dialog hat eher anekdotischen Charakter und liefert sprachliches Material für ein „Gespräch“ zwischen einem autoritären Postbeamten und einem unsicheren Kunden.	Es werden neutrale Redemittel zur Verfügung gestellt.

3. andere Handlungen

Beispiel 8	Beispiel 9
einen Brief aufgeben	
frankieren und in den Briefkasten werfen	Preisangabe für unterschiedliche Sendungen
Briefmarken kaufen	
unterschiedliches Porto für In- und Ausland; Zettel mit Postgebühren	unterschiedliches Porto
Geld einzahlen	
Postanweisung ausfüllen; Empfänger und Absender ausfüllen; Quittung	keine Angaben
ein Paket aufgeben	
keine Angaben	Paketkarte und Zollerklärung ausfüllen
eine Paketkarte ausfüllen	
keine Angaben	Abbildung einer authentischen Paketkarte

Wenn man im Ausland ist, muss man sich fast immer um eine Unterkunft kümmern und nicht selten führt der Weg in ein Hotel. Beispiel 10 zeigte Ihnen eine Situation, in die die Lernenden sehr wahrscheinlich einmal kommen werden. Für die sprachliche Vorbereitung bedeutet dies, dass diejenigen Redemittel zur Verfügung gestellt werden müssen, die man zur sprachlichen Bewältigung dieser Situationen wirklich braucht. Aufgabe 23

Aufgabe 24

mögliche Themenbereiche	mögliche Situationen
einkaufen	am Kiosk kein Kleingeld haben; im Kaufhaus eine bestimmte Abteilung suchen; im Geschäft etwas umtauschen usw.
Essen	im Restaurant schlecht bedient werden; auf dem Markt nur einen Apfel kaufen wollen usw.
Freizeitgestaltung	sich zum Kino verabreden; im Schwimmbad kein Badehandtuch haben usw.
Reisen	im Reisebüro buchen; sich am Bahnhof nach der billigsten Fahrtmöglichkeit erkundigen usw.

Aufgabe 25

1.

Informationen in den Texten	Informationen durch die Bilder
„Reale“ Familien; Anzahl der Kinder – noch keine Kinder; Berufe bzw. arbeitslos; Verbindung von Familie und Beruf; mögliche Geldprobleme; Ehe und berufstätige Frau.	Authentische Fotos – sie haben nicht primär eine illustrierende Funktion, sondern sind selbst Träger landeskundlicher Informationen.

2. Im Unterschied zu Beispiel 6 handelt es sich in Beispiel 12 um Familien, die anscheinend tatsächlich existieren, sicher aber so in Deutschland leben könnten. Die Texte und Bilder sind authentisch. Das Thema ist nicht wie in Beispiel 6 eine letztlich austauschbare Verpackung für das Grammatikpensum. Vielmehr wird versucht, die Lernenden tatsächlich einzubeziehen, indem sie sich ernsthaft mit gesellschaftlichen Umständen und Fragestellungen zum Familienleben in Deutschland auseinander setzen sollen. Dabei können und sollen sie ihr eigenes Wissen und ihre eigenen Meinungen dazu einbringen.

Aufgabe 27

Lerninhalte	faktischer Ansatz	kommunikativer Ansatz	Beispiel Nr.
1.	✔		3
2.	✔		5
3.		✔	13a
4.	✔		2
5.		✔	13b
6.		✔	12
7.	✔		1
8.		✔	12
9.	✔		4

Aufgabe 28

Authentische Texte	
Vorteile	**Nachteile**
Die Lernenden kommen bereits im Lernprozess mit der Sprache in der Weise in Kontakt, wie sie tatsächlich auch verwendet wird. Sie vermitteln ungefilterte Einblicke und Wissen über die Kultur, deren Sprache gelernt wird. Authentizität motiviert die Lernenden, da sie erfahren, wie etwas „wirklich“ ist.	Komplexität der Sprache, die über dem Lernniveau sein kann. Manchmal wird nicht vorhandenes landeskundliches Wissen vorausgesetzt.

Aufgabe 29
Beispiel 14c

2.

Quino (1989)

In Beispiel 15 sehen Sie entweder eine alte oder eine junge Frau. Vielleicht ist es aber auch so, dass das Bild bei Ihnen „umspringt" und Sie jeweils beide Bilder sehen können. Aufgabe 30

Unsere Erfahrung sagt uns, dass eine Treppe immer nach oben oder unten führt. Die Abbildung ruft einen Konflikt hervor zwischen diesem Erfahrungswissen und dem, was auf dem Bild tatsächlich zu sehen ist, nämlich eine Kreisbewegung. Die Enden der Treppe dürften sich eigentlich nicht berühren, da man sich auf der Treppe ja entweder nach oben oder nach unten bewegt. Aufgabe 31

Aufgabe 32

1. In Frankreich nimmt man abends eine warme Mahlzeit zu sich. Viele Leute in Deutschland essen abends kalt. Brot ist in Frankreich nur eine Zugabe zum Essen, nicht die Grundlage einer Mahlzeit wie beim deutschen Abendessen (und Frühstück). Käse isst man in Frankreich als Nachspeise, Aufschnitt ist gar nicht üblich. Bei der deutschen Gastfamilie des jungen Franzosen bestand das Abendessen aus Brot, Butter, Käse und Wurst – also hat der junge Franzose den Eindruck, dass es abends kein Essen gibt.
2. „Gast sein" heißt für die russische Seminarteilnehmerin, immer gefragt zu werden, ob und was sie essen und trinken möchte; die Gastgeber holen das Gewünschte und alles, was sie im Angebot haben, und stellen es auf den Tisch. In Deutschland gibt es immer mehr Familien, wo jeder sich zu essen und zu trinken nimmt, wann und was er möchte. Das hängt u. a. mit der veränderten Rolle der Frauen zusammen, die sich immer seltener als Hausfrauen und dienstbarer Geist für die Familienmitglieder sehen.

   Fühlen Sie sich wie zu Hause bedeutet deshalb, dass der Gast nicht warten muss, bis er nach seinen Wünschen gefragt wird, er soll sich wie die anderen Familienmitglieder selbst bedienen. Aus der Sicht des deutschen Gastgebers ist er besonders großzügig, also ein guter Gastgeber.
3. In Brasilien schüttelt man sich nur zu feierlichen und formellen Anlässen die Hand, deshalb empfindet die Brasilianerin die Begrüßung als „kalt", d. h. als steif und formell. Unter Freunden, Verwandten und Bekannten küsst man sich in Brasilien zur Begrüßung auf die Wange. In Deutschland ist das Küssen zur Begrüßung traditionell unüblich gewesen, es ist aber zunehmend in eher alternativen Kreisen in Mode gekommen.

Aufgabe 33 Beispiel 18

3. Bild 2: In dem Haus wohnt (auch) ein Hund.

   Bild 3: Das Ehepaar hat zwar Platz für einen großen Hund (als Familienmitglied?), aber nicht für die eigenen Eltern. Das Haus ist nicht selbstverständlich der Ort, wo mehrere Generationen einer Familie wohnen.

   Bild 4: Das Schild „Kehrwoche" bedeutet, dass diejenigen, an deren Tür das Schild hängt, in der entsprechenden Woche die Treppe putzen (kehren) müssen. Für denjenigen, der das nicht weiß, stellen sich Fragen wie etwa: „Was hat das Schild zu bedeuten?", „Muss man als Bewohner etwas tun oder ist eine bestimmte Verhaltensweise untersagt, wenn dieses Schild an der eigenen Tür hängt?"

   Bild 5: Geschlossene Türen und Fenster – bedeutet das, dass diejenigen, die dort wohnen, nicht besucht werden wollen?

   Bild 6: Eine (allein stehende?) Frau lädt einen Mann zum Kaffee in ihr Haus ein; für sie bedeutet das Kaffeetrinken, sich unterhalten – mehr nicht. Ihr männlicher Gast verbindet die Sprechhandlung *ins private Haus einladen* mit weitergehenden Handlungen (sich näher zu kommen).

Aufgabe 34

b) *Überzeugung* des Sprechers: Schwiegermütter sind normalerweise nicht nett. Auf diese Vorstellung kann man durch den Konnektor *aber* schließen, der signalisiert, dass hier für den Sprecher eine Ausnahme vorliegt.

c) *Annahme:* Eine humorvolle Atmosphäre kommt normalerweise nur mit Alkohol auf. Das signalisiert *dabei* (im Sinne von *obwohl*).

d) *Annahme:* Wenn jemand den ganzen Tag nicht spricht, ist er vielleicht beleidigt. Das signalisiert *dabei* (im Sinne von *obwohl*).

e) *Wissen:* Die Geschäfte schließen normalerweise vor sechs Uhr, sodass man spätestens um Viertel vor sechs losgehen muss. Das signalisiert die Begründung *nämlich.*

f) *Überzeugung:* Hat man eine Hochschulausbildung, so führt das zu einer höher bezahlten Tätigkeit, als wenn man keine Hochschulausbildung hat. Das signalisiert das einen Gegensatz ausdrückende Wort *trotzdem.*

g) *Annahme:* Zur normalen Begrüßung gehört, dass man sich die Hand gibt. Das signalisiert die Entschuldigung mit *aber.*

h) *Annahme:* Gebildete Leute halten auch ihren Garten in Ordnung. Das signalisiert die Empörung in *doch* und die unterstellte Annahme *das wollen ... sein.*

i) *Überzeugung:* Mädchen haben „anständig" zu sitzen (mit geschlossenen Beinen), sie können sich nicht genauso wie Jungen hinsetzen. Das signalisiert *doch schließlich.*

j) *Überzeugung:* Wenn das eigene Auto beschädigt wird, ist das (in Spanien) überhaupt kein Grund, dass man in der Nacht geweckt werden muss. Der Anlass ist zu unwichtig. Das signalisiert *nur weil.*

k) *Annahme:* Während des Studiums lebt man normalerweise noch bei den Eltern. Das signalisiert *aber.*

l) *Annahme:* Wenn man etwas zu essen stehen lässt, ist das ein Signal, dass es einem nicht schmeckt. Das signalisiert *oder ... nicht.*

m) *Überzeugung:* Eine normale Zeit zum Nachhausegehen (bei einer Einladung?) für den Sprecher ist 22.00 Uhr. Das signalisiert *schon* (= es ist schon so spät).

n) *Überzeugung:* Spaghetti sind eine billige Alternative; Kartoffeln wären eigentlich besser. Das signalisiert *ja so (teuer).*

o) *Überzeugung:* Wenn eine Frau verheiratet ist, darf sie nicht so mit einem Mann tanzen wie die verheiratete Frau Böhnke. Das signalisiert *wie ..., wo die doch ...*

p) *Überzeugung:* Als Gast in einer fremden Wohnung behält man das Jackett an. Zieht man es aus, fragt man die Gastgeber. Das signalisiert die Reaktion des Gastgebers auf die Handlung des Gastes *ja ... ruhig.*

Aufgabe 35

1. Kommunikativer Ansatz: z. B. Interviews von authentischen Personen, Auflistung der Sprechintentionen.
2. Bestimmt haben Sie gleich erkannt, dass der kommunikative Ansatz hier um zwei – allerdings durchaus wesentliche – Elemente erweitert worden ist: den Vergleich zwischen dem deutschen und dem indonesischen Schulsystem und die Perspektive einer Person, die nicht aus Deutschland kommt.

Aufgabe 37

Ort: Restaurant.

Textsorte: Dialoge (Bestellen und Bezahlen im Restaurant).

Arbeitsanweisungen: Hören, nachsprechen, eigene Dialoge schreiben ...

Sprachliche Lernziele: wie man korrekt bestellt und bezahlt.

Landeskundliche Lernziele: z. B. die Preise des Restaurants; dass von der Speisekarte abweichende Bestellungen möglich sind; dass der Kellner, bevor er die Rechnung bringt, fragt, ob die beiden Personen getrennt oder gemeinsam zahlen; dass Frauen und Männer bezahlen können.

Landeskundlicher Ansatz: kommunikative Landeskunde.

Aufgabe 38

Die Schwierigkeiten könnten darin bestehen, dass die Lernenden einen Kontext vorfinden, der ihnen aus kulturellen Gründen nicht hilft, das Wort zu erschließen oder zu erraten. Wenn es z. B. in der Kultur der Lernenden selbstverständlich ist, dass alles, was man konsumiert hat, vom Kellner auf *eine* Rechnung geschrieben wird, oder wenn es unüblich ist, dass Frauen in Gegenwart von Männern bezahlen, werden die Lernenden die Bedeutung von *Zusammen oder getrennt?* nicht ohne Hilfe erschließen können.

1. Merkmale für den landeskundlichen Ansatz in diesem Lehrwerk: Aufgabe 39
   - Überschrift *Sprechen*, Bereitstellen von Redemitteln für eine Sprechintention
   - Alltagssituationen (im Unterricht, im Café, im Zug ...)
   - Formulierung von eigenen Fragen/Dialogelementen zu verschiedenen Situationen
2. Landeskundliches Lernziel: sprachlich richtiges bzw. der Situation angemessenes Verhalten (sich höflich ausdrücken, verschiedene Register beherrschen, sprachlich nuancieren), d. h. kommunikative Landeskunde.

Aspekte/Arbeitsanweisungen einer interkulturellen Perspektive: Aufgabe 40
- *Vergleich: Höflichkeit* im deutschsprachigen Raum und in anderen Kulturen
- *Wahrnehmung:* Ausgehend von einer Reihe von Beispielen sollen die Lernenden beurteilen, ob ein bestimmtes (sprachliches) Verhalten höflich oder nicht höflich ist.
- *Rollenspiel:* Versetzen Sie sich in die Rolle a) eines Obdachlosen, b) einer vornehmen Dame, c) eines achtjährigen Kindes, d) einer Studentin: Was sagen diese Leute in einer bestimmten Situation, z. B. wenn sie etwas ausleihen oder bekommen möchten?
- *Kontrastive Sprachübung:* Wie sagt man in Ihrer Sprache ...? Bitte übersetzen Sie möglichst wörtlich ins Deutsche und vergleichen Sie die Redemittel, mit denen *Höflichkeit* bzw. *Unhöflichkeit* ausgedrückt wird.

1. Redemittel: Aufgabe 41
   Höflich: *Entschuldigen Sie bitte, ...*
   Sehr umgangssprachlich-„anmachend“: *Hey, Sie da ...*
   Höflich-neutral: *Stellen Sie sich ...*
   Empört: *Was erlauben Sie sich ...*
   Ironisch: *Sie haben es ...*

1. Ihre Liste sieht vielleicht ein bisschen anders aus als die hier von uns vorgeschlagene Liste – aber es kommt nicht darauf an, dass Sie die identischen Bezeichnungen und die gleiche Anzahl der *Themen* gefunden haben: Aufgabe 42
   Musik (1, 11), Literatur (2, 13), Botanik (3), Spezialitäten zum Essen und Trinken (4, 7, 9, 10, 16), Geographie (5, 14), Fernsehsendungen (8), Malerei (15), Geschichte (18), regionale Trachten (19), Sprachen (21), Sprachvarianten (7, 16), Geschäfte (6), Parfüm (12), Geldscheine (17), Tiere (20).
2. Die Themen sind exemplarisch für den *faktischen Landeskundeansatz.* Differenzierungen dazu finden Sie im weiteren Verlauf der Studieneinheit.

Als *Merkmale faktischer Landeskunde* könnten zutreffen: 2 und 5. Aufgabe 43

3. Die Beispiele legen Folgendes nahe (aber natürlich können Sie das anders geplant haben): Aufgabe 44

Unterrichtsplanung (L = Lernende; U = Unterrichtende)	**Beispiel 24**	**Beispiel 25**
a) Die L sind aktiv ...	✔	
b) Die L sind rezeptiv.		✔
c) Die L lernen Neues voneinander.	✔	
d) Die L lernen Neues aus dem Buch.		✔
e) Die persönlichen, subjektiven Vorlieben der L spielen keine Rolle.		✔

Unterrichtsplanung (L = Lernende; U = Unterrichtende)	**Beispiel 24**	**Beispiel 25**
f) Die L sind als Personen angesprochen	✔	
g) Die L können mitbestimmen.	✔	
h) Die L hören der U zu.		✔
i) Die L hören einander zu.	✔	
j) Der Lernprozess wird durch die Vorgaben des Buches bzw. der U bestimmt.		✔
k) Der Lernprozess wird durch die Interessen der L bestimmt.	✔	
l) Die U ist in der Unterrichtsstunde wahrscheinlich sehr aktiv.		✔
m) Die U steht in der Unterrichtsstunde wahrscheinlich nicht im Mittelpunkt.	✔	
n) Die L sollen möglichst objektiv und vollständig informiert werden.	✔	
o) Die L bekommen subjektive und wahrscheinlich unvollständige Informationen.	✔	
p) Die L üben gleichzeitig viele Fertigkeiten.	✔	
q) Die L üben nur eine Fertigkeit.		✔
r) Die L tun viele verschiedene Dinge.	✔	
s) Die L lesen den Text und reagieren auf Arbeitsanweisungen der U.	✔	

<u>Aufgabe 46</u>

Die *landeskundlichen Lernziele* könnten sein: 3, 6, 7, 8.

<u>Aufgabe 48</u>

Interkulturelle Aufgabenstellungen sind in 1, 2, 9, (11).

<u>Aufgabe 49</u>

2. <u>Interkulturell ausgerichtete Aufgabenstellungen könnten z. B. sein:</u>

   Beispiel 30 (Text von *Bravo*):
   Wie verhalten Sie sich einem Ausländer gegenüber, der Ihre Sprache nicht perfekt spricht? Korrigieren Sie Fehler? Fragen Sie nach, wenn Sie etwas nicht verstanden haben? Welche Reaktionen wünschen Sie sich selbst, wenn Sie im Ausland sind und Fehler machen (sprachliche und im Verhalten)? Machen Sie zu beiden Situationen Rollenspiele.

   Beispiel 31 (Text von *Engin*):
   Wie reagieren Sie, wenn Ihnen jemand einen solchen Traum erzählt? Warum ist es ein Albtraum? Welche Erfahrungen des Autors stehen hinter der Erzählung? Welche Erfahrungen haben Sie im Ausland gemacht?

<u>Aufgabe 54</u>

Die Fotos wurden in einem Stadtteil von Berlin (Prenzlauer Berg) aufgenommen. Beispiel 32a ist ein Hinterhof mit einer Eisenwerkstatt, Beispiel 32b ist der Teil einer alten Brauerei.

<u>Aufgabe 56</u>

Klischees: Die Deutschen sind reich, rauchen dicke Zigarren, trinken Bier aus einem Maßkrug, denken immer ans (fette) Essen; ziehen Lederhosen an; haben einen Hund; spielen Fußball; sind der kaiserlichen Vergangenheit (Symbol „Pickelhaube“) zugewandt; haben eine funktionierende Wirtschaft (Symbole der Automarken *BMW* und *VW*).

<u>Aufgabe 58</u>

A: Griechenland; B: Griechenland: C: Japan; D: Japan; E – G: USA

2. Vorgabe von individuellen Beispielen, was Begriff *Heimat* sein könnte: Aufgabe 60
   - Ergänzungsmöglichkeit (eigene Assoziation);
   - Vergleich der Assoziationen und Beispiele in einer Lerngruppe;
   - Einigung auf eine Aussage, der alle in der Lerngruppe zustimmen können.

Aufgabe 63

In Deutschland kommt man zu den angegebenen Situationen

etwas später	*pünktlich*	*egal*
zum Kino/zur Party/zum Fußballspiel	zum Theater/zur Arbeit/ zum Arzt/zum Unterricht/ zum Rendezvous/zum Zug/ in die Oper	in die Disko/zum Fußballspiel/zur Party

Aufgabe 66

In Deutschland kann man sich z. B. in sein Zimmer oder in die Natur zurückziehen, aber auch in ein Café (besonders in Österreich). Kontaktaufnahme ist möglich z. B. in dem Haus, in dem man wohnt, bei Einladungen, in Kursen, die man besucht.

Aufgabe 67

Unsere Gedanken zu den vier Situationen (Sie können dazu auch eine ganz andere Meinung haben):

Zu Situation 1:
Das Problem von Rauchen und Nichtrauchen in der eigenen Wohnung ist keine interkulturelle Barriere. Interessant ist jedoch der Aspekt der Griechin, die offensichtlich von ihrer eigenen Kultur her der Gastfreundschaft einen sehr hohen Wert beimisst, den sie hier verletzt sieht. Das wäre dann ein interkultureller Aspekt.

Zu Situation 2:
Auch Grillen in der Stadt, das immer mit einer Geruchsbelästigung verbunden ist, ist an sich keine interkulturelle Barriere. Sie wird erst dadurch aufgebaut, dass bzw. wenn die Anwohner explizit wollen, dass „den Türken" das Grillen verboten wird (so, als ob die Deutschen nicht grillen würden).

Zu Situation 3:
Das Ausziehen der Straßenschuhe beim Betreten einer Wohnung ist durchaus in Deutschland üblich, besonders bei Familien mit kleinen Kindern. Eine interkulturelle Barriere entsteht noch nicht allein dadurch, dass in bestimmten Kulturen das Ausziehen der Schuhe eine Selbstverständlichkeit ist (die der deutsche Freund kennen sollte). Sie entsteht aber durch die Reaktion des Vaters, der seiner Tochter den Umgang mit dem deutschen Freund verbietet.

Zu Situation 4:
Das Schlagen eines verängstigten Kindes ist sicher zunächst ein Problem der Zugehörigkeit zu einer bestimmten sozialen Schicht. Es ist aber auch oft so, dass bei bestimmten Schichten ausländischer Familien aufgrund der Rolle des Vaters Autoritätsverluste mit Schlägen ausgeglichen werden.

Aufgabe 69

Kein kommunikativer Ansatz: Lektion 3, 7, 10, 12.

Aufgabe 71

Gelernt wird in Bezug auf den:

faktischen Landeskundeansatz	**kommunikativ/interkulturellen Landeskundeansatz**
– Bezeichnungen wie *Absender*, *Empfänger*, *Anschrift* usw. – Unterschiede bei den Briefumschlägen (z. B. verschiedene altertümliche Schriften, die Bezeichnungen „Feldpost" oder „Weltpostverein")	– Die Unterschiede bei den Briefumschlägen regen zum Nachfragen und Besprechen an. – Man kann dem Beispiel die korrekte Beschriftung eines Briefumschlags entnehmen.

faktischen Landeskundeansatz	kommunikativ/interkulturellen Landeskundeansatz
– korrekte Beschriftung eines Briefumschlags	– Man lernt die deutsche Konvention für die Schreibung des Datums. – Man lernt, einen deutschen Poststempel zu lesen.

Aufgabe 72

Verbindung zwischen sprachlich und kommunikativ/interkulturellem Ansatz:

Beispiel 43: Das Beispiel wird besonders zum Sprachtraining genutzt, z. B. ein Bild zu beschreiben. Als Sprechintention ist kurz angesprochen: Stellung zu einem Bild nehmen.

Beispiel 44: Landeskundliche Informationen (auf der Seite vor dem abgedruckten Auszug ist eine Fotocollage zu Hamburg) werden ausschließlich zum Training sprachlicher Strukturen genutzt.

Aufgabe 73

„0 Was ist Landeskunde?

Landeskunde im Fremdsprachenunterricht ist ein Prinzip, das sich durch die Kombination von Sprachvermittlung und kultureller Information konkretisiert und durch besondere Aktivitäten über den Deutschunterricht hinaus wirken soll, z. B. durch Austausch und Begegnung. Insofern ist Landeskunde kein eigenes Fach. Landeskunde ist nicht auf Staatenkunde und Institutionenkunde zu reduzieren, sondern bezieht sich exemplarisch und kontrastiv auf den deutschsprachigen Raum mit seinen nicht nur nationalen, sondern auch regionalen und grenzübergreifenden Phänomenen. Ein solches Verständnis widerspiegelt das Konzept des sich herausbildenden ‚Europa der Regionen'."

ABCD-Thesen (1990), 60

Aufgabe 74

	Beispiel 46	Beispiel 47
1. Textsorte	beschreibender Informationstext	Informationstext mit Symbolen
2. Aufgabenstellungen	Fragen zum Text beantworten	Wörter Symbolen zuordnen; Textinformationen den Ländern zuordnen; Fragen zum Text beantworten; Informationstext über eigenes Land schreiben
3. landeskundlicher Ansatz	faktische Landeskunde	faktische Landeskunde; Vergleich zum eigenen Land als Bestandteil des interkulturellen Ansatzes

Aufgabe 75

in Deutschland	in A (Österreich)	in CH (Schweiz)
das Brötchen	*1) die Semmel*	*10) das Weggli*
das Frühstück	*6) das Frühstück*	*8) das Morgenessen*
das Hähnchen	*2) das Hendl*	*9) das Poulet*
der Quark	*4) der Topfen*	*11) der Quark*
die Nachspeise	*5) die Nachspeise*	*7) das Dessert*
die Sahne	*3) der Rahm*	*12) der Rahm*

Ideen, um Landeskunde zu erleben: Aufgabe 76

Leute aus den deutschsprachigen Ländern interviewen; aktuelle Zeitungen und Zeitschriften aus deutschsprachigen Ländern lesen; deutsche Lieder singen; nach historischen Spuren deutscher Aus- bzw. Einwanderer suchen; authentische Materialien suchen und auswerten; im Internet surfen; deutschsprachige Fernsehprogramme sehen; nach Deutschland, Österreich oder in die Schweiz fahren; an einem Austauschprogramm teilnehmen usw.

Begründungen für *erlebte Landeskunde* aus der Lerntheorie, z. B.: Aufgabe 77

Interkulturelle Verständigung kann nicht auf grammatikalisch korrekte Verwendung reduziert werden; Ausgangspunkt ist das Lernen über kulturelle Grenzen hinweg; für die Unterschiede zwischen Kulturen sensibilisieren; Sprach- und Kulturlernen als Einheit begreifen; menschliches Denken usw. ist in den verschiedenen Kulturen unterschiedlich ausgeprägt; Lernen geht von den Teilnehmern selbst aus; Zusammenspiel von eigenen Aktivitäten und deren Reflexion; Projektarbeit; eigene Erfahrungen in einer anderen Kultur machen und diese Erfahrungen zu eigenen Vorerfahrungen in Beziehung setzen.

Aufgabe 78

1. Man erwartet „klassische" faktische Landeskunde: Fakten, Daten aus Geographie, Geschichte usw. und einen lehrerzentrierter Unterricht mit dem Ziel, Informationen zu vermitteln.

Aufgabe 79

3. Es werden sehr traditionelle landeskundliche Inhalte thematisiert, die jedoch mit eher ungewohnten Unterrichtsaktivitäten verknüpft werden:
   - Die Lernenden bewegen sich durch den Klassenraum.
   - Sie schulen ihr Gedächtnis.
   - Sie sprechen, hören, schreiben, lesen, d. h., sie schulen gleichzeitig alle vier Fertigkeiten.
   - Alle sprechen mit allen, es gibt individuelle Leistungen, Kleingruppenarbeit und ein Produkt der ganzen Lernergruppe.
   - Das landeskundliche Wissen wird nicht durch die Lehrenden oder das Lehrbuch vermittelt, vielmehr stellen die Lernenden ihren eigenen landeskundlichen Informationstext her.

Aufgabe 80

Reizvoll für Lernende könnte sein, dass nicht das Ergebnis, sondern der Lösungsweg im Mittelpunkt steht.

Beispiel 52: Aufgabe 82

1. Die Lernenden werden mit dem Text konfrontiert, sie stehen ihm rezeptiv gegenüber. Kenntnisse, Interessen und Fragen der Lernenden werden nicht berücksichtigt.
2. Die Lernenden sollen durch das Lesen eines Dialogs mit einigen literaturwissenschaftlichen Grundbegriffen vertraut gemacht werden. Es wird nicht zwischen einem „Sprachkurs" und literaturwissenschaftlichen Aspekten unterschieden.

Beispiel 53:

1. Es geht nicht darum, die Lernenden an den literarischen Text, an seine Qualitäten heranzuführen oder eine Beziehung zwischen dem Text und dem Lesenden aufzubauen.
2. Der Text wird ausschließlich als Vorlage für eine grammatische Übung verwendet. Der Umgang mit Literatur unterscheidet sich in den Beispielen 52 und 53 grundlegend.

Beispiel 54:

1. Die Lernenden sollen sich aktiv und produktiv mit dem literarischen Text auseinander setzen. Sie sollen sich und ihre Empfindungen, ihr Weltwissen einbringen, in einen Dialog mit dem Text treten und sich anregen lassen.
2. Die Lernenden sollen Freude an der Sprache entwickeln und Ausdrücke produktiv verwenden können.

Aufgabe 83

Geeignet sind alle Arbeitsformen, die Kreativität und Autonomie fördern und die Interessen der Lernenden berücksichtigen. Wichtig ist, dass die Lernenden nicht rezeptiv Wissen aufnehmen, sondern Verfahren lernen, mit denen sie das eigene Wissen erweitern und sich selbst Themenbereiche erschließen können.

Aufgabe 86

Projekt 1: Kommunikationsmedium; *Projekt 2:* Informationsmedium; *Projekt 3:* Publikationsmedium.

Aufgabe 87

Bei der Stadt handelt es sich um Hamburg: Eine berühmte Straße dort heißt Reeperbahn. Das Lied heißt *Auf der Reeperbahn nachts um halb eins.* Das Wahrzeichen ist der *Michel*, eine Kirche. Die beiden Seen heißen *Binnenalster* und *Außenalster*.

Aufgabe 88

1. Verantwortung wird dadurch gefördert, dass die Lernenden selbst die Texte und Materialien für den Unterricht produzieren. Durch die Zusammenarbeit bei der Texterstellung wird die Kooperations- und Teamfähigkeit gefördert.
2. Andere Kulturen bleiben nicht abstrakt, sondern werden durch die authentische Kommunikation den Lernenden näher gebracht.
3. Die Lernenden können im Internet recherchieren und daraus Anregungen für ihre verschlüsselten Texte bekommen.
4. Die Lernenden haben ein echtes kommunikatives Anliegen: Sie wollen herausfinden, wo die Partnerklasse ist, und sie wollen der Partnerklasse verschlüsselt ihren eigenen Wohnort mitteilen.
5. Die Lernenden haben ein echtes Ziel, nämlich den Wohnort der Partnerklasse zu erraten, und sie *tun* etwas, um dieses Ziel zu erreichen. Durch das Rätsel wird die Motivation noch zusätzlich erhöht.
6. Durch die authentische Kommunikation mit anderen erfahren die Lernenden, dass sprachliche „Richtigkeit“ nicht allein grammatisch zu bewerten ist, sondern ganz besonders als Gelingen von Kommunikation.

Aufgabe 89

1. Die Zwischenüberschriften eignen sich gut zur Textgliederung. Durch die Zuordnung zu den Illustrationen auf der Internetseite (hier nicht abgedruckt) haben die Lernenden sich schon Gedanken gemacht, was mit den Begriffen gemeint ist, und verstehen durch diese Aktivierung ihres Vorwissens die einzelnen Textabschnitte genauer.
2. Über die sprachlichen Verständnishilfen hinaus interessieren uns die landeskundlichen Aspekte, etwa: „Was bedeutet der Spruch *Das ist nicht mein Bier?*“ (= Das geht mich nichts an.) Eine interkulturelle Frage bietet sich an: „Wie lautet das Äquivalent in Ihrem Land? Welche Verhaltensweisen werden erwartet?“
3. Interessant wäre hier, das Prinzip der soziokulturellen Bedeutungserschließung anzuwenden: Was bedeuten *Kommunikationsfähigkeit/Belastbarkeit* usw. als Qualifikation für den Beruf in Ihrem Land? Dazu könnten die Lernenden in Gruppen zu je einem Begriff Beispiele sammeln und die Abweichungen und Übereinstimmungen mit dem im Text Gesagten herausarbeiten.
4. Über den Text hinausführende Aufgaben könnten eine Auflistung der Schlüsselqualifikationen im eigenen Land sein. Dazu könnten die Lernenden selbst Beispiele sammeln, Interviews in Firmen machen, Begriffe im Internet recherchieren bzw. entsprechende Seiten im Internet suchen.

7 Glossar

Alltagskultur, die (S. 33): Seit der Etablierung des (→) erweiterten Kulturbegriffs werden auch solche Bereiche zur Kultur gezählt, die traditionell nicht dazu gehörten, nämlich Alltagsphänomene wie etwa Arbeit, Freizeit, Wohn- und Lebensformen, Krankheit, Fortbewegung, Umweltzerstörung usw.

authentischer Text, der (S. 41): Authentische Texte sind ein wichtiges Mittel, um die (→) Alltagskultur des Zielsprachenlandes im Fremdsprachenunterricht zu vermitteln. Sie sind von Muttersprachlern für Muttersprachler geschrieben und geben damit Aufschluss über sprachliche Normen und Verhaltensweisen im Zielsprachenland.

critical incident, der (S. 47): Eine kritische Situation, eine problematische Erfahrung. Beschreibung einer interkulturellen Situation, in der das Verhalten handelnder Personen von ihnen selbst oder von beobachtenden Dritten als unerwartet, ungewöhnlich und von der eigenen Norm abweichend empfunden wird. Dadurch kann es zu interkulturell bedingten Konflikten oder Missverständnissen zwischen Angehörigen verschiedener Kulturen kommen. Im Zusammenhang mit interkultureller Landeskunde und interkulturellem Lernen sollen solche Situationsbeschreibungen die Lernenden für die eigene Wahrnehmung von kulturellen Verschiedenheiten sensibilisieren und Mechanismen deutlich machen, wie man selbst in solchen Situationen oft vorschnell das Verhalten anderer erklärt.

denotativ (S. 47): Sachliche Beschreibung eines Begriffs, ohne auf die emotionale oder kulturelle Nebenbedeutung einzugehen; z. B. ist mit dem Begriff *Haus* das Gebäude gemeint und nicht der Ort der eigenen Kindheit oder das Gefühl, zu Hause zu sein usw.

Empathie, die (S. 88): Darunter versteht man die Fähigkeit, sich in die Situation des jeweils anderen einzufühlen, d. h. einen (→) Perspektivenwechsel vorzunehmen. Im Rahmen der interkulturellen Didaktik (→ interkulturelles Lernen) ist diese Fähigkeit zur Empathie ein wesentliches Lernziel.

erlebte Landeskunde, die (S. 92): Für die Lehrerfortbildung vom Goethe-Institut entwickeltes Konzept: Die Teilnehmer an Fortbildungsseminaren erarbeiten sich selbstständig landeskundliches Wissen durch teilnehmende Beobachtung, quasi-journalistische Recherchen und Interviews; dabei reflektieren sie immer die kulturelle Dimension.

erweiterter Kulturbegriff, der (S. 11): Der (→) traditionelle Kulturbegriff umfasste ursprünglich nur die „hohe" Kultur im Unterschied zur populären Kultur oder zur (→) Alltagskultur. Etwa seit 1970 begann sich jedoch der so genannte erweiterte Kulturbegriff aus der Ethnologie durchzusetzen. Seither verstehen Geistes- und Sozialwissenschaften unter Kultur die gesamte Lebenswirklichkeit der in einem bestimmten Sprach- und Kulturraum lebenden Menschen, d. h. alle Produkte und Tätigkeiten ihres Denkens und Handelns.

faktische Landeskunde, die (S. 15): Ein Landeskundemodell, das auf Tatsachenvermittlung beruht: Das sachliche Wissen über ein Land steht im Vordergrund. Thematisiert werden geographische, historische, kulturelle Fakten; Zahlen und Daten spielen eine wichtige Rolle. Man spricht auch von *expliziter* Landeskunde.

Fremdverstehen, das (S. 5): Kulturelles Fremdverstehen ist eine Zielsetzung interkultureller Didaktik. Zum sprachlichen Wissen muss immer auch der Versuch des kulturellen Verstehens kommen: das Verstehen der fremden Kultur, der Angehörigen der fremden Kultur und ihrer Handlungen und Verhaltensweisen.

handlungsorientierter Unterricht (S. 119): Er zeichnet sich dadurch aus, dass möglichst viele Lernsituationen geschaffen werden, in denen die Lernenden die Sprache als authentisches Verständigungsmittel verwenden. Die Kommunikationssituationen knüpfen an den Erfahrungs- und Interessenhorizont der Lernenden an. Auch reale Kontakte wie Briefpartnerschaften oder Begegnungen sind Bestandteil des fremdsprachlichen Unterrichts. Im handlungsorientierten Unterricht steht die Entwicklung von Fertigkeiten zur Realisierung dieser sprachlichen Handlungen im Vordergrund.

Implikation, die (S. 13): In einem Wort/einer Äußerung enthaltene indirekte Wertung: Das kann ein Vergleich sein (z. B. „Deutsche Kinder ziehen *schon* mit 16 von zu Hause aus"), eine Wertung (z. B. „Deutsche sind sehr kalt, sie küssen sich bei der Begrüßung nicht") usw.

implizit (S. 51): Eine nicht geäußerte Annahme, von der man meint, sie sei selbstverständlich in der Äußerung mit enthalten und werde von den Gesprächspartnern geteilt. In unserem Zusammenhang geht es dabei um Vergleiche von Verhaltensweisen, die oft unbewusst stattfinden, z. B. dass Schweigen im Gespräch peinlich sei, während es für jemanden aus einer anderen Kultur ein Signal für Nachdenklichkeit sein kann.

integrative Landeskunde (S. 101): Zusammenarbeit verschiedener Fachwissenschaftler, etwa von Soziologen und Ethnologen mit Theoretikern und Praktikern von Deutsch als Fremdsprache.

interkulturelle Landeskunde, die (S. 44): Ausgangspunkt dieses Landeskundekonzepts ist die Erkenntnis, dass erfolgreiche Kommunikation zwischen Angehörigen verschiedener Kulturen mehr als sprachliche Korrektheit und kommunikative Angemessenheit umfassen muss. Sie erfordert ein Bewusstsein der eigenen und der fremden kulturellen Prägung bei der Wahrnehmung und Interpretation interkultureller Situationen. Interkulturelle Landeskunde soll die Lernenden dazu befähigen, sich in anderen Kulturen besser zu orientieren.

interkulturelles Lernen, das (S. 73): Es bedeutet einerseits, sich den Zugang zu einer fremden Kultur zu erschließen; andererseits sollen interkulturell Lernende erfahren, dass und wie die Wahrnehmung von der eigenen Kultur und Lebenserfahrung beeinflusst ist. Ziel ist die allgemeine Sensibilität für kulturelle Unterschiede und Gemeinsamkeiten sowie die Ausbildung interkultureller Kompetenz durch Verknüpfung von sprachlichem und landeskundlichem Lernen, durch kulturkontrastives Vorgehen und durch Schulung des (→) Fremdverstehens.

kommunikative Landeskunde, die (S. 27): Im kommunikativ ausgerichteten Fremdsprachenunterricht ist Landeskunde informations- *und* handlungsbezogen konzipiert. Die landeskundlichen Unterrichtsinhalte orientieren sich an den Interessen und Kommunikationsbedürfnissen der Lernenden – also an den Situationen der fremden (→) Alltagskultur, mit denen die Lernenden wahrscheinlich in Kontakt kommen werden. Ziel ist das Verständnis alltagskultureller Phänomene, um das Gelingen sprachlicher Handlungen sicherzustellen.

Lernerautonomie, die (S. 119): Menschliches Lernen ist ein Informationsverarbeitungsprozess, in dem Lernende sich aktiv unter Einbeziehung ihrer bereits vorhandenen Wissensstrukturen mit äußeren Reizen auseinander setzen. Wenn Lernende selbst aktiv einen Wechselbezug zwischen ihrem Vorwissen einerseits und neuen Informationen andererseits herstellen, wird (besser) gelernt. Dabei verändern, erweitern, ergänzen usw. die Lernenden ihr Wissen – sie restrukturieren ihr Wissen.
Konzepte des autonomen Lernens rücken die lernende Person in den Mittelpunkt des fremdsprachendidaktischen Interesses. Lernende entscheiden hier weitgehend selbstständig über die Ziele, Inhalte und Methoden ihres Lernens. Den Unterrichtenden kommt dabei vor allem die Rolle von Lernberatern zu, die diese autonomen Lernprozesse stützen und begleiten.

lernerzentrierter Unterricht, der (S. 119): Beim lernerzentrierten Fremdsprachenunterricht stehen die Lernenden als Subjekte im Mittelpunkt des Unterrichtsgeschehens. Lernen wird nicht als passives Rezipieren von Wissen, sondern als aktive Aneignung durch die Lernenden aufgefasst. Daraus ergibt sich die Not wendigkeit, den Unterricht aus der Perspektive der Lernenden zu planen und dafür deren Lernvoraussetzungen, Bedürfnisse, Fähigkeiten und Lernziele zu ermitteln. Lernerzentrierter Unterricht macht (je nach Zielgruppe) differenzierte Angebote, bietet unterschiedliche Lernwege an, berücksichtigt unterschiedliche Lernertypen und fördert die Mitverantwortung der Lernenden für ihren Lernprozess.

offener Kulturbegriff, der (S. 12): Durch den (→) erweiterten Kulturbegriff hielt eine gewisse Beliebigkeit Einzug in die Sprach- und Kulturvermittlung: Alles konnte unterschiedslos thematisiert werden. Der Beirat Deutsch als Fremdsprache des Goethe-Instituts schlug deshalb 1992 vor, das Spektrum der Inhalte, die in der (Landeskunde-)Didaktik relevant sein sollen, unter dem Stichwort „offener Kulturbegriff" zu fassen: Die Auswahl der Themen sollte „ethisch verantwortet, historisch begründet und ästhetisch akzentuiert" sein (Beirat Deutsch als Fremdsprache des Goethe-Instituts 1992, 112; s. auch Anhang A, S. 154ff.).

Perspektivenwechsel, der (S. 54): Darunter versteht man die Fähigkeit, (soziokulturelle) Phänomene nicht ausschließlich durch die Brille der eigenen (soziokulturellen) Gewohnheiten wahrzunehmen, sondern sich durch (→) Empathie in das andere, Fremde einzufühlen und dadurch eine neue Perspektive einnehmen zu können.

Pragmalinguistik, die (S. 33): Der Begriff *prágma* kommt aus dem Griechischen und bedeutet *handeln*. Pragmalinguistik versteht Sprache als eine besondere Form menschlichen Handelns. Sie beschreibt die Situation, in der eine Äußerung benutzt wird. Eine Äußerung wie *Feuer!* kann je nach der Situation, in der sie gemacht wird, Unterschiedliches bedeuten: eine Warnung vor einer Gefahr, eine Bitte eines Rauchers, ein Angebot an einen Raucher usw. (vgl. Holly 2001, 7). Die *Sprechhandlungen* müssen also auch in ihrem sozialen, nichtsprachlichen Zusammenhang untersucht und verstanden werden. Die Pragmalinguistik ist von verschiedenen wissenschaftlichen Disziplinen (Psychologie, Soziologie, Philosophie, Linguistik) beeinflusst, besonders auch von der (→) Sprechakttheorie.

Referenzwissen, das (S. 33): In der Fremdsprachen- und Landeskundedidaktik versteht man darunter Kenntnisse aus nichtsprachlichen Bereichen (z. B. aus wissenschaftlichen Disziplinen oder aus der (→) Alltagskultur), die für das Gelingen von Kommunikation nötig sind. Wenn jemand beispielsweise in den deutschsprachigen Ländern einkaufen geht, muss er wissen, dass Verkäuferinnen, auch wenn sie ganz jung sind, gesiezt werden.

Sprechakttheorie, die (S. 33): Der Grundgedanke der Sprechakttheorie besagt, dass beim Sprechen Handlungen ausgeführt werden. Es werden etwa Befehle erteilt, Fragen gestellt oder Wünsche geäußert, und zwar nach ganz bestimmten Regeln. Zwei der wichtigsten Vertreter der linguistischen Sprechakttheorie sind J. L. Austin und J. Searle.

Stereotyp, das (S. 78): Man bezeichnet damit feste Verallgemeinerungen, die außerdem oft negativ, diskriminierend oder falsch sind (dann spricht man von einem *Vorurteil*). Für die Sozialpsychologie sind Stereotype eine Art schematische Denk- und Wahrnehmungshilfen, derer sich jeder bedient, um die Vielfalt der soziokulturellen Erscheinungen für sich zu ordnen und zu vereinfachen. Soziale Gruppen, Kulturen und Nationen benutzen Stereotype (z. B. „Die Deutschen sind pünktlich"), die zu ihrem jeweiligen „Weltbild" gehören und selbst durch gegenteilige Erfahrungen nur schwer zu verändern sind. Damit Wahrnehmung nicht nur durch die Brille vorhandener Stereotype erfolgt, muss man sich ihrer Existenz und Funktion erst bewusst werden und sie thematisieren.

traditioneller Kulturbegriff, der (S. 11): Der traditionelle Kulturbegriff umfasst ausschließlich die Bereiche der „hohen" Kultur. Dazu gehören z. B. bildende Kunst, Musik, Architektur, Tanz und Schauspielerei. Damit wird eine Abgrenzung zur populären oder Unterhaltungskultur vorgenommen.

8 Literaturhinweise

Zitierte Fernstudieneinheiten sind mit * vor dem Namen gekennzeichnet.

ABCD-Thesen zur Rolle der Landeskunde im Deutschunterricht (1990). Entwickelt von der Fachgruppe Deutsch als Fremdsprache des Fachverbandes Moderne Fremdsprachen und des Goethe-Instituts. In: *Fremdsprache Deutsch*, H. 3: „Wortschatzarbeit", Oktober/1990, S. 60 – 61.

ADAMCZAK-KRYSZTOFOWICZ, Sylwia (2003): *Texte als Grundlage der Kommunikation zwischen Kulturen: Eine Studie zur Kultur- und Landeskundevermittlung im DaF-Studium in Polen*. Hamburg: Kovač.

ALTHAUS, Hans-Joachim (1999): *Landeskunde. Anmerkungen zum Stand der Dinge*. In: *Informationen Deutsch als Fremdsprache*, H. 1/Februar 1999, S. 25 – 36.

ALTHAUS, Hans-Joachim/MOG, Paul (1992): *Aspekte deutscher Raumerfahrung*. In: MOG, Paul: *Die Deutschen in ihrer Welt. Tübinger Modell einer integrativen Landeskunde*. Berlin/München: Langenscheidt, S. 43 – 64.

ALTMAYER, Claus (2004): *Kultur als Hypertext: Zu Theorie und Praxis der Kulturwissenschaft im Fach Deutsch als Fremdsprache*. München: Iudicum.

BACHMANN, Saskia u. a. (1995a): *Sichtwechsel Neu 1. Mittelstufe Deutsch als Fremdsprache*. München: Klett Edition Deutsch.

BACHMANN, Saskia u. a. (1995b): *Sichtwechsel Neu 1, 2, 3: Allgemeine Einführung. Mittelstufe Deutsch als Fremdsprache*. München: Klett Edition Deutsch.

BADSTÜBNER-KIZIK, Camilla/RADZISZEWSKA, Krystyna (1998): *Österreichische, deutsche und polnische Identitäten*. In: *Fremdsprache Deutsch*, H. 18: „Landeskundliches Lernen", 1/1998, S. 13 – 17.

BAHLMANN, Clemens u. a. (1998a): *Unterwegs. Lehrwerk für die Mittelstufe Deutsch als Fremdsprache*. Materialienbuch. Berlin/München: Langenscheidt.

BAHLMANN, Clemens u. a. (1998b): *Unterwegs. Lehrwerk für die Mittelstufe Deutsch als Fremdsprache*. Kursbuch. Berlin/München: Langenscheidt.

BALDEGGER, Markus u. a. (1980): *Kontaktschwelle Deutsch als Fremdsprache*. Strasbourg: Europarat (1981; Berlin/München: Langenscheidt).

BARKOWSKI, Hans u. a. (1980): *Handbuch für den Deutschunterricht mit ausländischen Arbeitern*. Königstein/Ts: Scriptor.

BAUSINGER, Hermann (1975): *Zur Problematik des Kulturbegriffs*. In: WIERLACHER, Alois (Hrsg.): *Fremdsprache Deutsch 1. Grundlagen und Verfahren der Germanistik als Fremdsprachenphilologie*. München: Fink, S. 58 – 70.

BEHAL-THOMSEN, Heinke u. a. (1993): *Typisch deutsch? Arbeitsbuch zu Aspekten deutscher Mentalität*. Berlin/München: Langenscheidt.

BEIRAT DEUTSCH ALS FREMDSPRACHE des Goethe-Instituts (1992): *25 Thesen zur Sprach- und Kulturvermittlung im Ausland*. In: *Zielsprache Deutsch*, H. 2/1992, S. 112 – 113.

BEIRAT DEUTSCH ALS FREMDPRACHE des Goethe-Instituts (1997): *Deutsch als Fremdsprache – 24 vermittlungsmethodische Thesen und Empfehlungen*. In: *Jahrbuch Deutsch als Fremdsprache*, 23/1997, S. 377 – 393.

BISCHOF, Monika (1995): *Konfliktsituationen*. In: GOETHE-INSTITUT (Hrsg.): *Handbuch für Spracharbeit*, Teil 5: „Erlebte Landeskunde", Kapitel 2, Baustein 5.

* BISCHOF, Monika u. a. (1999): *Landeskunde und Literaturdidaktik*. Fernstudieneinheit 3. Berlin/München: Langenscheidt.

BORBEIN, Volker (Hrsg.) (1995): *Menschen in Deutschland. Ein Lesebuch für Deutsch als Fremdsprache*. Berlin/München: Langenscheidt.

BUBNER, Friedrich (1991): *Transparente Landeskunde*. Bonn: Inter Nationes.

BUTTJES, Dieter (1989): *Landeskunde-Didaktik und landeskundliches Curriculum*. In: BAUSCH, Karl Richard u. a. (Hrsg.): *Handbuch Fremdsprachenunterricht*. Tübingen: Francke, S. 112 – 119.

Das Zertifikat Deutsch als Fremdsprache (1977). Bonn/Bad Godesberg/München: Deutscher Volkhochschul-Verband e.V./Goethe-Institut.

* EHLERS, Swantje (1992): *Lesen als Verstehen*. Fernstudieneinheit 2. Berlin/München: Langenscheidt.

EHMANN, Hermann (2001): *Voll konkret*. München: Beck'sche Reihe.

EISMANN, Volker u. a. (1995): *Die Suche. Das andere Lehrwerk für Deutsch als Fremdsprache*. Lehrerhandreichungen 1. Berlin/München: Langenscheidt.

ESSINGER, Helmut/GRAF, J.(1984): *Interkulturelle Erziehung als Friedenserziehung*. In: AUERNHEIMER, Georg: *Einführung in die interkulturelle Erziehung*. Darmstadt: Wissenschaftliche Buchgesellschaft.

FRAUNBERGER, Friederike/SOMMER, Anette (1993): *Die Umsetzung des erweiterten Kulturbegriffs in der Programmarbeit des Goethe-Instituts*. In: *Jahrbuch Deutsch als Fremdsprache*, 19/1993, S. 402 – 415.

GERDES, Mechthild u. a. (1984): *Themen 1*. Lehrerhandbuch. München: Hueber.

GOETHE-INSTITUT (Hrsg.) (1997): *Interkulturelles Lernen durch Erlebte Landeskunde. Ein Handbuch für Fortbildungsseminare mit Deutschlehrern aus mehreren Ländern*. Gefördert als ein Europäisches Kooperationsprojekt durch LINGUA/SOKRATES Brüssel – Kommission der EU (1993 – 1996).

GÖTZ, Dieter u. a. (Hrsg.) (1998): *Langenscheidt Großwörterbuch Deutsch als Fremdsprache*. Neubearbeitung. Berlin/München: Langenscheidt.

GRÄTZ, Ronald (1999): *Odyssee – ein interkulturelles E-Mail-Suchspiel*. In: *Fremdsprache Deutsch*, H. 21: „Neue Medien im Deutschunterricht", 2/1999, S. 25.

HACKL, Wolfgang (1998a): *Aktuelles Fachlexikon*. In: *Fremdsprache Deutsch*, H. 18: „Landeskundliches Lernen", 1/1998, S. 62.

HACKL, Wolfgang u. a. (1998b): *Landeskundliches Lernen*. In: *Fremdsprache Deutsch*, H. 18: „Landeskundliches Lernen", 1/1998, S. 5 – 12.

HANN, Stephanie (2002): *Konstruktion und Bearbeitung von Bildern zum deutschsprachigen Raum: Eine Fallstudie in der Lehrerfortbildung Deutsch als Fremdsprache zu Landeskunde und interkulturellem Lernen am Beispiel Mexiko*. Giessener Elektronische Bibliothek.

HANSEN, Margarete/ZUBER, Barbara (1996): *Zwischen den Kulturen. Strategien und Aktivitäten für landeskundliches Lehren und Lernen*. Materialienbuch für den Unterricht. Berlin/München: Langenscheidt.

HOG, Martin u. a. (1984a): *Sichtwechsel. Elf Kapitel zur Sprachsensibilisierung. Ein Deutschkurs für Fortgeschrittene*. Stuttgart: Klett International.

HOG, Martin u. a. (1984b): *Sichtwechsel. Elf Kapitel zur Sprachsensibilisierung*. Handbuch für den Unterricht. Stuttgart: Klett International.

* HOLLY, Werner (2001): *Einführung in die Pragmalinguistik*. Germanistische Fernstudieneinheit 3. Berlin/München: Langenscheidt. © Universität Gesamthochschule Kassel.

KAUFMANN, Susan u. a. (2007): *Orientierungskurs Deutschland: Geschichte, Kultur, Institutionen*. Berlin/München: Langenscheidt.

KESSLER, Hermann (1975): *Deutsch für Ausländer*. Teil 3: „Deutschlandkunde". Königswinter: Verlag für Sprachmethodik.

KRETZENBACHER, Heinz L. (1992): *Der erweiterte Kulturbegriff in der außenkulturpolitischen Diskussion der Bundesrepublik Deutschland*. In: *Jahrbuch Deutsch als Fremdsprache*, 18/1992, S. 170 – 196.

KRUMM, Hans-Jürgen (1992): *Bilder im Kopf. Interkulturelles Lernen und Landeskunde*. In: *Fremdsprache Deutsch*, H.6: „Landeskunde", Juni/1992, S. 16 – 19.

KRUMM, Hans-Jürgen (1994): *Mehrsprachigkeit und interkulturelles Lernen. Orientierungen im Fach Deutsch als Fremdsprache*. In: *Jahrbuch Deutsch als Fremdsprache*, 20/1994, S. 13 – 36.

KRUMM, Hans-Jürgen (1998): *Landeskunde Deutschland, D-A-CH oder Europa? Über den Umgang mit Verschiedenheit im DaF-Unterricht*. In: *Informationen Deutsch als Fremdsprache*, H. 5/Oktober 1998, S. 523 – 544.

LOESCHE, Helga (2003): *Interkulturelle Kommunikation: Eine Sammlung praktischer Spiele und Übungen*. Augsburg: Ziel.

* LÜGER, Hans-Helmut (1993): *Routinen und Rituale in der Alltagskommunikation*. Fernstudieneinheit 6. Berlin/München: Langenscheidt.

LUSCHER, Renate (1994): *Deutschland nach der Wende*. Aktualisierte Fassung. Ismaning: Verlag für Deutsch.

LUSCHER, Renate (2005): *Landeskunde Deutschland: Von der Wende bis heute: Daten, Texte, Aufgaben für Deutsch als Fremdsprache*. München: Verlag für Deutsch.

* MACAIRE, Dominique/HOSCH, Wolfram (1996): *Bilder in der Landeskunde*. Fernstudieneinheit 11. Berlin/ München: Langenscheidt.

MEBUS, Gudula u. a. (1987): *Sprachbrücke 1. Deutsch als Fremdsprache*. München: Klett Edition Deutsch.

MOG, Paul (Hrsg.) (1992): *Die Deutschen in ihrer Welt. Tübinger Modell einer integrativen Landeskunde*. Berlin/ München: Langenscheidt.

* MÜLLER, Bernd-Dietrich (1994): *Wortschatzarbeit und Bedeutungsvermittlung*. Fernstudieneinheit 8. Berlin/ München: Langenscheidt.

MÜLLER, Peter (1996): *Interkulturelles Lernen durch erlebte Landeskunde. Wie bei Deutschlehrerinnen und -lehrern aus Mittel- und Osteuropa ein neues Deutschlandbild entsteht*. In: *Zielsprache Deutsch*, H. 1/1996, S. 33 – 36.

NAINGGOLAN, S. u. a. (1983): *Kontakte Deutsch. Ein Lehrwerk für indonesische Oberschulen*. Jakarta: Goethe-Institut.

* NEUNER, Gerhard/HUNFELD, Hans (1993): *Methoden des fremdsprachlichen Deutschunterrrichts*. Fernstudieneinheit 4. Berlin/München: Langenscheidt.

PAULDRACH, Andreas (1992): *Eine unendliche Geschichte. Anmerkungen zur Situation der Landeskunde in den 90er Jahren*. In: *Fremdsprache Deutsch*, H. 6: „Landeskunde“, Juni/1992, S. 4 – 15.

PENNING, Dieter (1995): *Landeskunde als Thema des Deutschunterrichts – fächerübergreifend und/oder fachspezifisch?* In: *Informationen Deutsch als Fremdsprache*, H. 6/Dezember 1995, S. 626 – 640.

PIEPHO, Hans-Eberhard (1974): *Kommunikative Kompetenz als übergeordnetes Lernziel im Englischunterricht*. Dornburg-Frickhofen: Frankonius.

PETERS, Thomas u. a. (1998): *E-Mail-Klassenpartnerschaften im Anfängerunterricht: „Das Bild der Anderen“ und andere DaF-Projekte*. In: DONATH, Reinhard (Hrsg.): *Deutsch als Fremdsprache. Projekte im Internet*. Stuttgart: Klett Edition Deutsch, S. 12 – 19.

RALL, Marlene (1994): *Sprachbrücke 1*. Handbuch für den Unterricht. München: Klett Edition Deutsch.

RÖTTGER, Evelyn (2004): *Interkulturelles Lernen im Fremdsprachenunterricht: Das Beispiel Deutsch als Fremdsprache in Griechenland*. Hamburg: Kovač.

SARTORIUS, Joachim (1997): *Der Dichter kommt, die Mülldeponie geht*. In: *FAZ* vom 15.1.1997.

SOBIELLA, Christian (2006): *Deutschland kompakt: Die etwas andere Landeskunde in Zahlen*. Reinbek bei Hamburg: Rowohlt.

STEVENS, John O. (1975): *Die Kunst der Wahrnehmung. Übungen der Gestalt-Therapie*. Gütersloh: Chr. Kaiser.

WEIMANN, Gunther/HOSCH, Wolfram (1993): *Kulturverstehen im Deutschunterricht. Ein Projekt zur Lehrerfortbildung*. In: *Informationen Deutsch als Fremdsprache*, H. 5/Oktober 1993, S. 514 – 523.

WOLLNY, Johanna (1999): *Eine Homepage von Anfängern*. In: *Fremdsprache Deutsch*, H. 21: „Neue Medien im Deutschunterricht“, 2/1999, S. 18 – 19.

Zertifikat Deutsch (1999): *Lernziele und Testformat*. Herausgegeben von Weiterbildungs-Testsysteme GmbH, Goethe-Institut, Österreichisches Sprachdiplom Deutsch, Schweizerische Konferenz der kantonalen Erziehungsdirektoren. Frankfurt/Main: Weiterbildungs Testsysteme.

9 Quellenangaben

9.1 Texte und Bilder

ABCD-Thesen zur Rolle der Landeskunde im Deutschunterricht (1990). Entwickelt von der Fachgruppe Deutsch als Fremdsprache des Fachverbandes Moderne Fremdsprachen und des Goethe-Instituts. In: *Fremdsprache Deutsch*, H. 3/„Wortschatzarbeit", Oktober/1990, S. 60/61.

ANDERS, Günther (1968): *Der Löwe*. In: *Blick vom Turm*. München: © C. H. Beck'sche Verlagsbuchhandlung, S. 8.

AUFDERSTRASSE, Hartmut u. a. (1983): *Themen 1. Lehrwerk für Deutsch als Fremdsprache*. Kursbuch. München: Hueber, S. 5, 71.

AUFDERSTRASSE, Hartmut u. a. (1984): *Themen 2. Lehrwerk für Deutsch als Fremdsprache*. Kursbuch. München: Hueber, S. 68, 69, 70.

AUFDERSTRASSE, Hartmut u. a. (1992): *Themen neu*. Kursbuch 1. Ismaning: Hueber, S. 38, 39.

BACHMANN, Saskia u. a. (1996a): Sichtwechsel *Neu 2. Mittelstufe Deutsch als Fremdsprache*. München: Klett Edition Deutsch, S. 125.

BACHMANN, Saskia u. a. (1996b): *Sichtwechsel Neu 3. Mittelstufe Deutsch als Fremdsprache*. München: Klett Edition Deutsch, S. 68.

BAHLMANN, Clemens u. a. (1998b): *Unterwegs. Lehrwerk für die Mittelstufe Deutsch als Fremdsprache*. Kursbuch. Berlin/München: Langenscheidt, S. 97.

BEHAL-THOMSEN, Heinke u. a. (1993): *Typisch deutsch? Arbeitsbuch zu Aspekten deutscher Mentalität*. Berlin/München: Langenscheidt, S. 122. Foto: Barbara Stenzel, München.

BEIRAT DEUTSCH ALS FREMDSPRACHE des Goethe-Instituts (1992): 25 *Thesen zur Sprach- und Kulturvermittlung im Ausland*. In: *Zielsprache Deutsch*, H. 2/1992, S. 112/113.

BRAUN, Korbinian u. a. (1978): *Deutsch als Fremdsprache I A*. Grundkurs. Neubearbeitung. Stuttgart: Klett, S. 63, 81, 139. Fotos: Uwe Seyl, Stuttgart; Karte: Gottfried Wustmann, Mötzingen.

DALLAPIAZZA, Rosa-Maria u. a. (1998): *Tangram. Deutsch als Fremdsprache*. Kursbuch und Arbeitsbuch 1 A. Ismaning: Hueber, S. 79 (Arbeitsbuch).

DIENST, Leonore u. a. (1998): *DaF in 2 Bänden*. Band 1. Ismaning: Verlag für Deutsch, S. 43. Foto: Tourismus-Zentrale Hamburg; S. 273, 274.

EISMANN, Volker u. a. (1993): *Die Suche. Das andere Lehrwerk für Deutsch als Fremdsprache*. Textbuch 1. Berlin/München: Langenscheidt, S. 58, 59; S. 130. Fotos: Michael Seifert, Hannover.

EISMANN, Volker u. a. (1996): *Die Suche. Das andere Lehrwerk für Deutsch als Fremdsprache*. Textbuch 2. Berlin/München: Langenscheidt, S. 70, 148.

ENGIN, Osman (2001): *Albtraum Deutschland*. In: *perşembe*, Beilage von *die tageszeitung* vom 29. 3. 2001.

FUNK, Hermann u. a. (1994): *Sowieso. Deutsch als Fremdsprache für Jugendliche*. Kursbuch 1. Berlin/München: Langenscheidt, S. 105.

FUNK, Hermann/KOENIG, Michael (1999): ***eurolingua Deutsch** 3*. Berlin: Cornelsen, S. 28/29. Abbildungen: © Archiv für Kunst und Geschichte und Bildarchiv Preußischer Kulturbesitz.

GRIESBACH, Heinz u. a. (1996): *Sprachlehre Deutsch als Fremdsprache*. Grundstufe. Ismaning: Hueber, S. 37, 76, 170.

GRIESBACH, Heinz/SCHULZ, Dora (1962): *Deutsche Sprachlehre für Ausländer*. Grundstufe Teil 2. München: Hueber, S. 23/24.

GRIESBACH, Heinz/SCHULZ, Dora (1967): *Deutsche Sprachlehre für Ausländer*. Grundstufe in einem Band. München: Hueber, S. 30, 76/77.

HANDKE, Peter (1990): *Busfahren*. Aus: *Versuch über die Jukebox*. Frankfurt am Main: Suhrkamp, S. 17/18. © Suhrkamp Verlag, Frankfurt am Main.

HANSEN, Margarete/ZUBER, Barbara (1996): *Zwischen den Kulturen. Strategien und Aktivitäten für landeskundliches Lehren und Lernen*. Materialienbuch für den Unterricht. Berlin/München: Langenscheidt, S. 14.

HASENKAMP, Günther (1995): *Leselandschaft 1. Unterrichtswerk für die Mittelstufe*. Ismaning: Verlag für Deutsch, S. 37.

HÄUBLEIN, Gernot, u. a. (1995): *Memo. Wortschatz- und Fertigkeitstraining zum Zertifikat Deutsch als Fremdsprache*. Lehr- und Übungsbuch. Berlin/München: Langenscheidt, S. 5, 44.

HECHT, Dörthe (1999): *PONS Basiswörterbuch Deutsch als Fremdsprache*. Das einsprachige Wörterbuch zum neuen Zertifikat Deutsch. Stuttgart: Klett International/Klett Edition Deutsch, S. 283, 301, 380, 381.

HILL, W. E. In: BROCHER, Tobias (1967): *Gruppendynamik und Erwachsenenbildung*. Braunschweig: Georg Westermann, S. 154. (Die Zeichnung entstand 1905).

HOG, Martin u. a. (1984a): *Sichtwechsel. Elf Kapitel zur Sprachsensibilisierung. Ein Deutschkurs für Fortgeschrittene*. Stuttgart: Klett International, S. 76/77.

KESSLER, Hermann (1975): *Deutsch für Ausländer*. Teil 3: „Deutschlandkunde". Königswinter: Verlag für Sprachmethodik, S. 57.

KESSLER, Hermann (1981): *Deutsch für Ausländer*. Teil 2: „Schneller Fortgang". Königswinter: Verlag für Sprachmethodik, S. 100.

KLEE, Wolfhart/GERKEN, Magda (1957): *Gesprochenes Deutsch*. Berlin: Extraneus-Verlag, S. 153.

LUNDQUIST-MOG, Angelika (1996): *Spielarten. Arbeitsbuch zur deutschen Landeskunde*. Berlin/München: Langenscheidt, S. 14.

MEBUS, Gudula u. a. (1987): *Sprachbrücke 1. Deutsch als Fremdsprache*. München: Klett Edition Deutsch, S. 27.

MEBUS, Gudula u. a. (1989): *Sprachbrücke 2. Deutsch als Fremdsprache*. München: Klett Edition Deutsch, S. 36.

MEESE, Herrad: Fotos. © Herrad Meese, München.

NAINGGOLAN, S. u. a. (1983): *Kontakte Deutsch. Ein Lehrwerk für indonesische Oberschulen*. Jakarta: Goethe-Institut, S. 241f.

NEUNER, Gerd u. a. (1980): *Deutsch aktiv. Ein Lehrwerk für Erwachsene*. Lehrbuch 2. Berlin/München: Langenscheidt, S. 15, 63.

NÖSTLINGER, Christine (1978): *Ein Mann für Mama*. München: dtv, S.25/26. © 1972 Verlag Friedrich Oetinger, Hamburg.

OMURCA, Muhsin (2001): *Kanakmän*. In: *perşembe*, Beilage von *die tageszeitung* vom 29. 3. 2001.

PANTIS, Brigitte/KÜSTER, Jürgen (1995): *Wortwörtlich*. Frankfurt/Main: Diesterweg, S. 17. Karikatur: E. Haydemann, Jugendscala.

PENNING, Dieter (1995): *Landeskunde als Thema des Deutschunterrichts – fächerübergreifend und/oder fachspezifisch?* In: *Informationen Deutsch als Fremdsprache*, H. 6/Dezember 1995, S. 631.

PENROSE aus: ERNST, Bruno (1978): *Der Zauberspiegel des M. C. Escher*. Gräfelfing: Moos, S. 631.

PERLMANN-BALME, Michaela/SCHWALB, Susanne (1997): *em Hauptkurs. Deutsch als Fremdsprache für die Mittelstufe*. Ismaning: Hueber, S. 109.

QUINO (1989). Tornado Films, S. A., Madrid.

SION, Christopher (Hrsg.) (1995): *88 Unterrichtsrezepte. Eine Sammlung interaktiver Übungsideen*. Stuttgart: Klett, S. 27, 28, 29. Spiel nach einer Idee von John Morgan.

TAPIA BRAVO, Ivan (1983): *Das bin ich mir schuldig*. In: ACKERMANN, Irmgard: *In zwei Sprachen leben*. München: dtv, S. 233.

VORDERWÜLBECKE, Anne/VORDERWÜLBECKE, Klaus (1995): *Stufen International 1. Deutsch als Fremdsprache für Jugendliche und Erwachsene*. Lehr- und Arbeitsbuch. Stuttgart: Klett International, S. 122.

YOLDER, Mary/SPIEGL, Sepp (1999): *Das Hänsel-und-Gretel-Projekt*. In: *jetzt*. Das Jugendmagazin der Südddeutschen Zeitung, H. 50 vom 13. 12. 1999.

9.2 Texte aus dem Internet

DONATH, Reinhard: *Auswanderung aus Europa – Einwanderung in die USA*; www.englisch.schule.de/DaF.htm

GRÄTZ, Ronald: *Odyssee – ein interkulturelles E-Mail-Suchspiel*; www.goethe.de/odyssee

PETERS, Thomas u. a.: *Das Bild der Anderen*; www.goethe.de/bild

SCHÖNLEBE, Dirk: *Schlüsselqualifikationen*; www.goethe.de/z/jetzt

9.3 Abbildungen aus dem Internet

Beispiel 55: *Das Bild der Anderen*; www.goethe.de/bild

Beispiel 56: *Deutschland-Katalog; ZfA-Bildungsserver*; www.dasan.de

Beispiel 57: *Internet-Portale des IIK Düsseldorf*; www.wirtschaftsdeutsch.de

Beispiel 58: *Homepage des Goethe-Instituts*; www.goethe.de

Beispiel 59: *jetzt Schlüsselqualifikationen*; www.goethe.de/z/jetzt

Beispiel 60: *jetzt Entdeckungsreise: Beruf und Bewerbung*; www.goethe.de/z/jetzt

Anhang

A 25 Thesen zur Sprach- und Kulturvermittlung im Ausland

„Vorwort

Die folgenden 25 Thesen richten sich zunächst an das Goethe-Institut. Darüber hinaus möchte sie der Beirat Deutsch als Fremdsprache als Diskussionsangebot an alle in der auswärtigen Kulturvermittlung Tätigen und an eine interessierte Öffentlichkeit verstanden wissen. Die Thesen wollen eine Diskussion des in vielen Bereichen der Kulturvermittlung scheinbar selbstverständlichen ‚erweiterten' Kulturbegriffs anregen. Davon ausgehend soll auch über die Verbindung von Kultur, Sprache und Sprachunterricht öffentlich nachgedacht werden.

1. Offener Kulturbegriff

Ein ‚erweiterter Kulturbegriff', der seine Grenzen nicht kennt und keinerlei Korrektiv gegen Beliebigkeit enthält, ist als Grundlage der auswärtigen Kulturpolitik nicht geeignet. An seine Stelle sollte ein ‚offener Kulturbegriff' treten, der ethisch verantwortet, historisch begründet und ästhetisch akzentuiert ist.

2. Politischer Kulturbegriff

Der Antagonismus ‚Kultur/Zivilisation' ist veraltet. Gleichfalls veraltet ist der Antagonismus zwischen ‚affirmativer' und ‚kritischer' Kultur. Der Kulturbegriff der auswärtigen Kulturpolitik sollte jedoch unter allen Bedingungen eine politische Komponente enthalten. Diese darf nicht im Sinne einer Parteipolitik verstanden werden.

3. Interkulturelle Komponente

Die auswärtige Kulturpolitik der Bundesrepublik Deutschland braucht keinen separaten Kulturbegriff, der sich vom allgemeinen – meistens kontroversen – Diskurs über kulturelle Fragen in der Öffentlichkeit unterscheidet. Eine interkulturelle Komponente hinsichtlich des Auslandes und der Ausländer in Deutschland gehört jedoch heute zu seinen spezifischen Merkmalen. Der Kulturbegriff der auswärtigen Kulturpolitik Deutschlands kann im übrigen nicht für die ganze Welt der gleiche sein.

4. Deutschlandbild

Es ist kein vorrangiges Ziel der auswärtigen Kulturpolitik, ein bestimmtes Deutschlandbild zu entwerfen und zu verbreiten. Vorrangig ist vielmehr, die Lebendigkeit der Kultur und den Prozeß der Zivilisation zu erhalten und zu befördern, und zwar gerade durch die Verbindung mit dem Ausland. Eine generelle Beschönigung der in Deutschland bestehenden Verhältnisse ist diesem Ziel nicht förderlich. Andererseits kann es nicht Ziel der auswärtigen Kultur-politik sein, durch ständigen Kritikexport die Probleme unseres eigenen Landes anderen Schultern aufzubürden.

5. Partnerschaft

Die Kultur im Rahmen der auswärtigen Kulturpolitik ist kommunikativ und kooperativ zu verstehen. Sie bestimmt ihre Themen partnerschaftlich mit den Adressaten der auswärtigen Kulturpolitik und ist als Beitrag zur Interaktion von Kulturen aufzufassen. Eine einzelne Kultur repräsentiert sich dabei nicht nur durch die Antworten, die sie gibt, sondern auch durch die Fragen, die sie stellt.

6. Kulturelle Vielfalt

Unabhängig von Ressortverteilungen in der Bundesregierung gehören die Kulturen der in Deutschland lebenden Ausländer zu den Aufgabenbereichen der auswärtigen Kulturpolitik. Die auswärtige Kulturpolitik beginnt im eigenen Land. Zur Bewältigung mehrsprachig und mehrkulturell geprägter Situationen beizutragen, ist Aufgabe der Sprachvermittlung im Inland wie im Ausland.

7. Anstrengungen

Ein Kulturbegriff, dessen Repräsentanten nur Geburts- und Machteliten sind, ist historisch überholt. Der Zugang zur Kultur muß grundsätzlich allen offenstehen. Diese Öffnung verlangt jedoch spezifische Anstrengungen.

8. Kanon

Kultur kann nicht ohne einen verbindlichen Kanon vermittelt werden. Sie darf nicht mit einem starren Kanon vermittelt werden.

9. Kulturmanagement

Kultur, insoweit sie von öffentlichen Institutionen vermittelt wird, ist notwendig auf Administration angewiesen. Deren Strukturen müssen jedoch selber Ausdruck politischer Kultur sein und setzen eine entsprechende Qualifikation der in Verwaltung und Management Tätigen voraus.

10. Qualifikationskriterien

Bei der Auswahl und Ausbildung von Personen, die im Auswärtigen Dienst und in anderen Funktionen der auswärtigen Kulturarbeit tätig werden sollen, verdient kulturelles Wissen und Interesse der Bewerber besondere Aufmerksamkeit. Bei Personalentscheidungen soll dieses Kriterium hochrangig berücksichtigt werden.

11. Sprachkultur

Für die Kultur im Sinne der auswärtigen Kulturpolitik ist die Sprachkultur zentral. Unter den Künsten, verstanden als ausgezeichnete Äußerungen der Kultur, hat die Literatur in diesem Rahmen einen besonderen Stellenwert, da sie der Sprachkultur näher steht als andere Künste. Aber auch der Sprachgebrauch außerhalb der Literatur, beispielsweise in den Fachsprachen, steht unter dem Postulat der Sprachkultur.

12. Kultursprache

Nicht die Verbreitung der deutschen Sprache schlechthin, sondern die Verbreitung der deutschen Sprache als Kultursprache ist vorrangiges Ziel der auswärtigen Kulturpolitik.

13. Regionale Vielfalt

Der deutsche Sprachraum ist sprachlich und kulturell reich gegliedert. Kultur muß mit Respekt vor dieser Vielfalt vermittelt werden.

14. Umgangsformen

Die verschiedenen Kulturen können nur im Modus der Diskretion und Höflichkeit miteinander verkehren. Diese Fähigkeit muß im Sprachunterricht gelernt werden.

15. Pädagogische Verbindungsarbeit

Die ‚Pädagogische Verbindungsarbeit', die sich in der Praxis bewährt hat, soll als eine kulturelle Verbindungsarbeit aufgefaßt oder in diesem Sinne erweitert werden. Sie umfaßt daher nicht nur Kontakte zu Lehrpersonen und deren Institutionen, sondern auch zum Beispiel zu Schriftstellern und Künstlern.

16. Programmarbeit/Spracharbeit

Eine organisatorische Trennung von ‚Programmarbeit' und ‚Spracharbeit' ist problematisch. Allemal sind beide Bereiche gleichrangige Formen der Kulturarbeit. Eine Bevorzugung der einen oder der anderen Form der Kulturarbeit in Verbindung mit leitenden Funktionen ist nicht gerechtfertigt. Eine möglichst weitreichende Integration von ‚Programmarbeit' und ‚Spracharbeit' ist anzustreben.

17. Deutsch als Fremdsprache

Das Fach Deutsch als Fremdsprache an deutschen Hochschulen beschäftigt sich in Forschung und Lehre nicht nur mit der Vermittlung der deutschen Sprache, sondern schließt immer auch kulturelle Komponenten im Sinne des offenen Kulturbegriffs ein.

18. Spracharbeit als Kulturarbeit

Jede Form von Spracharbeit mit jedweder Adressatengruppe ist immer auch Kulturarbeit. Die Begegnung mit der fremden Kultur beginnt in der ersten Stunde des Sprachunterrichts. Von daher ist eine Abtrennung der Spracharbeit von der Kultur nicht angemessen. Vielmehr muß die Verschränkung von Kultur und Sprache Konsequenzen haben für die Entwicklung von Vermittlungsmethoden und Lernkonzepten sowie für Lehrmaterialien.

19. Sprachkultur im Sprachunterricht

Es kann nicht Sinn des Deutschunterrichts im Rahmen der auswärtigen Kulturpolitik sein, die deutsche Sprache nur instrumentell zu lehren. Wenn die deutsche Sprache, wie es rechtens ist, mit Sprachkultur gelehrt wird, verdient sie auch, als Ziel der auswärtigen Kulturpolitik anerkannt zu werden.

20. Kultureller Mehrwert

Subventionierter Sprachunterricht im Rahmen der auswärtigen Kulturpolitik der Bundesrepublik Deutschland legitimiert sich durch einen kulturellen Mehrwert gegenüber ausschließlich praktischen Zielen der Sprachlerner und Gesichtspunkten der bloßen Nützlichkeit.

21. Kulturerfahrung

Der Sprachunterricht verwirklicht seine kulturelle Dimension in erster Linie durch die Einstellungen, Verhaltensformen, Fähigkeiten und Kenntnisse des Lehrers. Auch die Sprachform des Unterrichts ist dabei Ausdruck der Kultur unseres Landes. Diese Dimension muß vom Lehrer in der Aus-, Fort- und Weiterbildung erfahren werden, damit sie im Unterricht wirksam werden kann.

22. Lebendigkeit

Der Sprachunterricht steht immer in einem Spannungsfeld privaten und öffentlichen Kulturverständnisses. Aus dieser Spannung erhält er seine Lebendigkeit.

23. Erwartungen

Die Erwartungen der Ausländer an den deutschen Sprachunterricht sind häufig nicht nur zweckrational, sondern auch subjektiv und emotional geprägt. Dem sollte auch der Sprachunterricht Raum geben.

24. Intellektualität

Ein Sprachunterricht, der nur triviale Alltagskommunikation im Blick hat, unterfordert die Lernenden. Der Kulturbegriff ist so auszulegen, daß er die Intellektualität der Lernenden von Anfang an herausfordert. Dies gilt für alle Lern- und Altersgruppen.

25. Zum Schluß

Kultur im Sprachunterricht heißt immer auch: Heiterkeit, Leichtigkeit, Neugierde, Phantasie, Entdeckerfreude.“

Die Thesen wurden am 14. und 15. 11.1991 erarbeitet von den folgenden Beiratsmitgliedern: Karl-Richard Bausch, Hans-Jürgen Krumm, Walter Müller-Seidel, Hans Reich, Inge C. Schwerdtfeger, Harald Weinrich (Vorsitzender), Alois Wierlacher. Mit kritischen Beiträgen haben mitgewirkt: Hans Blaasch (Goethe-Institut), Elisabeth Daneau (Goethe-Institut), Hubert Eichheim (Goethe-Institut), Klaus Fischer (Goethe-Institut), Friedrich-Wilhelm Hellmann (Deutscher Akademischer Austauschdienst), Diethelm Kaminski (Zentralstelle für das Auslandsschulwesen), Bernd Kast (Goethe-Institut), Heinz L. Kretzenbacher (Akademie der Wissenschaften zu Berlin), Uta Mayer-Schalburg (Auswärtiges Amt), Jochen Neuberger (Goethe-Institut), Karl-Heinz Osterloh (Goethe-Institut), Armin Wolff (Fachverband Deutsch als Fremdsprache). Die Dokumentation, der die Ausarbeitung der Thesen zugrundelag, wurde zusammengestellt von Friederike Fraunberger und Anette Sommer.

Beirat Deutsch als Fremdsprache des Goethe-Instituts (1992), 112/113

B *ABCD-Thesen zur Rolle der Landeskunde im Deutschunterricht*

Auf Einladung der Fachgruppe Deutsch als Fremdsprache des Fachverbandes Moderne Fremdsprachen und des Goethe Instituts trafen sich im Oktober 1988 je drei Vertreter der Deutschlehrerverbände aus Österreich, der Bundesrepublik Deutschland, der Schweiz und der Deutschen Demokratischen Republik zu einem Fachgespräch über Möglichkeiten der Zusammenarbeit im Bereich der Landeskunde. Drei Vorhaben wurden dabei in Gang gesetzt:

a) eine stärkere Kooperation bei der Lehrerfortbildung,

b) die Planung einer Buchreihe, die Informationen über die deutschsprachigen Regionen bereitstellt,

c) die Entwicklung von Prinzipien, an denen sich der Deutschunterricht und die Lehrwerkproduktion orientieren können.

„0 Was ist Landeskunde?

Landeskunde im Fremdsprachenunterricht ist ein Prinzip, das sich durch die Kombination von Sprachvermittlung und kultureller Information konkretisiert und durch besondere Aktivitäten über den Deutschunterricht hinaus wirken soll, z. B. durch Austausch und Begegnung. Insofern ist Landeskunde kein eigenes Fach. Landeskunde ist nicht auf Staatenkunde und Institutionenkunde zu reduzieren, sondern bezieht sich exemplarisch und kontrastiv auf den deutschsprachigen Raum mit seinen nicht nur nationalen, sondern auch regionalen und grenzübergreifenden Phänomenen. Ein solches Verständnis widerspiegelt das Konzept des sich herausbildenden ‚Europa der Regionen'.

I. Allgemeine Grundsätze

1. Der Deutschunterricht leistet einen Beitrag zum friedlichen Zusammenleben der Menschen im Sinne der Charta der Vereinten Nationen. Der Landeskunde kommt dabei eine zentrale Bedeutung zu, indem sie die Wirklichkeit der Zielsprachenländer und die kulturelle Identität der dort lebenden Menschen zum Thema macht.
2. Landeskunde wird dynamisch und prozeßhaft gesehen. Auf Vollständigkeit der Informationen im Hinblick auf ein hypothetisches Landesbild wird bewußt verzichtet.
3. Die Tatsache, daß Deutsch in verschiedenen Regionen Muttersprache ist, stellt eine besondere Chance für einen auf interkulturelle Kommunikation hin orientierten Unterricht dar.
4. Primäre Aufgabe der Landeskunde ist nicht die Information, sondern Sensibilisierung sowie die Entwicklung von Fähigkeiten, Strategien und Fertigkeiten im Umgang mit fremden Kulturen. Damit sollen fremdkulturelle Erscheinungen besser eingeschätzt, relativiert und in Bezug zur eigenen Realität gestellt werden. So können Vorurteile und Klischees sichtbar und abgebaut sowie eine kritische Toleranz entwickelt werden.
5. Im Deutschunterricht und daher auch in Lehrwerken und Zusatzmaterialien müssen Informationen über den ganzen deutschsprachigen Raum berücksichtigt werden. Dabei sind die Vielfalt der Quellen und Transparenz der jeweiligen Standpunkte und Sichtweisen wichtige Kriterien.
6. Landeskunde steht im engen Zusammenhang mit dem Spracherwerb. Rücksichtnahme auf die eingeschränkte Sprachfähigkeit der Lernenden und die sprachliche Progression fordern didaktische Vereinfachung, dürfen aber nicht zur Simplifizierung, Verniedlichung, Vergröberung und Verzerrung führen.
7. Die Stimmigkeit landeskundlicher Information sollte dadurch gewährleistet werden, daß eine Zusammenarbeit mit Experten der jeweils betroffenen Länder oder Regionen gesucht wird.
8. Landeskunde als integraler Bestandteil des Sprachunterrichts erfordert Fremdsprachenlehrerinnen und -lehrer, die durch eigene Erfahrung, vielfältige Materialien, eine gute Ausbildung und entsprechende Fortbildung in die Lage versetzt werden, alle deutschsprachigen Regionen im Deutschunterricht lebendig werden zu lassen.

II. Didaktisch-methodische Grundsätze

9. Landeskundevermittlung im Rahmen des Deutschunterrichts vollzieht sich als Prozeß der aktiven Auseinandersetzung mit fremden Kulturen. Das bedeutet, die Lernenden an der Auswahl der Materialien und der Gestaltung des Unterrichts zu beteiligen und sie zu schöpferischer Arbeit anzuregen und zu ermutigen.
10. Informationen über die deutschsprachigen Regionen sollen möglichst anhand authentischer Materialien erarbeitet und vermittelt werden.

    Bei der Auswahl von Materialien ist darauf zu achten, daß verschiedene Sichtweisen berücksichtigt und die Widersprüche einer Gesellschaft berücksichtigt werden.

    Bei den Lernenden sollen Neugier und die Lust auf Entdecken geweckt werden. Die Möglichkeit, sich eine eigene Meinung zu bilden, darf nicht durch manipulierende Kommentare der Autoren verstellt werden.
11. Die Akzeptanz landeskundlicher Stoffe hängt von der umsichtigen Auswahl sowohl sympathischer wie auch kritisch-kontroverser Informationen ab.
12. Die Vielfalt von regionalen Varietäten der deutschen Sprache stellt eine wichtige Brücke zwischen Spracherwerb und Landeskunde dar. Diese Vielfalt darf nicht zugunsten einheitlicher Normen (weder phonologisch, noch lexikalisch, noch morpho-syntaktisch) aufgegeben, sondern soll für die Lernenden am Beispiel geeigneter Texte und Materialien erfahrbar werden.

13. Landeskunde ist in hohem Maße auch Geschichte im Gegenwärtigen. Daher ergibt sich die Notwendigkeit, auch geschichtliche Themen und Texte im Deutschunterricht zu behandeln. Solche Texte sollten Aufschluß geben über den Zusammenhang von Vergangenheit, Gegenwart und Zukunft, über unterschiedliche Bewertungen sowie über die Geschichtlichkeit der Bewertung selbst.
14. Der Umgang mit literarischen Texten leistet einen wichtigen Beitrag zur Erschließung deutschsprachiger Kultur(en). Mit Hilfe von Literatur können die Unterschiede von eigener und fremder Wirklichkeit und subjektiver Einstellungen bewußt gemacht werden, zumal literarische Texte gerade dadurch motivieren, daß sie ästhetisch und affektiv ansprechen.
15. Ein Charakteristikum der deutschsprachigen Kultur(en) ist, daß sie nicht auf einen Mittelpunkt zentriert ist (sind), sondern sich gerade durch die Vielfalt der deutschsprachigen Regionen, durch ihre bei vielen Gemeinsamkeiten auch unterschiedliche historische, politische, kulturelle und sprachliche Entwicklung auszeichnen.
16. In der Begegnung mit fremden Kulturen wird dem Lernenden die eigene Kultur bewußt. Der Landeskundeunterricht soll daher an Spuren der fremden Kultur im eigenen Land anknüpfen, Vorkenntnisse und Klischees aufgreifen und Gelegenheit zu Überprüfung und Korrektur geben, d. h. kontrastiv angelegt sein.
17. Ein fremde Kultur wird von den Lernenden oft eher emotional und subjektiv erfahren. Landeskundeunterricht muß daher der Verarbeitung von Erlebnissen, subjektiven Meinungen und dem emotionalen Zugang Raum geben.
18. Landeskunde weist über den Sprachunterricht hinaus und vernetzt ihn mit anderen Lernbereichen und Unterrichtsfächern, in denen korrespondierende Aufgaben entwickelt werden sollten. Methodenvielfalt im Sprachunterricht ist daher eine ebenso wichtige Voraussetzung wie die Förderung des selbständigen und autonomen Lernens.

III. Möglichkeiten der Kooperation

19. Bei der Entwicklung landeskundlicher Materialien ist die Kooperation zwischen Fachleuten der deutschsprachigen Länder notwendig. Eine besondere Rolle kommt dem Informationsaustausch, der Bereitschaft zur Berücksichtigung der erhaltenen Information und ihrer korrekten Wiedergabe zu.
20. Personen und Institutionen, die ein fachliches Interesse an Informationen über ein deutschsprachiges Land haben, sollen auf ihr Verlangen hin von diesen mit den erforderlichen landeskundlichen Materialien versorgt werden können. Dafür ist eine entsprechende Infrastruktur in allen deutschsprachigen Ländern Voraussetzung.
21. Für die Lehreraus- und -fortbildung sind zu fordern:
    - landeskundliche Themen, die sich an allen deutschsprachigen Regionen orientieren,
    - eine entsprechende Didaktik und Methodik landeskundlichen Unterrichts.

    Fachleute verschiedener deutschsprachiger Länder sollen an solchen Fortbildungsveranstaltungen aktiv beteiligt sein. Wenn immer möglich, sollten solche Veranstaltungen gemeinsam mit Partnern dieser Länder geplant und durchgeführt werden.
22. Die Deutschlehrerverbände und der internationale Deutschlehrerverband sollten es als eine ihrer vordringlichen Aufgaben betrachten, internationale Kooperationen auf landeskundlichem Gebiet anzuregen, entsprechende Wünsche ihrer Mitglieder und Lehrbuchautoren weiterzugeben, bi- und multilaterale Fortbildung zu fördern sowie Fortbildungsveranstaltungen in den verschiedenen deutschsprachigen Ländern bekanntzugeben und terminlich koordinieren zu helfen.“

ABCD-Thesen (1990), 60/61

Angaben zur Autorin und zum Autor

Alicia Padrós und **Markus Biechele**: Konzept- und Materialentwicklung; Redaktion von Lehr- und Lernmaterialien; Deutsch-als-Fremdsprache-Unterricht für besondere Zielgruppen; Fortbildung für Multiplikatoren und Lehrer im In- und Ausland mit den Schwerpunkten Landeskunde und interkulturelles Lernen, digitale Medien, Seminardidaktik.

Deutsch als Fremdsprache

Lernerwörterbücher für Einsteiger und Fortgeschrittene: Nachschlagen und sofort verstehen!

Langenscheidt Großwörterbuch Deutsch als Fremdsprache

- Rund 66.000 Stichwörter und Wendungen
- Über 63.000 Beispielsätze
- Info-Fenster und Illustrationen
- CD-ROM-Version inklusive

Langenscheidt Taschenwörterbuch Deutsch als Fremdsprache

- Rund 30.000 Stichwörter, Wendungen und Beispiele
- Großer, informativer Extrateil
- Markierter Zertifikatswortschatz (ZD)
- Farbtafeln und Illustrationen

Langenscheidt Power Wörterbuch Deutsch

- Über 50.000 Stichwörter, Wendungen und Beispiele, leicht verständlich erklärt
- Illustrierende Beispiele, idiomatische Redewendungen und Hilfen zum Lernen
- Info-Fenster zu Sprache und Landeskunde, Zeichnungen und Farbtafeln
- Großer Extrateil: Übungen zum Umgang mit dem Wörterbuch, landeskundliche Informationen, deutsche Kurzgrammatik

L Langenscheidt
...weil Sprachen verbinden

www.langenscheidt.de